montage complet
d'un thème astrologique

bases techniques
et
fondements spirituels
de l'astrologie

Ce livre a eu pour base l'« Astrologie Scientifique Simplifiée », de Max Heindel, dont la première édition, en français, date de 1913. Ce nouveau livre en est une édition entièrement revue et actualisée en 1985 par des membres de Fraternité Rosicrucienne, son premier titre était : Initiation à l'astrologie spirituelle.

St-MICHEL EDITIONS
Saint-Michel-de-Boulogne
07200 Aubenas - France

En hommage à Max Heindel qui,
nous guidant vers le sentier de
la Connaissance, nous a aussi
montré le chemin des étoiles.

Abréviations utilisées

(Sur certains schémas et tableaux).

MT	: Temps Moyen	(Mean Time)
ST	: Temps Sidéral	(Sidereal Time)
UT	: Temps Universel	(Universal Time)

h : heure
m ou min : minute d'heure
s : seconde d'heure

a : année
j : jour

FC : Fond du Ciel
MC : Milieu du Ciel
Asc : Ascendant
Des : Descendant

N : Nord
S : Sud
E : Est
W : Ouest (West)

DLP : Date de Lecture des Progressions.

Résumé des symboles utilisés

⊙ : Soleil
☽ : Lune
☿ : Mercure
♀ : Vénus
♂ : Mars
♃ : Jupiter
♄ : Saturne
♅ : Uranus
♆ : Neptune
♇ : Pluton
☊ : Nœud Nord
☋ : Nœud sud
⚸ : Lune Noire

♈ : Bélier
♉ : Taureau
♊ : Gémeaux
♋ : Cancer
♌ : Lion
♍ : Vierge
♎ : Balance
♏ : Scorpion
♐ : Sagittaire
♑ : Capricorne
♒ : Verseau
♓ : Poissons

☌ : Conjonction
⚺ : semi-sextile
∠ : Semi-carré
□ : Quadrature
✶ : Quintile
△ : Trigone
⚼ : Sesqui-carré
☍ : Opposition
⚻ : Quinconce
// : Parallèle
‡ : Contre-parallèle
° : Degré
' : Minute d'arc
″ : Seconde d'arc
⊕ : Terre
⊗ : Part de Fortune

Mots anglais
contenus dans les éphémérides

January :	Janvier	
February :	Février	
March :	Mars	
April :	Avril	
May :	Mai	
June :	Juin	
July :	Juillet	
August :	Août	
September :	Septembre	
October :	Octobre	
November :	Novembre	
December :	Décembre	

Su	: Dimanche	(Sunday)
M	: Lundi	(Monday)
T	: Mardi	(Tuesday)
W	: Mercredi	(Wednesday)
Th	: Jeudi	(Thursday)
F	: Vendredi	(Friday)
Sa	: Samedi	(Saturday)

Declination for 0h : Déclinaison pour zéro heure.
Longitude for 0h : Longitude pour zéro heure.
Houses : Maisons.

SOMMAIRE

NOTE DES AUTEURS

Cet ouvrage s'inspire de l'Astrologie Scientifique Simplifiée, de Max Heindel, dont la première édition (en anglais) date de 1909.

Un groupe de travail, composé de correcteurs des cours d'Astrologie de la Fraternité Rosicrucienne et d'animateurs de cours et de stages d'Astrologie, a réactualisé ce livre en tenant compte du langage, des méthodes de calcul et des conventions internationales de notre époque.

La *première partie* du livre expose les **notions essentielles** pour parvenir à ériger un thème astrologique.

Dans la partie « *Vocabulaire Astrologique* », le lecteur puisera les éléments indispensables pour aborder son interprétation, ainsi que des **compléments** concernant certaines notions introduites.

Cet ouvrage sert aussi de livre de textes pour les cours d'Astrologie par correspondance (voir à la fin du livre).

AVANT-PROPOS

L'Astrologie est-elle vérité ou illusion ? Est-elle preuve d'un déterminisme inexorable ou prémices d'une liberté tant espérée ?
Comment rester neutre devant ces questions qui suscitent tant de discussions et éveillent de si vives passions ?

Chacun ressent, plus ou moins clairement, leur importance. Elles touchent à une interrogation fondamentale qui préoccupe l'Homme depuis l'aube de sa vie consciente :
Qui est-il ?
Pourquoi cette existence dont il ne perçoit pas la finalité ?

De la nature des réponses à ces questions dépendra sa compréhension de l'Astrologie.

L'Astrologie Spirituelle, dont les fondements sont exposés dans ce livre, plonge ses racines au cœur des enseignements de l'Esotérisme Chrétien, tels que le lecteur pourra les découvrir dans la « Cosmogonie des Rose-Croix » et les écrits de Max Heindel.

Tout ce qui existe est l'expression, la manifestation de Dieu, depuis le Soleil et les planètes jusqu'au moindre brin d'herbe ou grain de sable. Dans cette perspective, chaque être humain est une étincelle de Vie, émanée de Dieu et différenciée en Lui.
Chacun porte en soi le germe de tous les pouvoirs divins qu'un long processus évolutif révèle et transforme en pouvoirs dynamiques.
La réincarnation, fondée sur la Loi de Causalité, et l'attribut divin de créativité (épigénèse) sont les bases de cette évolution.
D'expérience en expérience, de vie en vie, nous approchons de la Perfection vers laquelle nous sommes appelés, tout comme les nombreuses esquisses de l'artiste préparent le chef-d'œuvre final.
Nos vies sont intimement liées aux rythmes cosmiques et l'Astrologie est une aide précieuse pour prendre conscience des forces qui agissent en nous et par nous. Chacun peut se rendre maître de celles-ci et diriger sa vie selon sa Volonté.

L'Astrologie comporte aussi une partie scientifique objective, qui est expliquée dans cet ouvrage. Que le lecteur comprenne bien que l'Astrologie peut être un lieu de rencontre entre deux chemins vers la Vérité : l'un spirituel et essentiellement tourné vers l'intérieur de notre être, l'autre, scientifique et objectif, focalisé sur le monde que nous ressentons comme extérieur. Puisse cette rencontre faire naître en lui le sentiment de l'Unité fondamentale de l'Univers au-delà de ses multiples manifestations.

Science et Spiritualité décrivent la même Réalité considérée de points de vue différents certes, mais complémentaires et indispensables l'un et l'autre à notre évolution.

Dans un moment difficile, avoir recours à un astrologue peut aider à dénouer des tensions intérieures et à voir plus clairement son chemin.

Toutefois, apprendre soi-même l'Astrologie et se pénétrer des connaissances spirituelles dont elle est l'expression, a un effet d'une portée bien plus profonde. Cette étude éveille la conscience et offre, de plus, des occasions d'aider son prochain avec amour et désintéressement.

Nous encourageons chacun à étudier cette Science Sacrée. Ce livre, qui se veut très didactique, permet à quiconque s'y consacre sérieusement d'ériger un thème astrologique et de comprendre la signification des éléments de base de son interprétation.

PREMIÈRE PARTIE

Comment calculer un thème astrologique

Les planètes :
les sept Esprits devant le Trône

Constellations, signes et Maisons

Le Temps et le Lieu

Le signe ascendant et les douze Maisons

Méthode de calcul des positions planétaires

Les aspects, l'Index

Ephémérides pour midi

En nous efforçant de comprendre
D'aimer chacun comme un être en fleur
Que notre but soit de répandre
Les lois élevant l'âme et le cœur

En accomplissant notre tâche
Au fil des jours, au long des ans
Notre égoïsme se détache,
Epanouissant les plus purs élans.

M. H.

INTRODUCTION

valeur pratique de l'astrologie

Il y a un côté de la Lune que nous ne voyons jamais. Pourtant cette partie cachée est aussi importante pour le flux et le reflux des marées que celle qui est visible à nos yeux. De même, il existe en l'homme un côté invisible qui exerce une influence puissante dans sa vie. Comme les marées sont réglées par le mouvement combiné du Soleil et de la Lune, de même les événements de l'existence sont indiqués par la marche des astres. La connaissance de leur message est d'une grande utilité, car le thème astrologique révèle à l'astrologue compétent toute la trame d'une vie.

Ainsi, lorsque vous confiez à un astrologue les données de votre naissance, vous lui remettez la clef de votre Etre et Il n'est pas de secret qu'il ne puisse découvrir. Cette connaissance peut être utilisée pour le bien ou pour le mal, pour aider ou pour nuire — selon les motivations de l'astrologue. Aussi, cette clef de votre âme ne devrait être remise qu'à une personne digne de confiance.

Pour le médecin, l'Astrologie est une aide inestimable dans le diagnostic des maladies et la prescription des remèdes, car elle révèle leurs causes cachées. Cette partie de la science astrologique est exposée dans *Le Message des Astres*, qui donne de nombreux exemples montrant comment le diagnostic des diverses maladies peut se lire dans l'écriture stellaire. L'Amour illuminera le chemin de ceux qui suivent la voie du Christ en guérissant les malades.

Pour les parents et les éducateurs, la carte du ciel de l'enfant aidera à trouver ses défauts latents et leur apprendra la manière d'y remédier ; elle montrera également les bons côtés qui ne demandent qu'à s'épanouir. Ainsi il sera possible d'aider l'enfant à s'améliorer. Le thème astral révélera aussi les points faibles de son organisme et permettra de mieux veiller sur sa santé ; il indiquera de même ses dispositions et le moyen de rendre sa vie la plus utile possible.

Vous voyez donc toute l'importance d'étudier par vous-même cette science spirituelle. Ce faisant, vous prendrez conscience des forces qui agissent dans la vie d'une manière plus approfondie que si vous consultiez un astrologue professionnel. En effet, celui qui, par Amour, étudie cette science en vue d'aider sa famille, ses voisins, ses amis, peut rendre de très grands services, car il sera guidé par une intuition très sûre.

La connaissance de l'Astrologie spirituelle contribue à développer notre amour du prochain par la compréhension d'autrui qu'elle suscite. L'Homme est bien souvent désemparé devant la complexité de sa vie intérieure ; l'aider à prendre conscience des forces qui sont en lui est un grand privilège.

Eveiller l'Autre à sa dimension cosmique, l'encourager à prendre sa vie en main et l'aider à exercer sa Volonté, expression de sa nature divine, pour aller vers plus de LUMIERE, tel est le rôle de l'astrologue spirituel, serviteur dévoué de ses semblables.

En contemplant le ciel étoilé, qui n'a ressenti émerveillement et humilité ? Qui ne s'est posé les grandes questions :
« Quel est le sens de ce spectacle grandiose ?
Quel est le sens de notre épopée à travers les étoiles, de notre course vertigineuse dans l'espace infini sur le frêle esquif qu'est notre Terre ?
Quelles Energies, quelles Présences se manifestent à nos yeux, particulièrement dans notre environnement cosmique immédiat qu'est le Système Solaire ? »
Comme le dit si bien Saint-Exupéry :
« On ne voit bien qu'avec le cœur. L'essentiel est invisible pour les yeux. »

les planètes :
les sept Esprits devant le Trône

L'Astronomie nous apprend que des planètes tournent autour du Soleil, étoile parmi les étoiles, mais centre de notre Système Solaire. Les planètes qui en sont le plus rapprochées se meuvent beaucoup plus rapidement que celles qui décrivent des orbites plus étendues.

Ces orbites planétaires se situent approximativement sur un même plan, appelé « plan de l'écliptique ».

Le schéma ci-dessous donne une idée de la disposition relative de ces orbites.

Le Système Solaire

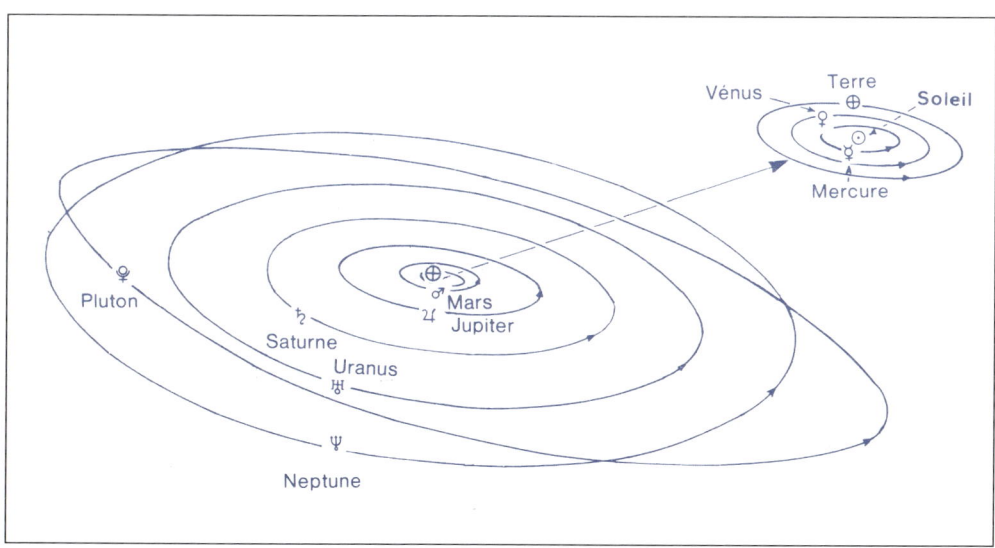

Le Soleil, Vénus, Mars, Jupiter, Saturne et bien sûr la Lune, satellite de la Terre, sont observables à l'œil nu ; Mercure l'est rarement à cause de sa proximité du Soleil ; Uranus, Neptune et Pluton ne le sont qu'avec une lunette astronomique.

Du point de vue physique, la théorie de la nébuleuse [1] explique avec une ingéniosité merveilleuse comment un système solaire, comprenant un Soleil et des planètes, a pu être formé à partir d'une masse centrale, à la condition que cette masse soit mise en mouvement, car il est nécessaire que quelque chose ou quelqu'un d'étranger à la masse gazeuse lui donne cette première impulsion — comme l'a démontré Herbert Spencer, philosophe anglais, qui a rejeté cette théorie parce qu'elle impliquait *une cause première*. Cependant, il n'a pu trouver une hypothèse susceptible de se passer de ce qui, pour lui, était une sérieuse objection. Par conséquent, la théorie scientifique de la génèse d'un système solaire concorde avec l'enseignement mystique d'*une cause première* (appelons-la Dieu ou d'un tout autre nom), d'une intelligence supérieure qui règle la marche des astres en vue d'une fin et vers un but déterminés. Peut-être ne pouvons-nous encore concevoir cette fin dans toute son étendue, mais si nous regardons bien autour de nous, nous ne manquerons pas de remarquer, sur notre planète, une progression systématique de toutes choses en une constante amélioration vers la perfection. Il est fort probable qu'un même procédé d'évolution soit à l'œuvre sur les autres planètes, en fonction des conditions particulières qui y existent.

L'enseignement mystique relatif à la formation d'un système solaire s'accorde avec la théorie de la nébuleuse qui dit que des anneaux furent projetés de la masse centrale du Soleil pour former successivement les diverses planètes ; les plus éloignées du Soleil d'abord, les plus rapprochées ensuite. Tout acte a pour origine une pensée et derrière tout phénomène visible, il y a une cause invisible. Il en est de même de la formation des planètes dans le système solaire : leur existence a une raison spirituelle et une explication matérielle.
Nous pouvons considérer la nébuleuse centrale comme étant la première manifestation de la Trinité divine, comme le « Seigneur des Armées célestes » qui contient en Lui-même une multitude d'êtres à différents stades de développe-

---

1   NdR : La théorie de la « Nébuleuse de Laplace », actuellement considérée par les scientifiques comme étant la plus proche de la réalité, affirme que les planètes et le Soleil se sont formés au fur et à mesure de la condensation d'une masse de gaz interstellaire. Celle-ci était d'abord sombre avant de devenir lumineuse grâce aux réactions nucléaires qui s'y produisirent.

ment. Leurs divers besoins nécessitent pour chacun d'eux des conditions extérieures différentes. Afin de réaliser celles-ci, plusieurs planètes ont été projetées de la masse centrale, chacune ayant une constitution et des données physiques différentes. Toutes se trouvent, cependant, dans le royaume de Dieu qui est le système solaire : « en Lui, elles ont la vie, le mouvement et l'être » (Actes 17:28), au sens le plus littéral, car le système solaire en entier peut être considéré comme étant le corps de Dieu, et les planètes comme les organes de ce corps, animé par Sa Vie, se mouvant dans Sa Force, en accord avec Sa Volonté. Chaque planète visible est le corps physique d'une grande et haute Intelligence Spirituelle qui est le ministre de Dieu dans le domaine de Son Royaume où Elle se trouve. Elle s'efforce d'exécuter Sa volonté et a en vue *le Bien ultime le plus élevé*, en dépit d'un « mal » transitoire.

Ces Esprits Planétaires exercent une influence particulière sur les êtres évoluant sur la planète qui les personnifie ; mais ils ont aussi une influence sur les êtres qui évoluent sur d'autres planètes, en proportion du développement que ces êtres ont atteint. *Plus un être est placé bas sur l'échelle de l'évolution, plus les effets des influences planétaires sont puissants, tandis que plus un être sera élevé, intelligent et individualisé, mieux il pourra choisir sa propre voie, et moins il sera affecté par les vibrations planétaires.* C'est pourquoi l'Astrologie appliquée à la vie journalière nous est d'une si grande aide ; elle nous fait connaître nos faiblesses et les mauvaises tendances de notre nature ; elle nous indique notre force ainsi que les moments les plus appropriés au développement d'une plus grande puissance pour le bien.

La loi de Bode

Toutes les religions nous parlent de « *Sept génies* planétaires » ;   l'Hindou a les « *Sept Rishis* » ;
       le Parsi, les « *Sept Ameshaspentas* » ;
     le Mahométan, les « *Sept Archanges* » ;
     et le Chrétien, les « *Sept Esprits devant le Trône* ».

L'astronome moderne, qui distingue l'aspect spirituel de cette science céleste, l'Astrologie, de son aspect matériel, l'Astronomie, compte neuf planètes principales dans notre système solaire : Pluton, Neptune, Uranus, Saturne, Jupiter, Mars, la Terre, Vénus et Mercure. Grâce au télescope, il nous montre qu'elles existent. Le Mystique, cependant, affirme qu'en réalité Neptune et Pluton n'appartiennent pas à notre système solaire initial, la loi de Bode [1] semble confirmer cette idée. Cette loi dit que si nous écrivons une série de chiffres 4, que nous ajoutons 3 au deuxième, 6 au troisième, 12 au quatrième, etc., en doublant chaque fois le nombre ajouté, nous aurons comme résultat une série de nombres qui représentent approximativement les distances relatives des planètes au Soleil, à l'exception des 2 plus éloignées, Neptune et Pluton.

☿	♀	⊕	♂		♃	♄	♅	♆	♇
Mercure	Vénus	Terre	Mars	Astéroïdes	Jupiter	Saturne	Uranus	Neptune	Pluton
4	4	4	4	4	4	4	4	4	4
—	3	6	12	24	48	96	192	384	768
4	7	10	16	28	52	100	196	388	772

Si nous divisons cette série de nombres par 10, nous obtiendrons 1 pour la distance de la Terre au Soleil ; les autres nombres représenteront les distances des autres planètes au Soleil, par rapport à celle de la Terre. Cette simple loi donne presque exactement les distances, comme l'indique le tableau ci-dessous. Dans ce tableau, la colonne intitulée « Bode » indique les distances déterminées selon cette loi, tandis que la colonne « Distance » donne les valeurs exactes, la distance de la Terre étant prise pour base [2].

Planètes	Bode	Distance	Planètes	Bode	Distance
1 ☿ Mercure	0,4	0,4	6 ♃ Jupiter	5,2	5,2
2 ♀ Vénus	0,7	0,7	7 ♄ Saturne	10,0	9,6
3 ⊕ La Terre	1,0	1,0	8 ♅ Uranus	19,6	19,2
4 ♂ Mars	1,6	1,5	9 ♆ Neptune	38,8	30,1
5 Astéroïdes	2,8	2,6	10 ♇ Pluton	77,2	39,5

1 Astronome allemand (1747-1826).
2 « L'unité astronomique » est la distance Terre-Soleil, qui vaut environ 150 millions de km.

Nous voyons donc que ces nombres représentent, à très peu de chose près, les distances relatives des sept planètes et des astéroïdes de notre système solaire par rapport au Soleil, à l'exception de Pluton et Neptune, pour lesquelles les valeurs n'ont certainement plus cette concordance.

Neptune est l'incarnation d'un grand Esprit appartenant aux Hiérarchies Créatrices qui nous influencent normalement par l'intermédiaire du Zodiaque. Cet Esprit planétaire travaille surtout avec les personnes qui se préparent à l'Initiation. Il influence aussi celles qui étudient l'Astrologie et la mettent en pratique dans leur vie quotidienne, et qui abordent ainsi le Sentier de la Connaissance.

Le scintillement des étoiles à l'extérieur du système solaire témoigne du flux et du reflux d'ondes spirituelles mises en mouvement par les gardiens des Mystères Majeurs [1]. Les Mercuriens, dieux de la Sagesse, émettent des vibrations similaires appartenant aux Mystères Mineurs ; c'est pour cette raison que Mercure scintille comme une étoile.

Quelques caractéristiques du Système Solaire

Durée de révolution des planètes autour du Soleil (en années et jours) :

☿ ..	88 j	♄ ..	29 a 1/2
♀ ..	224 j 3/4	♅ ..	84 a
⊕ ..	365 j 1/4	♆ ..	165 a
♂ ..	1 a 322 j	♇ ..	248 a
♃ ..	12 a		

Vitesse moyenne des planètes sur leur orbite (en kilomètres/heure) :

☿ ..	172.000 km/h	♄ ..	35.000 km/h
♀ ..	126.000 km/h	♅ ..	24.000 km/h
⊕ ..	107.000 km/h	♆ ..	20.000 km/h
♂ ..	87.000 km/h	♇ ..	17.000 km/h
♃ ..	47.000 km/h		

1   Du point de vue physique, ce scintillement est expliqué par la petite taille apparente des étoiles et la turbulence de l'air atmosphérique qui perturbe le trajet des rayons lumineux qui nous en parviennent.

Inclinaison des orbites des planètes par rapport à l'orbite de la Terre (en degrés) :

☿ ..	7°		♄ ..	2° 1/2
♀ ..	3° 1/2		♅ ..	1°
⊕ ..	0°		♆ ..	2°
♂ ..	2°		♇ ..	17°
♃ ..	1°			

Outre leur révolution autour du Soleil, les planètes tournent sur leur axe, généralement d'Ouest en Est.
Rotations diurnes des planètes (en jours et heures) :

☿ ..	58 j 1/2		♄ ..	10 h 1/2
♀ ..	243 j		♅ ..	11 h
⊕ ..	24 h		♆ ..	16 h
♂ ..	24 h 1/2		♇ ..	6 j
♃ ..	10 h			

Le Soleil tourne également sur son axe, il lui faut environ 25 jours 1/3 pour faire un tour sur lui-même.

L'axe d'une planète peut être soit perpendiculaire, soit oblique, par rapport à son orbite. Selon Max Heindel, l'inclinaison approximative des axes, par rapport à une perpendiculaire au plan de l'orbite, est la suivante (en degrés) :

☿ ..	72°		♄ ..	26°
♀ ..	60°		♅ ..	102°
⊕ ..	23° 1/2		♆ ..	155°
♂ ..	25°		♇ ..	non cité
♃ ..	3°			

L'angle d'inclinaison de l'axe du Soleil avec le chemin qu'il semble parcourir, l'écliptique, est d'environ 7 degrés 1/4.

Les valeurs des angles d'inclinaison des axes indiquées ci-dessus, données par la science ésotérique, ne coïncident pas toutes avec celles que donne la science physique. En ce qui concerne la Terre, l'inclinaison de son axe est à l'origine des saisons (voir schéma à la fin du chapitre 3).

Principaux mouvements des planètes

Nous avons mentionné leur mouvement autour du Soleil, ainsi que leur rotation sur elles-mêmes autour d'un axe incliné par rapport à leur orbite. Cette inclinaison n'est pas fixe, elle varie très lentement. Dans le cas de la Terre, son axe est soumis à trois mouvements principaux : la *précession* par lequel il décrit un cône comme peut le faire l'axe d'une toupie ; la *nutation* qui provoque un faible mouvement vibratoire et un *troisième mouvement,* très lent, qui correspond au basculement des Pôles. Ce dernier mouvement est affirmé par la science ésotérique et fait l'objet de recherches de la science actuelle. Dans l'avenir, le Pôle Nord actuel de la Terre sera dirigé, comme dans le passé, directement vers le Soleil. Plus tard, le Pôle Nord se trouvera dans la position qu'occupe aujourd'hui le Pôle Sud et reviendra, en temps voulu, à sa place actuelle. Ainsi le climat tropical et les périodes glaciaires se succèdent-elles sur tous les points de chaque planète.

Pierre Bézian, mécanicien français cité par Max Heindel, avait construit un appareil démontrant ce troisième mouvement. Cette idée lui avait été suggérée par l'étude des enseignements propagés chez différents peuples anciens par des prêtres versés dans les connaissances mystiques, surtout chez les Egyptiens. Il montrait comment ce troisième mouvement explique l'existence de fossiles de flore et de faune tropicales au Pôle Nord, fait qui ne pouvait être expliqué d'aucune autre façon. Il démontrait aussi que si, au cours de ce troisième mouvement, l'inclinaison de l'axe d'une planète (par rapport au plan de son orbite) dépasse 90° et que son pôle Nord commence à se tourner vers le Soleil, comme c'est le cas d'Uranus et de Neptune, les satellites de cette planète semblent alors tourner dans le sens opposé à celui des satellites des autres planètes.

Sur Uranus et Neptune, le Soleil se lève à l'Ouest et se couche à l'Est pour la même raison : l'interversion de leurs Pôles.

En plus de ce troisième mouvement graduel, qui est actuellement d'environ 50 secondes d'arc *par siècle,* et grâce auquel une révolution complète de l'axe de la Terre s'achèverait théoriquement en deux millions six cent mille années environ, il y a eu également des changements soudains au moment où ce qui est maintenant le Pôle Nord pointait directement vers le Soleil. L'hémisphère Sud était alors constamment froid et obscur. En conséquence, de la glace s'y forma très rapidement et ce poids additionnel causa, la dernière fois, le renversement subit de notre globe. Depuis ce temps, cependant, l'Esprit qui, autrefois, guidait la Terre de l'extérieur, a pénétré à l'intérieur, et il sera impossible qu'à l'avenir un tel fait se reproduise.

Planètes « inférieures » et « supérieures »

Les astronomes parlent de Vénus et de Mercure comme de planètes *inférieures* parce qu'elles sont toujours près du Soleil. On ne voit Vénus que comme étoile du matin ou étoile du soir, et l'on aperçoit rarement Mercure, qui se tient tout près du Soleil.
Ils appellent *supérieures* les autres planètes parce qu'on peut les voir dans toutes les positions par rapport au Soleil, même à l'opposé de celui-ci. Dans ce cas, elles se lèvent à l'horizon oriental alors que le Soleil se couche à l'horizon occidental.

Si l'on se réfère aux enseignements de la Sagesse Occidentale des Rose-Croix, on utilisera plutôt en sens inverse ces appellations d'inférieures et de supérieures, car il est clair que le Soleil est l'incarnation de la plus haute intelligence de notre Système Solaire. Au début de la phase actuelle de notre évolution, tous les êtres qui sont maintenant hors du Soleil étaient à l'intérieur, mais tous ne purent continuer à vibrer à sa fréquence élevée : ils perdirent du terrain, se cristallisèrent et, avec le temps, devinrent une entrave pour les autres êtres plus avancés. Ils commencèrent à se cristalliser aux Pôles où le mouvement est le plus lent ; mais, peu à peu, leur masse augmenta et les fit descendre jusqu'à l'Equateur, où le mouvement est le plus rapide, et la force centrifuge les sépara du Soleil.
Plus tard, d'autres êtres ne purent se maintenir à la fréquence des vibrations du Soleil : eux aussi perdirent du terrain et en furent séparés à leur tour, gravitant à la distance voulue pour que les vibrations solaires puissent leur communiquer les conditions nécessaires à leur développement.

Les esprits les plus avancés restèrent le plus longtemps sur le Soleil ; donc, si l'on veut se servir des dénominations *inférieures* et *supérieures*, il faudrait les intervertir.

Jupiter [1] est à certains égards une exception à la règle, un cas où une loi supérieure en remplace une inférieure. En effet, Jupiter, avec son énorme masse de substance ignée, a été séparé de la masse centrale parce que ses habitants étaient arrivés à un degré de développement très élevé pour lequel ils avaient besoin à la fois de hautes vibrations et d'un mouvement indépendant.

Les planètes de notre système solaire initial sont donc les incarnations visibles des Sept Esprits devant le Trône de Dieu : le Soleil. Chaque Esprit planétaire diffuse dans le Système solaire une qualité d'énergie incluse dans l'Energie primordiale Divine. La relation de ces énergies avec leur Source est analogue à celle des couleurs de l'arc-en-ciel avec la lumière blanche qui les contient toutes.

De même qu'il nous est possible de transmettre, au moyen d'ondes radio, le message qui met en action la force nécessaire pour faire vibrer la membrane d'un haut-parleur, ainsi ces grands Esprits peuvent exercer une influence sur nous, êtres humains, en raison de notre degré d'évolution. Si nous cherchons à agir en harmonie avec les lois du Bien, nous nous élèverons au-dessus de toutes les autres lois et deviendrons notre propre loi. Nous serons alors des collaborateurs de Dieu, des aides de la Nature. Ce privilège est nôtre, mais nôtre aussi sera la perte subie si nos efforts ne tendent pas à vivre selon nos plus hautes possibilités.

Efforçons-nous donc de *savoir*, afin de *pouvoir agir*. Par-dessus tout, gardons-nous de traiter cette science des astres en diseurs de bonne aventure et de nous en servir pour satisfaire quelque intérêt personnel. Respectons en tout le sens spirituel. Ainsi, la paix de Dieu, qui surpasse toute intelligence, nous apportera une joie durable dans la mesure où nous mettrons nos connaissances au service de nos semblables.

---

1   NdR : La science reconnaît que Jupiter a un comportement différent des autres planètes. Elle émet, en effet, plus de rayonnement qu'elle n'en reçoit, ce qui, en général, caractérise une étoile.

Les planètes

Voici leurs symboles ainsi qu'un aperçu de leur signification fondamentale [1] :

⊙ Soleil [2] . . . Vie, Individualité.
☽ Lune [2] . . . . Fécondation, Pôle réceptif de la personnalité.
☿ Mercure . . Communication, Intellect.
♀ Vénus . . . . Cohésion, Amour.
♂ Mars . . . . . Energie dynamique, Action.
♃ Jupiter . . . Idéation, Expansion.
♄ Saturne . . Approfondissement, Concentration.
♅ Uranus . . . Intuition, Libération.
♆ Neptune . Inspiration, Identification projective.
♇ Pluton . . . Régénération, Initiation.

Les qualités exprimées par les planètes, dans leur ronde à travers l'espace, seront nuancées par leur environnement. Celui-ci est constitué par les « constellations », les « signes » et les « Maisons ».

---

1   La signification générale des signes, des planètes et des Maisons est donnée au paragraphe « Mots-clés » de la partie « Vocabulaire Astrologique ».
2   Les deux luminaires, le Soleil et la Lune, sont également désignés comme « planètes » par commodité de langage.

constellations, signes et maisons

Bien que le Soleil soit de plusieurs millions de kilomètres plus près de la Terre en janvier qu'en juillet, ses rayons transmettent alors moins de chaleur à l'hémisphère Nord, et il est évident que *la distance affecte peu la transmission de la chaleur* ; mais, à mesure que le Soleil s'élève dans le ciel, celle-ci augmente. Le maximum est atteint l'été, quand les rayons solaires sont le plus près de la verticale : par conséquent, *l'angle sous lequel nous arrivent ces rayons détermine principalement leur influence.*

Pour les planètes, le principe est identique. Leurs effets dépendent principalement de l'angle sous lequel nous les voyons, et non de leur distance à la Terre. L'Astrologie traite de ces angles et de l'observation de leurs effets sur l'humanité, sur le plan physique, émotionnel, mental et spirituel (l'influence d'une planète dépend aussi du signe dans lequel elle se trouve, mais nous verrons cela plus loin).

Le parcours apparent du Soleil sur la sphère céleste (appelé écliptique) a été divisé en 12 signes zodiacaux, correspondant aux 12 constellations zodiacales. Les cieux *observés d'un lieu donné* ont été également divisés en 12 Maisons.

> La plupart des débutants éprouvent une grande difficulté à établir une différence entre les *constellations* [1], les *signes* [1] et les *Maisons.* [1]
>
> Les **constellations** sont des groupements *d'étoiles fixes* [1]. Celles qui se trouvent sur le trajet des planètes ont une influence prépondérante. Elles ont été groupées en douze constellations zodiacales.

---

[1]   Des précisions sont données dans le « Vocabulaire Astrologique ».

> Les **signes** sont des divisions *égales* du ciel commençant au *point vernal*, point particulier de l'écliptique où se trouve le Soleil à l'équinoxe du printemps.
>
> Les **Maisons** sont des divisions du ciel relatives au *lieu de naissance*.

Les constellations du Zodiaque ou Zodiaque naturel

> Les douze constellations constituent le *zodiaque naturel* ou *zodiaque sidéral*. C'est sur celui-ci qu'évolue lentement le point vernal, origine des *signes* du zodiaque. Ce point semble reculer dans les constellations à raison d'environ 50 secondes 1/4 par an, un degré en 72 ans, un signe en 2 150 ans, pour retrouver la même position au bout de 25 800 années environ. Ce mouvement rétrograde du point vernal sur le zodiaque naturel est appelé « précession des équinoxes ».

Le rationaliste ne voit dans ce mouvement que l'effet de l'attraction combinée du Soleil et de la Lune. Pour le mystique, ce mouvement est, de plus, en harmonie avec le chemin en spirale de l'évolution, suivi aussi bien par l'étoile que par l'astérie et observable partout dans la nature.

A la fin de chaque cycle, il y a concordance entre le zodiaque naturel (les 12 constellations) et le *zodiaque intellectuel* (les 12 signes). D'après Max Heindel, cet événement a eu lieu pour la dernière fois en l'an 498 après J.-C. Alors commence une nouvelle période mondiale, une nouvelle phase de l'évolution, une courbe plus haute de la spirale sur laquelle nous progressons sans cesse vers Dieu. Même au point de vue matériel, il est certain que la progression en spirale du Système Solaire observée par les astronomes doit changer l'angle d'incidence des rayons de lumière provenant des étoiles fixes. Comme l'angle d'incidence des rayons solaires tombant sur la Terre produit la différence de climat entre l'été et l'hiver, il est raisonnable de penser qu'un changement similaire doive résulter du déplacement de notre position par rapport aux étoiles fixes.

On a observé que les conditions climatiques ont une influence marquée sur notre tempérament — nous nous sen-

Constellations, Signes et Maisons

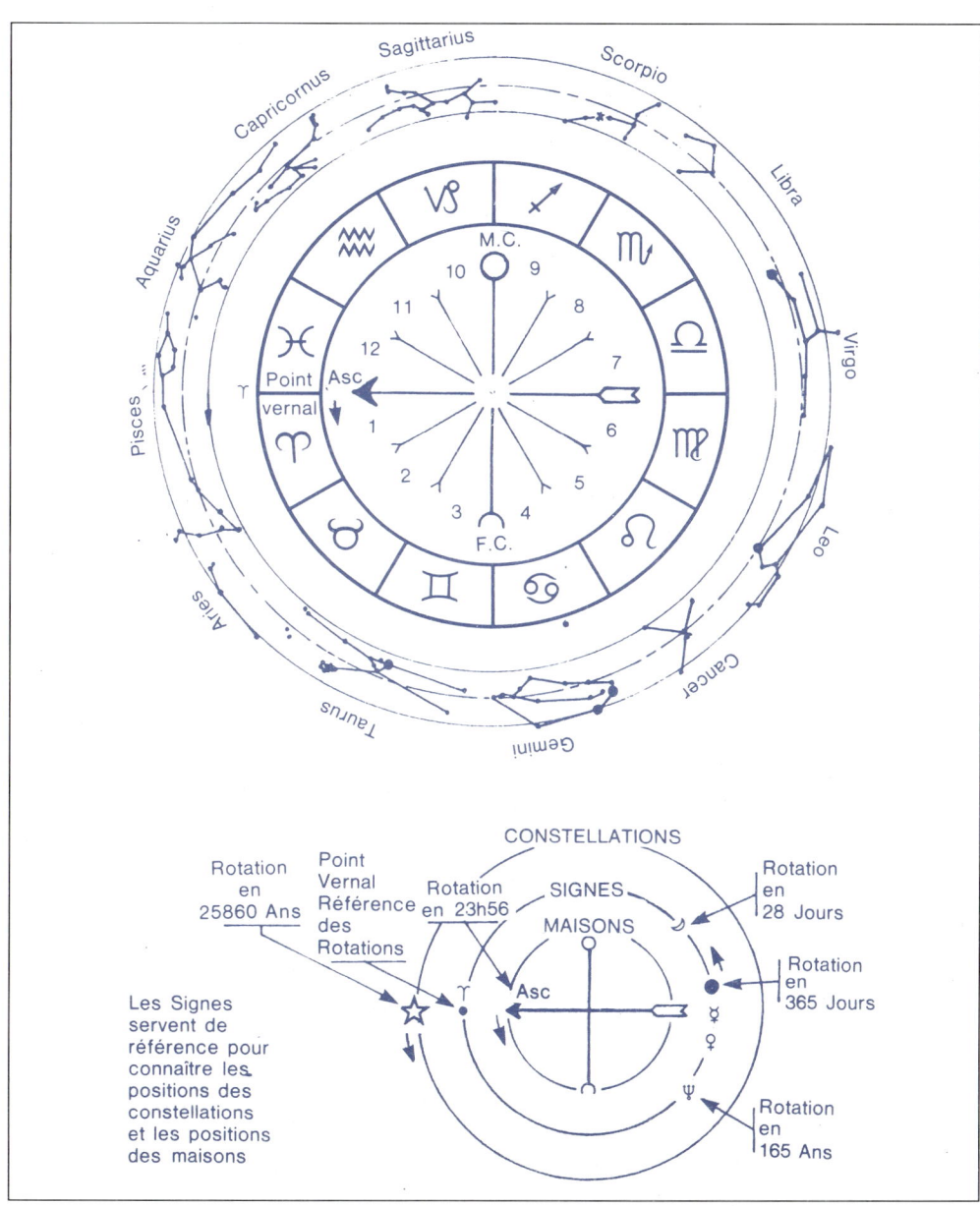

tons différents en été de ce que nous sommes en hiver — aussi, ce même phénomène, appliqué aux étoiles, ne pourrait-il expliquer, pour l'humanité, les modifications que nous appelons « évolution » ? Le mystique l'affirme. Les rayons du Soleil, par la variation de leur angle d'incidence, font pousser les feuilles et les fleurs pendant une saison et les font flétrir dans une autre ; de même, l'influence des étoiles fixes apporte-t-elle des changements plus importants dans la flore et la faune ; elle est en relation avec la prospérité et la chute des nations et le changement de mentalité que nous appelons civilisation.

Le *zodiaque naturel* se compose donc des constellations (formées elles-mêmes d'étoiles fixes) qui se trouvent sur le parcours apparent du Soleil dans les cieux. Elles occupent des portions d'espace différentes.

Le *zodiaque intellectuel*, lui, commence au point variable où se trouve le Soleil à l'équinoxe du printemps (ce point se situe actuellement dans la constellation des Poissons). Il est divisé en douze signes de longueur égale (30°). C'est principalement ce zodiaque que nous utilisons en astrologie.

Les signes du Zodiaque ou Zodiaque intellectuel

La maxime d'Hermès, « Ce qui est en bas est comme ce qui est en haut », exprime la loi d'analogie qui éclaire bien des mystères de l'Univers. Elle met en évidence les mêmes points saillants dans l'évolution de l'homme ou du microbe, dans celle de l'étoile ou de l'astérie.

> Ainsi, aux **12 constellations du zodiaque naturel**, dont émanent des forces qui influencent plus particulièrement le Système Solaire, les nations et les civilisations, correspondent les **12 signes du zodiaque**, qui constituent une matrice pour la manifestation de la Vie sur la Terre. Leur empreinte est perceptible jusque dans le corps humain, dont les différentes parties sont en relation avec les signes.

Le terme « zodiaque » signifie « roue de la vie » et évoque un rythme cyclique des énergies nécessaires à l'expression de la vie.

Ces énergies, qui émanent des Esprits planétaires, s'expriment sur un mode différent selon le signe dans lequel se trouve la planète.

Chacun des 12 signes du zodiaque ajoute une coloration différente à la signification d'une planète. La perception de ces nuances d'expression constitue l'une des bases de l'interprétation du thème astrologique.

Chaque signe, intimement lié aux autres, n'a de sens que par rapport au Tout qu'est le zodiaque.

Nous ne donnons ci-après qu'un aperçu de la signification des signes.

Représentation des signes du zodiaque

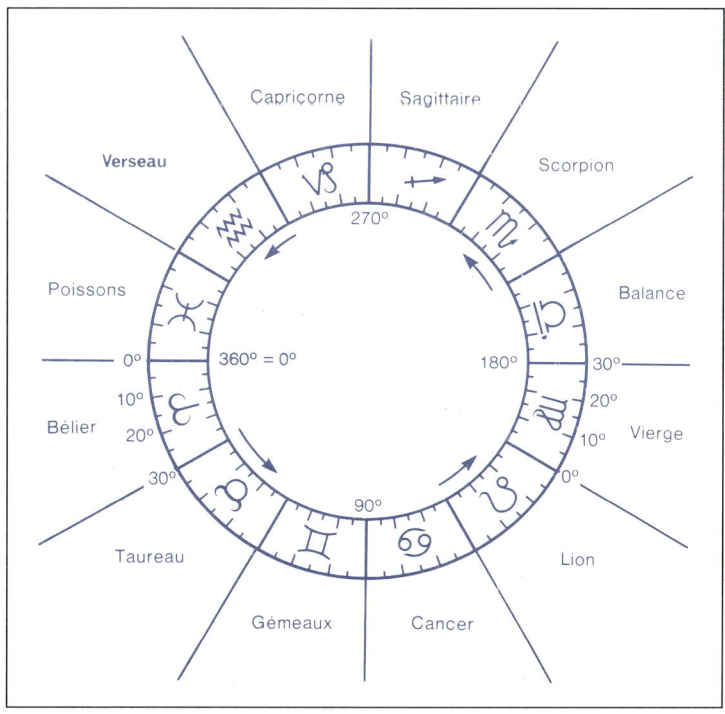

Note : De même que les planètes, les signes sont représentés par des symboles. Voir à ce sujet le paragraphe « Signes » dans la deuxième partie du livre. Le zodiaque, comme tout cercle, est divisé en 360 degrés. Chacun des 12 signes comprend donc 30°. La numérotation en degrés se fait dans le sens inverse des aiguilles d'une montre, à partir du signe du Bélier.

Aperçu de la signification des signes

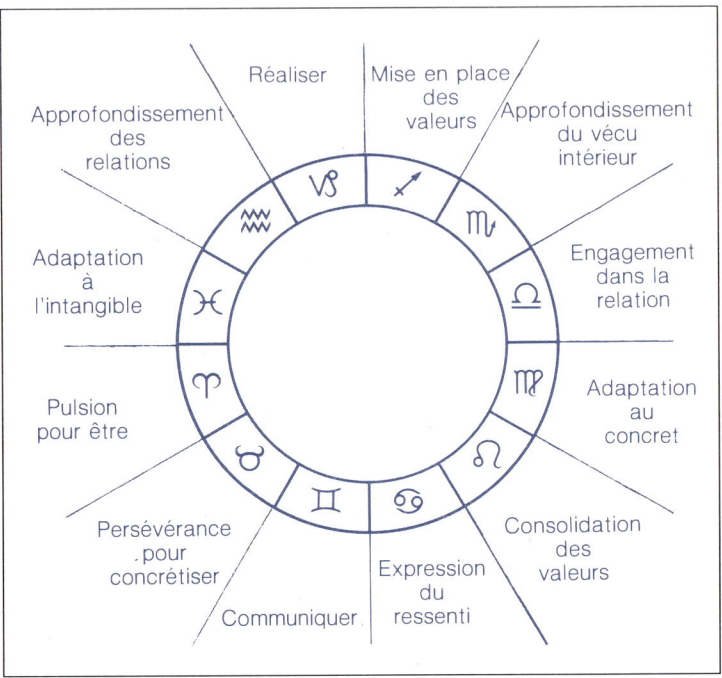

La Loi d'analogie mentionnée plus haut permet, entre autres, de saisir l'intime relation entre le « Cycle de la Vie », le zodiaque, et le processus d'incarnation d'un Ego, ou Etincelle de Vie en l'homme. Max Heindel l'exprimait ainsi :

« En effet, de même que les rayons du Soleil, focalisés par une lentille, peuvent être concentrés en un point, ainsi la vie spirituelle du Soleil (☉), concentrée sur les deux signes que gouverne Mars (♂), nous amène une vie en provenance du monde invisible dans le domaine physique.

Le Cancer, premier des signes d'eau, était décrit par les anciens Egyptiens comme un scarabée, considéré par eux comme l'emblème de l'âme. Or, les occultistes savent que l'atome-germe du corps est implanté lorsque le Soleil de la Vie, l'Ego, est dans la phase de son développement correspondant au Cancer, en harmonie avec les forces lunaires de fécondation.

Parties du corps gouvernées par les signes

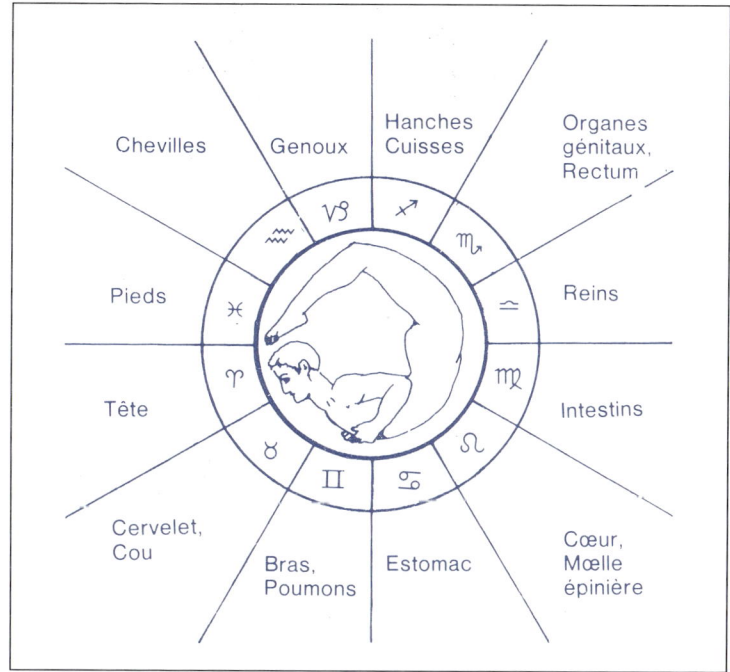

Quatre mois plus tard, lorsque le Soleil de la Vie traverse un état en relation avec le deuxième des signes d'eau, le Scorpion, gouverné par Mars, planète de la passion et de l'émotion, la corde d'argent qui relie le Corps du désir[1] aux véhicules inférieurs est attachée ; c'est l'« animation », première manifestation de vie individuelle du fœtus. A ce moment, l'Ego a dissous les globules nucléés du sang au moyen desquels la vie de la mère s'est manifestée dans l'organisme en croissance. Il peut alors commencer à travailler lui-même dans le liquide vital et manifester son existence comme être physique, jusqu'à ce que le Soleil de la Vie ait achevé son parcours et atteigne de nouveau le mystique huitième signe.

Huit mois après que l'atome-germe ait été implanté, le Soleil de la Vie (l'Esprit) entre dans les Poissons, dernier signe d'eau du Zodiaque mystique, gouverné par l'expansif Jupiter. Sous son influence bienfaisante, les eaux de la parturition

1   Voir le paragraphe « Planètes » dans la 2ᵉ partie.

s'enflent et rompent la poche des eaux, lorsque les neuf mois de la gestation sont révolus. Elles déposent le nouveau-né sur l'Océan de la Vie au premier degré du Bélier. Il y est accueilli et réchauffé par les rayons combinés de Mars et du Soleil, respectivement gouverneur et planète exaltée de ce signe. Ainsi est-il préparé à la lutte pour la vie par l'énergique dieu de la Guerre et sa « coupe de vie » — grande ou petite — est remplie par le Soleil, grand réservoir cosmique d'énergie vitale. »

Les Maisons

Aux **12 signes** du zodiaque correspondent les **12 Maisons** astrologiques, qui sont des divisions du ciel relatives à un *lieu* et à un *instant* donnés.

A l'image du Soleil qui se lève le matin à l'Est, l'*Ascendant*, « Asc », est le degré du zodiaque qui se lève à l'horizon Est au moment de la naissance [1]. A l'opposé, dans la direction Ouest, le *Descendant* est le point du ciel où nous voyons les étoiles du ruban zodiacal se coucher (voir à ce sujet le paragraphe « Maisons » dans la deuxième partie de ce livre).

Le *Milieu du Ciel*, représenté par « MC », est le degré du zodiaque intellectuel par lequel passe le méridien du lieu, c'est-à-dire le point du zodiaque le plus haut dans le ciel au moment de la naissance. Son opposé sur le zodiaque est appelé *Fond du Ciel.*

Chaque quart d'espace (délimité par ces quatre points : Ascendant, Milieu du Ciel, Descendant et Fond du Ciel) est divisé en trois parties. Ainsi sont obtenues les douze Maisons.

Les planètes qui, au moment de la naissance, seront à l'un de ces quatre points, ou à tout autre endroit du ciel, se présenteront sous des *angles différents* (par rapport à la Terre), ce qui nuancera leur influence.

L'équinoxe du 21 mars est le moment où le Soleil se trouve au point vernal. C'est aussi le début du premier signe du zodiaque intellectuel : le Bélier. Par analogie, l'Ascendant, ou début de la première Maison, exerce dans le thème astrologique une influence correspondant au degré zéro du Bélier. La deuxième Maison correspond au Taureau, la troisième aux Gémeaux, et ainsi de suite.

1   Par suite de la rotation de la Terre, un nouveau degré du zodiaque se lève toutes les 4 minutes (en moyenne).

Les Maisons sont la contrepartie du zodiaque intellectuel dans le cycle journalier. En effet, le Soleil met d'une part un an pour parcourir les douze signes du zodiaque, et, d'autre part, une journée pour traverser les douze Maisons relatives à un lieu donné.

Les Maisons astrologiques concernent différents domaines de l'existence concrète. Ainsi, une énergie planétaire, nuancée par un signe, se manifestera de façon privilégiée dans le domaine de la vie indiqué par la Maison du thème qu'elle occupe.

Le schéma suivant donne un aperçu succinct de la signification des Maisons.

Mots-clés des Maisons

Horizon plus vaste

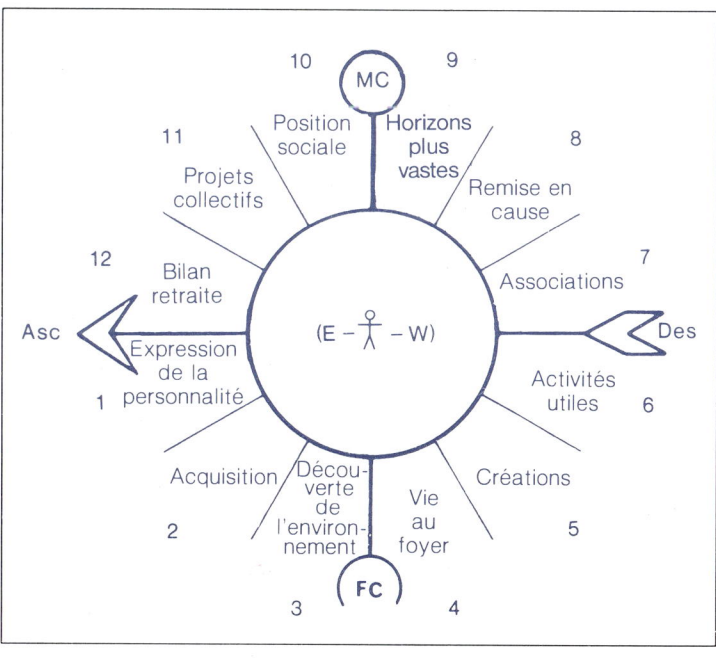

La signification générale des signes, des planètes et des Maisons est donnée au paragraphe « Mots-clés » de la partie « Vocabulaire Astrologique ».

Après ces quelques notions fondamentales, nous allons aborder dans les chapitres suivants la manière de monter un thème astrologique.

> *Un thème astrologique est une carte du ciel indiquant, pour le lieu, la date et l'heure de naissance, la position des planètes dans les signes zodiacaux et dans les Maisons.*

Il y a pour cela deux étapes principales :

1. Trouver la position de l'Ascendant et des Maisons. Ce sera l'objet du chapitre 4.

2. Trouver les positions des planètes : nous verrons cela aux chapitres 5 et 6.

Mais auparavant, nous devons connaître les données nécessaires à l'établissement du thème. C'est l'objet du chapitre suivant.

CHAPITRE TROIS

le temps et le lieu, facteurs du calcul d'un thème astrologique

Par la précession des équinoxes, le point vernal passe dans toutes les constellations zodiacales en 25 800 années environ. Chaque année, le Soleil marque le rythme des saisons et revient dans le même signe zodiacal après 365 jours environ. Chaque jour, il semble se lever à l'Est et se coucher à l'Ouest, marquant ainsi notre journée de 24 heures. Ainsi, d'un lieu, nous pouvons observer plusieurs **rythmes cosmiques**, à l'image des aiguilles d'une horloge. Comme les étoiles qui forment les constellations ne retrouvent les mêmes positions, par rapport aux signes, qu'au bout de 25 800 ans et qu'un degré différent du zodiaque se lève à l'horizon toutes les quatre minutes environ, *nous pouvons dire que chaque thème de naissance est absolument individuel*, et que même dans le cas de jumeaux, les thèmes astrologiques peuvent être différents [1].

L'étudiant comprendra donc l'importance du **temps** dans le calcul d'un thème astrologique. *Pour pouvoir calculer un thème de naissance exact, il devra connaître, entre autres, la date et l'heure de naissance de la personne.* Pour ceux qui ne connaissent pas leur heure de naissance, il existe différentes méthodes pour la retrouver ; mais ce sujet appartient à un degré plus avancé de cette étude.

Un autre facteur différencie les nativités. Lorsque le Soleil se lève là où nous vivons, il se couche ailleurs. Quand il est midi au lieu de naissance d'une personne — le Soleil étant « haut » dans le ciel et au-dessus de l'horizon —

---

1   En outre, chaque jumeau apporte un acquis différent issu de ses précédentes incarnations.

il peut être minuit au lieu de naissance d'une autre, avec le Soleil au-dessous de l'horizon. Nous savons que l'effet physique de ses rayons varie suivant sa position. Quand un changement physique est perceptible, l'influence spirituelle qui en est la cause doit aussi être différente. *Nous verrons que des enfants nés au même instant, mais en des lieux éloignés, auront des thèmes différents.*

Le temps et le lieu sont les facteurs fondamentaux pour les calculs du thème astrologique

Le lieu : latitude et longitude

Nous allons d'abord apprendre à situer un lieu en cherchant ses coordonnées géographiques : la *latitude* et la *longitude.* Celles-ci se trouvent en consultant, de préférence, les tables géographiques d'un ouvrage spécialisé, ou, à défaut, des cartes géographiques.
Comme exemple de cartes géographiques, citons les cartes des atlas et les cartes d'état major.
Comme exemple de livres comportant des tables géographiques, citons l'index de certains atlas, des ouvrages spécialisés dans les problèmes de l'heure, et nos « Tables des Maisons ». Nous en trouverons les références à la fin de la première partie, dans la « Bibliographie de l'étudiant ». Avec l'un de ces livres, nous pouvons relever *directement* les positions géographiques des villes.

Utilisation des Tables Géographiques

Nous prendrons comme exemple la recherche des coordonnées géographiques de Los Angeles, Buenos Aires et Paris dans un atlas. Nous relevons successivement :

	Lat. ° ′	Long. ° ′
Buenos Aires, Argentine	34 30S	58 20W
Los Angeles, Calif., USA	34 00N	118 10W
Paris, France	48 50N	2 20E

En se rapportant aux explications de l'index de l'*atlas*, nous voyons que ces latitudes et ces longitudes sont données en degrés et minutes d'arc. Nous pouvons généralement arrondir ces positions au degré le plus proche, l'incidence sur la précision étant relativement faible.

Nous obtenons :

	Lat.	Long.
Buenos Aires, Argentine	34°S	58°W
Los Angeles, Calif., USA	34°N	118°W
Paris, France	49°N	2°E

Il est important de noter que les longitudes et les latitudes font référence aux quatre points cardinaux :
— le **Nord** (N) et le **Sud** (S) pour la *latitude* ;
— l'**Ouest** (W, de l'anglais West) et l'**Est** (E), pour la *longitude*.
La latitude 0° correspond à l'Equateur.
La longitude 0° correspond au méridien de Greenwich, ville située près de Londres (voir schéma page 46).

Nous prendrons garde, en consultant les tables géographiques, de ne pas nous tromper entre des villes de même nom, situées dans des contrées différentes.

Par exemple, dans nos *Tables des Maisons* nous pouvons relever :

Villes	Lat.	Long.
Amsterdam, Nth.	52 N 21	0h 20 E
Amsterdam I., Ind. O.	37 S 50	5h 10 E
ou encore		
Springfield, III., USA	39 N 49	5h 59 W
Springfield, Mass., USA	42 N 07	4h 50 W
Springfield, Mo., USA	37 N 11	6h 13 W
Springfield, Oh., USA	39 N 50	5h 35 W

Dans les exemples ci-dessus, la longitude est donnée en **heures** (et minutes de temps), telle que nous allons l'utiliser. Lorsque la longitude est donnée en **degrés** (et minutes d'arc), comme dans les atlas, nous devons la transformer pour obtenir une longitude en heures et minutes.

Avant de poursuivre par l'utilisation des cartes géographiques, nous allons examiner un peu plus en détail ces conversions.

Conversion des longitudes en heures

La Terre faisant un tour sur elle-même en 24 heures, il est pratique de diviser la circonférence du cercle équa-

torial en 24 parties égales appelées heures, en correspondance avec les 360 degrés d'un cercle.
1 heure correspond alors à 15 degrés
(puisque 24 h × 15 = 360°),
4 minutes correspondent à 1 degré
(puisque 4 m × 15 = 60′ = 1°),
4 secondes correspondent à 1 minute d'**arc**
(puisque 4 s × 15 = 60″ = 1′).

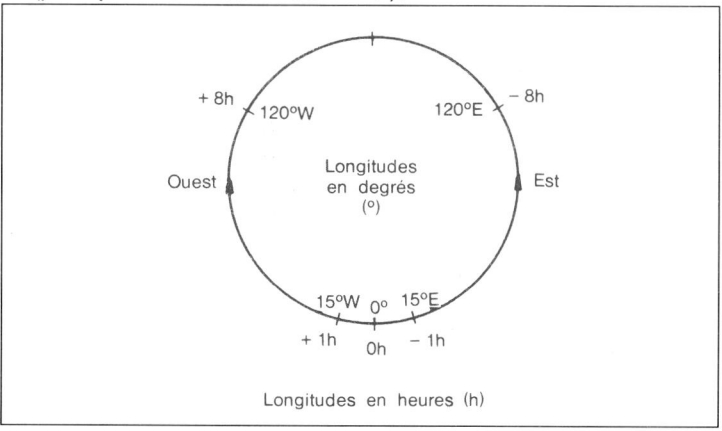

Longitudes en heures (h)

Nous ferons attention à *ne pas confondre les minutes
d'heures (min ou m) et les minutes de degrés ou d'arc (')*
(puisque 1 min ↔ 15′).

Conversions entre mesures d'angles :

Degrés .... Heures
15° ↔ 1 h
1° ↔ 4 min
1′ ↔ 4 s

Rappelons les correspondances :

Heures . . . . 1h = 60 min	1min = 60s
Degrés ou arc . . . . 1° = 60′	1′ = 60″

Pour illustrer ces conversions, nous allons exprimer la longitude de
Buenos-Aires, Los Angeles et Paris en *heures et minutes*. Pour cela,
nous multiplions le nombre de degrés Est ou Ouest de Greenwich par
4 pour obtenir le nombre de minutes de décalage par rapport à
Greenwich. Nous convertissons ensuite ces minutes en heures.

Buenos Aires, Argentine .... W, $58 \times 4m = 232\ m = 3h\ 52W$
Los Angeles, Calif., USA ...... W, $118 \times 4m = 472\ m = 7h\ 52W$
Paris, France .... E, $2 \times 4m = 8\ m = 0h\ 8\ E$

En prenant les longitudes de façon plus précise (cf. page 42), nous aurions trouvé respectivement : 3h 53m 20s W, 7h 52m 40s W, 0h 09m 20s E.

Utilisation des Cartes Géographiques

Il peut aussi arriver que nous disposions d'un atlas ne donnant pas directement les latitudes et les longitudes. Nous devons alors chercher, sur les cartes [1], la ville ou la localité la plus proche du lieu de naissance. Pour trou-

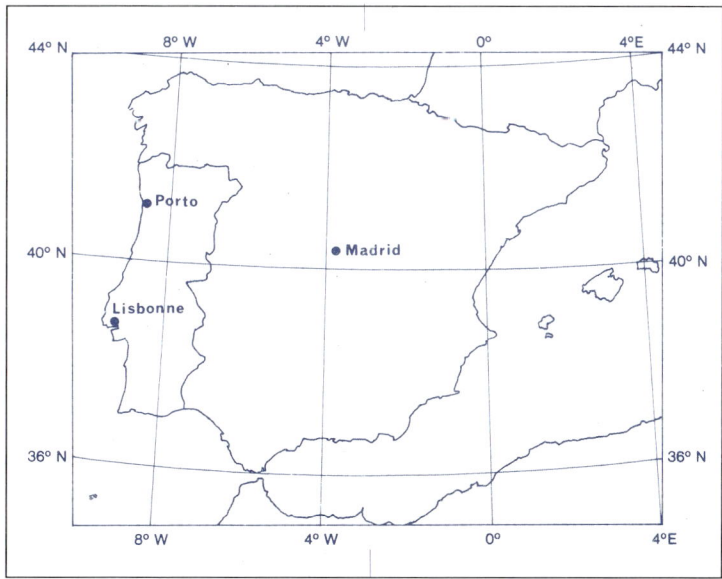

Pour Madrid, les coordonnées géographiques approximatives seront :
4° W de longitude et 40° N de latitude.
Pour Porto, nous prendrons :
8° 30' W de longitude et 41° N de latitude.
Pour Lisbonne, nous prendrons :
9° W de longitude et 39° N de latitude.

1 En consultant ces documents, il est indispensable de vérifier si les longitudes sont en « degrés » ou en « grades ».
Pour certains vieux atlas, il faut également contrôler que la référence des longitudes soit bien Greenwich (près de Londres). Dans ce cas, cette ville a pour longitude 0°.

ver la latitude et la longitude, nous cherchons les traits fins orientés horizontalement pour la latitude, et verticalement pour la longitude. A l'extrémité de ces traits, se trouvent des chiffres qui indiquent les degrés de latitude ou les degrés de longitude. Il s'agit d'évaluer au plus juste la position de la ville en appréciant la valeur de l'intervalle qui la sépare des lignes de longitude les plus proches.

Le Lieu : quelques définitions

Géographiquement, le globe terrestre est divisé par deux systèmes de cercles imaginaires. L'un de ces cercles est situé à égale distance du Pôle Nord et du Pôle Sud, on l'appelle *Equateur* et il a pour latitude *zéro.* Les lignes de latitude sont des cercles imaginaires concentriques, *parallèles* à l'Equateur, au Nord ou au Sud.
Les lignes de longitude définissent le deuxième système

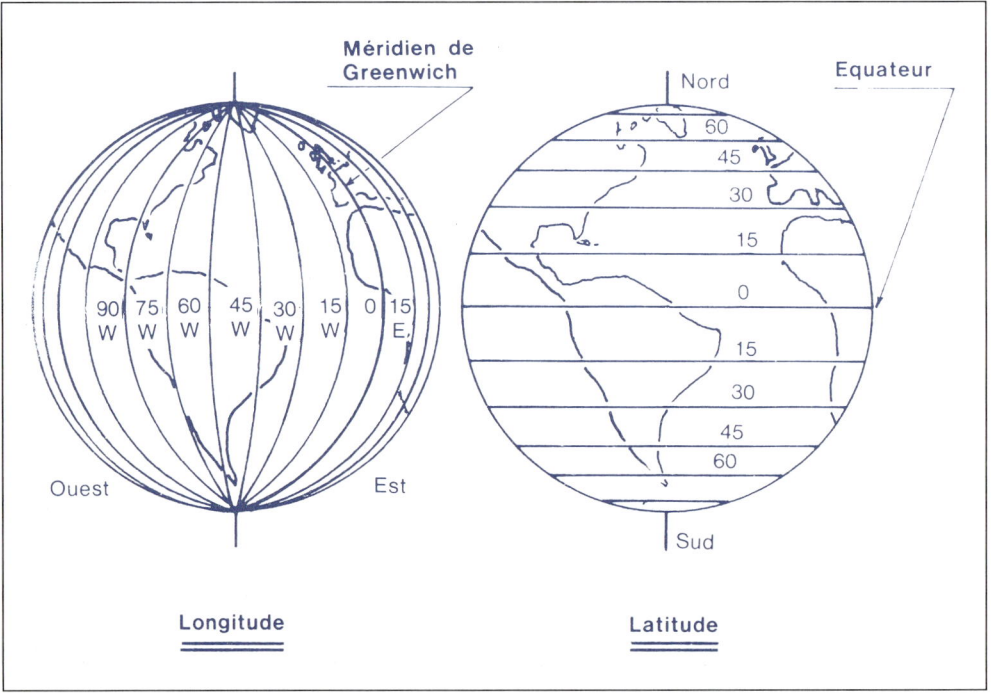

Méridien de Greenwich

Nord   Equateur

90 W 75 W 60 W 45 W 30 W 15 W 0 15 E

60
45
30
15
0
15
30
45
60

Ouest   Est

Sud

Longitude   Latitude

de cercles. On les appelle *méridiens*, car en tous les lieux de même longitude, il est midi au même instant. Quelle que soit leur proximité de l'Equateur ou leur distance du Pôle Nord ou du Pôle Sud, le Soleil est alors au plus haut de sa course journalière dans le ciel. Un des méridiens passe près de Londres, à *Greenwich* exactement, et porte le numéro 0.

Les longitudes sont données soit en *degrés*, à l'Ouest ou à l'Est de ce méridien zéro, soit en *heures et minutes*, avec généralement un signe « + » pour l'Ouest et un signe « — » pour l'Est.

La *latitude* nous indique donc la position d'un lieu par rapport à l'Equateur (au Nord ou au Sud), et la *longitude* sa distance à l'Est ou à l'Ouest de Greenwich.

Lorsque la situation d'un lieu est donnée par ces deux éléments, sa position est déterminée avec précision. Il ne peut alors être confondu avec un autre lieu. L'astrologue possède ainsi les premières données nécessaires au calcul d'un thème astrologique.

Le temps

Pour pouvoir calculer le thème de naissance, nous devons également connaître le « *Temps Universel de naissance* ». C'est le Temps à Greenwich au moment de la naissance.

D'une manière générale, le Temps Universel [1] sert de référence internationale ; c'est pour celui-ci que sont calculées les *éphémérides* qui donnent les positions éphémères des planètes.

Comme donnée de départ, nous disposons du « Temps Légal » de naissance, c'est-à-dire l'heure qu'indique notre montre.

Du point de vue astrologique, l'heure de naissance d'un enfant est *le moment exact de sa première inspiration*, accompagnée généralement d'un cri, et non le moment de l'accouchement. En effet, l'état chimique de l'atmosphère change à chaque instant, à mesure que varient les vibra-

---

1 Le Temps Universel est souvent improprement appelé Temps Moyen à Greenwich (GMT).

tions qui nous viennent des astres. Nous remarquons ce changement dans l'atmosphère selon la position du Soleil dans le ciel aux différentes heures du jour, ou aux diverses époques de l'année. L'air de la nuit diffère de l'atmosphère de midi. Ces changements ne sont pas brusques, mais nous arrivent imperceptiblement. Nous qui y sommes habitués, et donc plus endurcis, ressentons moins ces variations continuelles. Mais le petit corps sensible du nouveau-né est fortement impressionné par cette première entrée subite de l'air dans ses poumons ; l'oxygène qu'il contient s'épand dans tout le corps en se mêlant au sang, et chaque cellule reçoit une empreinte spéciale. Celle-ci restera toute la vie, bien que les cellules changent, tout comme une cicatrice laisse une trace sur le corps malgré le renouvellement des cellules. Cette première empreinte, dont le reflet est le thème de naissance de l'enfant, est la base physique des particularités de chacun. Nous pouvons également y trouver la cause des différences de tempérament qui font que deux personnes n'agiront pas de la même manière sous les mêmes influences stellaires. Cette empreinte est en harmonie avec notre degré de développement, comme l'exige la *Loi de Cause à Effet*, qui nous donne dans chaque incarnation les facultés développées pendant nos existences précédentes. *Nous n'avons pas telle destinée parce que nous naissons à tel moment, mais nous avons été amenés à naître à l'heure même où les rayons stellaires nous donneront les tendances nécessaires pour nous libérer de la destinée engendrée dans nos vies passées et évoluer toujours plus vers la perfection.*

Cette distinction est très importante. Elle montre la différence qui existe entre le point de vue du matérialiste et la conception spirituelle de l'Astrologie.

> A défaut de connaître le moment de la première inspiration, nous utiliserons le temps (la date et l'heure) porté sur l'Acte de naissance.

Temps Légal

> Le Temps Légal est le temps généralement adopté pour tout un pays ou une contrée. La connaissance du « *Fuseau horaire* » auquel se rattache ce pays et l'emploi

éventuel d'une *heure d'été* par celui-ci, sont les éléments indispensables pour obtenir le Temps Universel de naissance à partir du Temps Légal.

Nous ferons attention à bien noter l'heure du Temps Légal de naissance sur *24 heures*. En effet, comme certaines personnes donnent une heure comprise entre 0 et 12 heures, il est prudent de demander si celle-ci ne serait pas de l'après-midi. Dans ce cas, nous ajouterons 12 heures avant d'effectuer tout autre calcul (7h de l'après-midi ou du soir correspond à 7 + 12 = 19h).

Dans de nombreux pays, l'usage note encore les heures « avant midi » et « après midi », mais celui-ci a tendance à disparaître. *Nous utiliserons toujours la notation de 0 à 24 heures* conforme aux conventions internationales.

Fuseaux horaires

La Terre tournant sur elle-même en 24 heures, elle a été divisée en *24 fuseaux horaires*. Entre deux fuseaux successifs, le décalage horaire est de 1 heure. Le fuseau horaire qui a pour centre le méridien de Greenwich est appelé par convention le « fuseau horaire 0 ». Le fuseau situé immédiatement à l'Est, en avance de 1 heure sur lui, est appelé « fuseau 1h E » ; le fuseau immédiatement à l'Ouest, en retard d'une heure sur le fuseau 0, est appelé « fuseau 1h W », et ainsi de suite.

Les fuseaux horaires sont des bandes de 15 degrés de longitude qui, théoriquement, vont du Pôle Nord au Pôle Sud. En pratique, ces fuseaux horaires suivent les limites géographiques des Etats, comme le montre la carte « Fuseaux horaires ». Ces tracés peuvent également être modifiés au cours des années, et certains lieux peuvent ainsi changer de fuseau horaire, et même adopter une heure intermédiaire.

La France vit avec l'heure du fuseau 1h E depuis 1940 (légalisé depuis le 16 septembre 1945), alors que son fuseau horaire théorique est le fuseau 0h.

Il est 13h à nos montres quand il est midi à Greenwich.

Les pays ayant adopté le même fuseau horaire ont la même « heure d'hiver ».

Ainsi, lorsqu'il est 13 heures en Suède, pays appartenant au fuseau horaire 1h E, il est également 13 heures au Congo, qui appartient au même fuseau.

Heure d'été

Pour des raisons économiques, et pour bénéficier au maximum de la lumière du jour, certains pays, pendant une partie de l'année, adoptent une heure différente. Leurs habitants *avancent* ainsi leurs montres d'une heure durant les périodes d'été.

Depuis 1916, année où apparurent les heures d'été, les pays ont utilisé certaines règles plus ou moins respectées. Dans certains pays, comme les USA, la situation était particulièrement compliquée avant 1967. En effet, certaines villes, par un arrêté municipal, faisaient exception à la loi fédérale. Il est donc nécessaire de connaître, non seulement cette précision, mais aussi si l'heure inscrite sur le registre d'état civil en a tenu compte !

Dans de nombreux pays, les habitants des petites localités n'appliquaient pas cette heure qui modifiait leurs habitudes.

Fuseaux horaires et heures d'été

En cas de doute sur l'heure indiquée par l'acte de naissance, on peut se renseigner auprès des autorités municipales du lieu de naissance. La plupart des cas peuvent néanmoins être résolus en consultant l'un des livres cités dans la *Bibliographie de l'étudiant*, à la fin de la première partie, et traitant du problème de l'*Heure*.

Les notions de « fuseau horaire » et d'« heure d'été » sont souvent intimement liées. C'est pourquoi les ouvrages qui traitent de ces questions donnent généralement le fuseau horaire puis le décalage d'heure d'été par rapport à cette référence.

Pour **Buenos Aires**, Argentine, nous y relevons qu'au 1er mai 1920, le pays a *changé de fuseau horaire*, ou temps standard, en passant de + 4h 17m au fuseau horaire international 4h W. Quatre heures correspond aussi au méridien standard 60° W (puisque 1 heure équivaut à 15 degrés). Les livres cités font ensuite la liste des heures d'été qui leur sont connues, et nous remarquons que l'Argentine utilise généralement l'heure d'été.

Pour la ville de **Los Angeles**, Californie, USA, nous observons que le fuseau horaire 8h W (120° W) a été adopté depuis le 18 novembre 1883 dans l'Etat de Californie. Les heures d'été n'ont pas toujours suivi une règle précise, et parfois ne suivaient pas la loi fédérale. *Depuis 1967, les Etats-Unis d'Amérique utilisent une règle commune en appliquant les heures d'été du dernier dimanche d'avril au dernier dimanche d'octobre.*

Fuseaux horaires, heure d'hiver

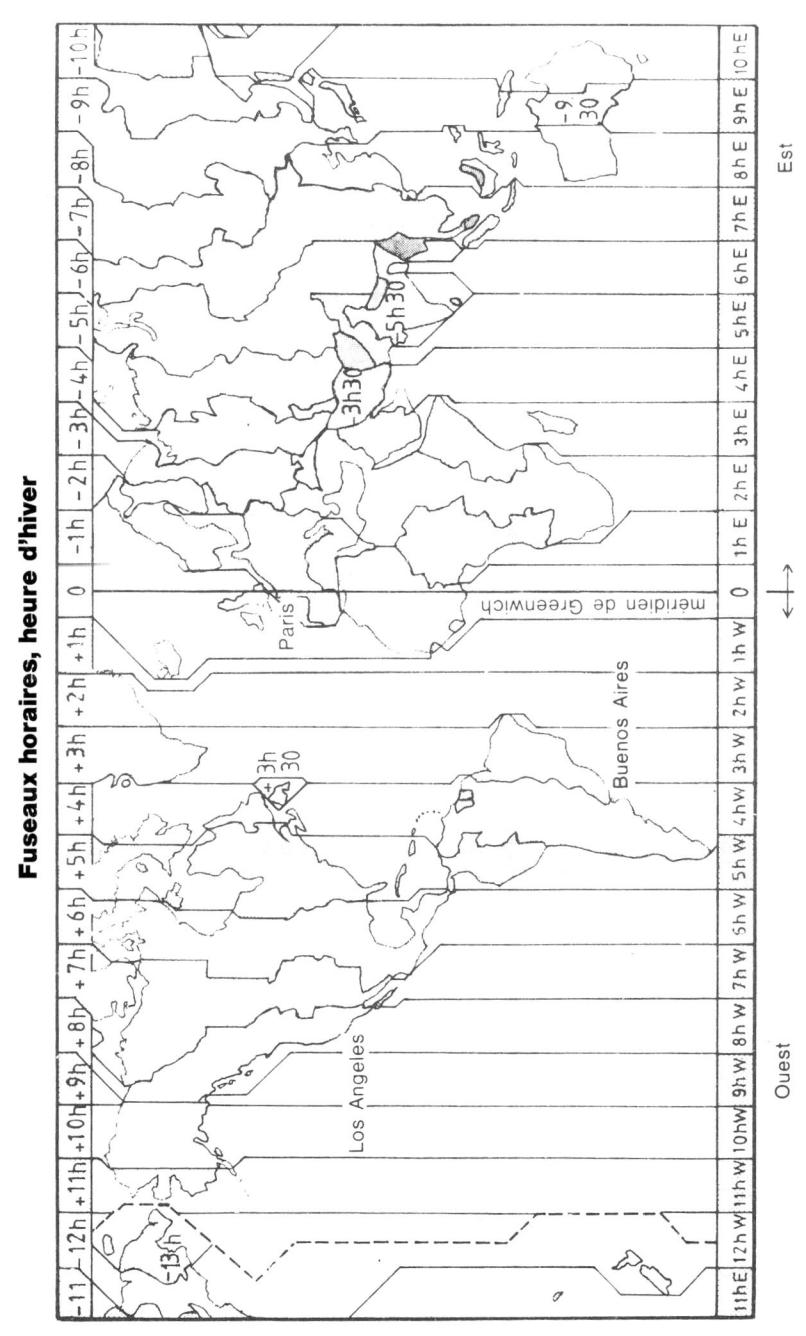

Pour **Paris**, nous cherchons à « France », et nous trouvons que ce pays utilisait le méridien de Paris comme fuseau horaire, soit 0h 09 E, avant d'adopter le fuseau horaire zéro le 11 mars 1911. Nous relevons également que, depuis le 25 février 1940, la France a au moins 1 heure de décalage horaire avec le méridien de Greenwich, même en hiver, et que par conséquent elle applique depuis cette date le fuseau horaire 1h E (15° E). La France suit un régime horaire varié, souvent en coordonnant ses heures d'été avec les autres pays européens. Nous remarquons également que, pour les années 1940 à 1942, il faut distinguer si le lieu recherché appartient à telle zone horaire ou à telle autre. En effet, à cette époque, du fait de l'occupation allemande, la France suivait *deux* régimes horaires.

Il s'ensuit, qu'étant donné l'extrême complexité des différents systèmes appliqués, *il est nécessaire de consulter un livre traitant des heures d'été et des fuseaux horaires.* Ceci nous permettra de calculer le décalage horaire existant entre le Temps Légal et celui qui doit réellement servir de base aux calculs : le Temps Universel.

Le Temps Universel

Le Temps Universel est basé sur le temps de Greenwich. L'abréviation officielle de Temps Universel est « UT », de l'anglais « Universal Time ».
Calculons le Temps Universel de trois naissances, le même jour, pour :
Buenos Aires et un temps légal de 2h 30 le 8 août 1984.
Los Angeles et un temps légal de 21h 15 le 8 août 1984.
Paris et un temps légal de 0h 30 le 8 août 1984.

Pour la première naissance, nous trouvons que le fuseau horaire théorique de l'Argentine est 4h W. Comme août correspond à l'hiver dans l'hémisphère Sud, nous admettrons que l'Argentine vit bien avec l'heure du fuseau horaire 4h W, sans heure d'été. Nous posons les opérations comme suit :

Temps légal de naissance (heure et date) :	2h 30 le 8/8/84
Ajouter la valeur du fuseau horaire Ouest	+ 4h
Soit le **Temps Universel** (heure et date)	= 6h 30 le 8/8/84

C'est-à-dire que lorsqu'il était 2h 30 à Buenos Aires, il était 6h 30 à Greenwich.
Pour le deuxième exemple, nous connaissons le fuseau horaire de la Californie, déjà trouvé dans l'un des exemples du paragraphe pré-

cédent : 8h W. Nous rappelons la règle des heures d'été qui prévaut aux USA depuis 1967 : du dernier dimanche d'avril au dernier dimanche d'octobre. Les habitants vivent alors une heure en avance sur leur horaire habituel, qui est celui de leur fuseau horaire. Il faudra déduire cette heure d'été pour ces dates.

Temps légal de naissance (heure, date) :	21h 15 le 8/8/84
Retrancher, si nécessaire, l'heure d'été :	– 1h
Ajouter la valeur du fuseau horaire Ouest	+ 8h
Soit le résultat intermédiaire de	28h 15 le 8/8/84
Soit le **Temps Universel** (heure et date)	= 4h 15 le 9/8/84

Lorsqu'il était 21h 15 à Los Angeles, il était déjà 4h 15 du jour suivant à Greenwich.

Dans le premier exemple, nous avons trouvé une date du Temps Universel identique à la date légale. Dans le second, les dates *diffèrent d'un jour.*

En effet, un lieu change de date à partir du moment où, pour ce lieu, il est 24 heures. Un lieu peut avoir déjà changé de date alors que, pour un autre, ce changement n'interviendra que plusieurs heures plus tard.

Le Temps Universel, qui est l'heure à Greenwich, n'échappe pas à cette règle et nous devons en tenir compte dans l'établissement de notre thème natal.

La date du Temps Universel peut varier d'un jour par rapport à la date du Temps Légal, en plus ou en moins.

Lorsque nous devons retrancher 24 heures, comme pour le deuxième exemple ci-dessus, nous ajoutons alors un jour à la date. Pour le cas contraire, comme dans l'exemple qui suit, nous retranchons un jour à la date.

L'heure de Paris, qui est réglée habituellement sur le fuseau horaire 1h E, comporte une « heure d'été » au 8/8/1984. Le Temps Universel est donc :

Temps légal de naissance (heure, date) :	0h 30 le 8/8/84
(Pour pouvoir effectuer les opérations, nous transformons ce temps en ajoutant 24 h aux heures et en soustrayant un jour à la date:)	
Temps légal de naissance (heure, date) :	24h 30 le 7/8/84
Retrancher l'heure d'été :	– 1h
Retrancher la valeur du fuseau horaire Est	– 1h
Soit le **Temps Universel** (heure et date)	=22h 30 le 7/8/84

En résumé :

> 1 — Au Temps Légal de naissance (date et heure),
> 2 — Nous retranchons éventuellement une (ou deux) heure(s) d'été.
> 3 — Nous *ajoutons* la valeur du fuseau horaire *Ouest*, ou nous *retranchons* la valeur du fuseau horaire *Est*.
> 4 — Nous trouvons alors le *Temps Universel* (date et heure) pour l'instant de naissance.

— Attention aux changements de dates.
Pour la suite des calculs, le Temps Légal n'est plus utilisé, seul le Temps Universel est employé.

Remarque importante

Pour obtenir le Temps Universel pour des époques où les standards internationaux de l'heure n'existaient pas, il faut utiliser l'heure du lieu, ou « Temps local » [1], et la longitude du lieu.

Ainsi, pour une naissance à Münich, Allemagne, le 8/8/1884 à 6h 30, nous relevons qu'à cette époque le Temps Local était en usage. *Le Temps Local sert alors de Temps Légal. La longitude du lieu (exprimée en heures) sera utilisée comme « fuseau horaire ».*

La longitude de Münich est 0h 46 Est.

Le Temps Universel est alors égal à :

Temps légal (c'est le Temps local de naissance) : 6h 30 le 8/8/84
Retrancher la longitude Est, donnée en heures . −   46
   (Pour une longitude Ouest, ajouter)
                              ————————————
Soit le Temps Universel (heure et date)   =5h 44 le 8/8/84

La France a officiellement abandonné l'usage de ce « Temps Local » le 15/3/1891 pour adopter le « fuseau horaire référencé sur Paris » (fuseau « 0h 09 ») jusqu'au 11/3/1911.

Le Temps : quelques définitions

La Terre a deux mouvements principaux. Elle tourne sur elle-même en un jour, et elle tourne autour du Soleil en 365 jours environ ou une année.

Voir le paragraphe « Temps local » de la deuxième partie pour de plus amples informations.

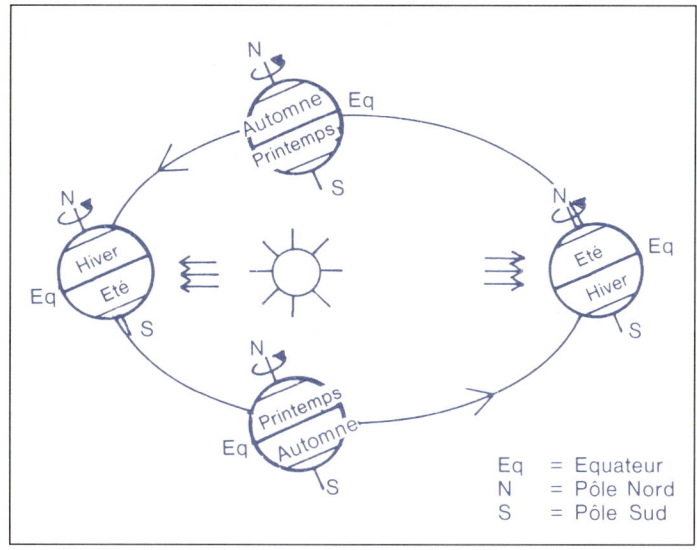

Les heures d'été qui sont généralement appliquées à Buenos Aires, de latitude Sud, le sont pendant les mois de novembre à mars (été dans l'hémisphère Sud), tandis que les heures d'été appliquées à Los Angeles, de latitude Nord, le sont pendant les mois de mai à septembre ou octobre (été dans l'hémisphère Nord).

Pour nous, habitants de la Terre, le *jour* reflète la rotation de la Terre sur elle-même (jour solaire).

La *date* indique le nombre de jours écoulés depuis un instant déterminé, et l'*heure*, la durée depuis le début du jour. Nos montres sont habituellement réglées sur le *Temps Légal* défini par la date et son heure.

Un *jour sidéral* est l'intervalle de temps qui s'écoule entre deux passages successifs d'une *étoile fixe* au méridien d'un lieu, c'est-à-dire la durée d'une révolution complète de la Terre sur son axe. En raison du mouvement de la Terre autour du Soleil en une année, le jour légal est plus long, d'environ 4 minutes, que le jour sidéral (voir schéma au paragraphe « Jour sidéral », 2e partie). Cette différence correspond à un jour entier au bout d'une année.

Le *Temps Sidéral sert à situer un lieu par rapport au point vernal*, qui est l'origine des signes du zodiaque. Sa valeur est comprise entre 0 et 24 heures. Le Temps Sidéral permet de positionner les Maisons sur le thème natal. Son calcul fera l'objet du chapitre suivant.

le signe ascendant et les douze maisons

Pour pouvoir relever le *signe Ascendant et les Maisons* dans le livre intitulé « Tables des Maisons », nous avons besoin de connaître la latitude du lieu de naissance et de calculer le *Temps Sidéral de naissance.*

Le Temps Sidéral et la latitude servent à orienter le lieu par rapport aux 12 signes du zodiaque (qui commencent au point vernal).

Les *éphémérides* [1], qui nous donnent pour chaque jour le **Temps Sidéral** pour le méridien de Greenwich, sont à « 0h » ou à « midi ». Il existe en effet deux sortes d'éphémérides. Les premières sont calculées chaque jour pour 0 heure à Greenwich (0h, Temps Universel), les autres sont calculées chaque jour pour midi à Greenwich (12h, Temps Universel).

Nous emploierons dans ce livre des éphémérides calculées pour 0 heure, mais *l'étudiant trouvera au chapitre 7 les modifications à apporter pour pouvoir utiliser celles calculées pour midi.*

Calcul du Temps Sidéral de naissance

Ce Temps Sidéral dépend de l'heure à Greenwich (Temps Universel), et de la longitude du lieu. La démarche est la suivante :
— Le Temps Sidéral relevé sur les éphémérides dans la colonne « S.T. » nous donne la position du méridien de Greenwich à 0 heure (Temps Universel) par rapport au point vernal, début des signes du zodiaque (0° du Bélier).
— Pour obtenir le *Temps Sidéral à Greenwich pour un autre moment que 0 heure*, nous devons y ajouter

Voir exemplaire page 245.

l'heure du « Temps Universel de naissance » et une correction de **10 secondes par heure** [1].

— Si le lieu de naissance ne se trouve pas sur la longitude de Greenwich, nous ajoutons (ou retranchons), la valeur de la longitude de ce lieu (exprimée en heures).

Le Temps Sidéral de naissance ainsi trouvé détermine la position du lieu par rapport aux signes du zodiaque. *Sa valeur est toujours comprise entre 0 et 24 heures.*

Nous poserons donc les règles suivantes :

1 — Relever dans les éphémérides, pour la date du Temps Universel de naissance, le Temps Sidéral à 0h.
2 — Ajouter l'heure du Temps Universel.
3 — Ajouter autant de fois 10 secondes qu'il y a d'heures dans le Temps Universel.
4 — *Ajouter* la valeur de la longitude (exprimée en heures) si elle est *Est* ou *retrancher* si elle est *Ouest* (dans ce cas, ajouter au besoin 24h à la somme précédente).
5 — Retrancher éventuellement 24h.

Le résultat obtenu est le Temps Sidéral de naissance.

Ou encore :

$$ST = ST\ 0h + UT + 10s/h.UT \pm long.\ (+\ \text{si Est}, -\ \text{si Ouest})$$

Exemple pour une longitude Ouest et une latitude Nord

Thème numéro 1

Pour illustrer la manière de trouver la position de l'Ascendant et des douze Maisons, nous allons les calculer pour une naissance le 8 août 1984 à 3h 30 à Los Angeles, Californie. La position géographique de Los Angeles est : 7h 52m Ouest (118° W), 34° Nord.
En premier lieu, calculons le Temps Universel comme nous l'avons appris au chapitre 3.

1   Des explications concernant les raisons de cette correction sont données dans le paragraphe « Temps Sidéral » du Vocabulaire Astrologique.

Pour cette date, Los Angeles utilise l'heure d'été, et le fuseau horaire de la Californie est 8h W.

Temps légal de naissance (heure, date) :	3h 30 le 8/8/84
Retrancher, si nécessaire, l'heure d'été :	– 1h
Ajouter la valeur du fuseau horaire Ouest	+ 8h
Soit le **Temps Universel** (heure et date)	+10h 30 le 8/8/84

Consultons l'extrait des éphémérides pour 0h donné à la fin de cet ouvrage (page 245), et repérons sur celui-ci la colonne marquée S.T. (de l'anglais « Sidereal Time », Temps Sidéral).

Août 1984

Day Jour	S.T.
	h m s
T 7	21 02 47
W 8	21 06 44
Th 9	21 10 41
. .	. . .

1. S.T. pour 0h pour la date du Temps Universel   21h 06m 44s
2. Ajouter l'heure du Temps Universel . . . . + 10h 30
3. Ajouter 10s par heure
(10s × 10h 30 = 105s)   +   105s

     Temps Sidéral à Greenwich . . . . = 31h 36m 149s
4. Auquel on retranche la longitude (Ouest)   – 7h 52m

(Pour faciliter les calculs, et en se rappelant que
1h = 60m et 1m = 60s, nous posons
l'opération : . . . . – 30h 96m 149s
                                –   7h 52m   )
5. Soit un total de . . . . = 23h 44m 149s
Temps Sidéral de naissance (puisque
60s = 1m) . . . . = 23h 46m 29s

Exemple complémentaire

Cet exemple complémentaire traite du cas où l'opération 4. de la règle pose un problème.
Soit une naissance à Los Angeles le 2 novembre 1984 à 18h 30 (Los Angeles est sur le fuseau horaire Ouest, 8h, sa longitude est 7h 52 Ouest et sa latitude 34° Nord. A cette période de l'année, il n'y a pas d'heure d'été).

Calculons le Temps Universel de naissance.

Temps légal de naissance (heure, date) . . . . :	18h 30 le 2/11/84
Ajouter le fuseau horaire (Ouest)	+ 8h
	= 26h 30 le 2/11/84
Soit le **Temps Universel** (heure, date)	= 2h 30 le 3/11/84

. Calculons le Temps Sidéral de naissance en appliquant les règles précédentes.
Les éphémérides donnent pour :

Novembre 1984

Day Jour	S.T.
	h m s
. .	. . .
F 2	02 45 48
Sa 3	02 49 44
Su 4	02 53 41
. .	. . .

1. S.T. pour 0h pour la date du Temps Universel   2h 49m 44s
2. Ajouter l'heure du Temps Universel   . . . . . .+   2h 30
3. Ajouter 10s par heure (10s × 2h 30 = 25s) +   25s

    Temps Sidéral à Greenwich . . . .=   4h 79m 69s
    Ajouter 24h pour les besoins du calcul . . . . .+ 24h

                                           = 28h 79m 69s
4. Retrancher la valeur de la longitude (Ouest) . – 7h 52m

5. Soit un total de . . . . = 21h 27m 69s
Temps Sidéral de naissance (puisque 60s = 1m)   21h 28m 09s

Utilisation des Tables des Maisons

Les *Tables des Maisons* donnent les positions des *pointes* de Maisons, ou *cuspides* (début des Maisons), pour chaque degré de latitude, à des intervalles de temps d'environ 4 minutes (ces intervalles sont identiques pour toutes les latitudes).

Nous cherchons directement, pour la latitude la plus proche de celle du lieu de naissance, la valeur du Temps Sidéral, ou « Sidereal Time », la plus voisine du Temps Sidéral de naissance.

Un calcul plus précis ne se justifie que lorsque l'heure de naissance est connue avec précision.

Reprenons notre exemple du thème n° 1, du 8/8/84 à Los Angeles. Nous nous reportons à l'extrait de la Table des Maisons, page 257, à la latitude de Los Angeles, 34° N.

Nous cherchons la valeur la plus proche de 23h 46m 29s, Temps Sidéral de naissance que nous avons calculé.

LATITUDE 34° N

Sidereal Time	10	11	12	ASC	2	3
H M S	°	°	°	° '	°	°
. . .						
. . .	♓	.	♊	♋	♌	♌
. . .	.	.	.	. .	.	.
23 41 39	.	♉	.	. .	.	.
23 45 19	26	1	8	11 52	3	27
23 48 59	.	.	.	. .	.	.
. . .	.	.	.	. .	.	.

Le Temps Sidéral le plus proche sur la Table des Maisons est *23h 45m 19s.*

Les différents degrés des pointes des Maisons à placer sur notre thème astrologique se trouveront à l'intersection des six colonnes horizontales et de la ligne du *Temps Sidéral le plus proche.*

Le signe dans lequel se trouve la pointe d'une Maison sera le premier signe rencontré en *remontant* la colonne correspondant à la Maison, à partir de la ligne du « Temps sidéral le plus proche ».

La première colonne débute par un 10. C'est la colonne de la 10ᵉ Maison. A l'intersection de cette colonne et de la ligne débutant par 23h 45m 19s, nous trouvons le degré de la 10ᵉ Maison, le degré 26. Pour trouver à quel signe appartient ce degré, nous « remontons » la colonne (10) à partir de ce chiffre (26), jusqu'à ce que nous trouvions un signe, ici le signe des Poissons (♓). La pointe de la Maison 10 doit donc être placée au degré 26 du signe des Poissons.

Pour la colonne de la 11ᵉ Maison, nous relevons le chiffre 1 (1°). En remontant, nous trouvons immédiatement le signe du Taureau (♉). La pointe de la Maison 11 se situe donc au 1ᵉʳ degré du Taureau.

Pour la colonne de la 12ᵉ Maison, nous trouvons, suivant la même méthode, le 8ᵉ degré du signe des Gémeaux (♊).

La large colonne marquée « ASC » est la colonne de la première Maison, ou Ascendant. Celui-ci se trouve donc à 11° 52' et, en remontant de 14 lignes, nous trouvons le symbole du Cancer (♋).

Pour la pointe de la 2ᵉ Maison, nous trouvons 3° du Lion (♌).

Et enfin, dans la dernière colonne, celle de la troisième Maison, nous relevons 27° puis, assez haut dans la page, à nouveau le symbole du Lion (♌).

Les six colonnes permettent de déterminer six cuspides de Maisons. Les six autres se trouvent en prenant *le même degré,* mais *pour le signe diamétralement opposé.*

En continuant le tour des pointes de Maisons, nous trouvons donc, pour la 4ᵉ Maison, le même degré que pour la pointe de la Maison 10 : 26°. Comme le signe de la Maison 10 est celui des Poissons (♓), le signe opposé est le signe de la Vierge (♍). Nous vérifions ceci en nous reportant au dessin des douze signes zodiacaux ci-après.

La pointe de la 4ᵉ Maison se trouve donc sur le 26ᵉ degré du signe de la Vierge.

En suivant la même méthode, nous dressons le tableau suivant pour trouver les pointes des Maisons restantes.

Pointe Maison	Degré	Signe	Nom abrégé
10	26°	♓	MC
11	1°	♉	
12	8°	♊	
ASC	11° 52'	♋	Asc
2	3°	♌	
3	27°	♌	

Pointe Maison	Degré	Signe	Nom abrégé
4	26°	♍	FC
5	1°	♏	
6	8°	♐	
7	11° 52'	♑	Des
8	3°	♒	
9	27°	♒	

Représentation des douze Maisons

Nous reportons ensuite les indications trouvées ci-dessus en traçant la pointe de chaque Maison au degré et signe indiqués.

Notons que la feuille sur laquelle figure le dessin du zodiaque représente le plan de l'écliptique. L'horizon pouvant être très incliné par rapport à lui, les Maisons auront des longueurs inégales sur le tracé du thème.

Nous opérons alors un contrôle, en examinant si les douze pointes de Maisons sont correctement reportées sur les signes du zodiaque.

Ascendant, Milieu du Ciel, Descendant et Fond du Ciel sont des points fondamentaux du thème appelés « angles ».

Il faut, par conséquent, les faire ressortir nettement sur le dessin du thème, afin de les repérer au premier coup d'œil. Nous les représenterons comme suit :

Orientation		Représentation	Pointe Maison
Milieu du Ciel	MC	Cercle	10
Fond du Ciel	FC	Demi-cercle	4
Ascendant	Asc	Pointe de flèche	1
Descendant	Des	Empennage de flèche	7

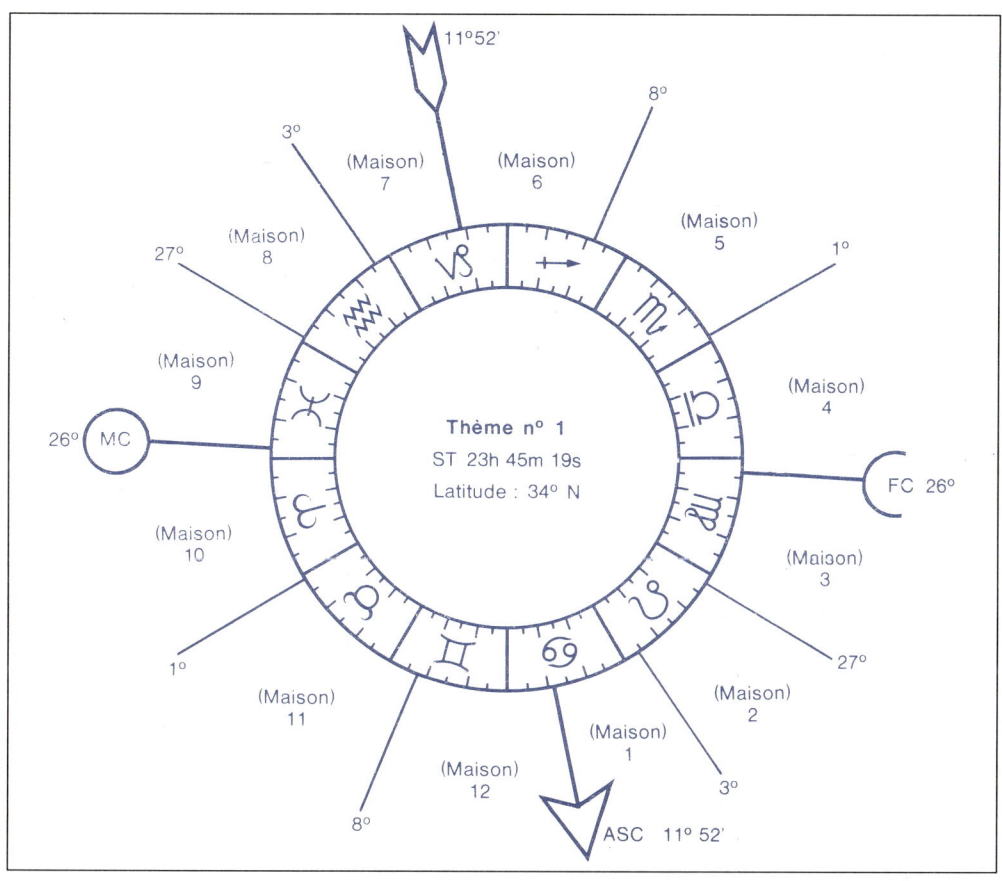

11°52'

(Maison) 7   (Maison) 6

3°   8°

(Maison) 8   (Maison) 5

27°   1°

(Maison) 9   (Maison) 4

26° MC

Thème n° 1
ST 23h 45m 19s
Latitude : 34° N

FC 26°

(Maison) 10   (Maison) 3

1°   27°

(Maison) 11   (Maison) 2

(Maison) 12   (Maison) 1

8°   3°

ASC 11° 52'

Au moment de cette naissance, le signe du Cancer se levait donc à l'Est, tandis que celui du Capricorne se couchait à l'horizon Ouest. Le signe des Poissons était celui qui était le plus haut dans le ciel.

A ce stade, nous avons terminé le tracé des Maisons du thème.

Chaque Maison débute par sa pointe, ou cuspide, et se termine par la pointe de la Maison suivante. La Maison 1 commence donc à l'Ascendant et se termine par la pointe de la Maison 2. La Maison 2 commence à la pointe de la Maison 2 (3° du Lion) et se termine avec celle de la Maison 3 (27° du Lion).

Nous pouvons donc numéroter les Maisons, de la première jusqu'à la douzième, comme indiqué sur le dessin ci-dessus.

Autres exemples

Exemple pour une latitude Sud

Calculons le thème d'un enfant né le même jour, le 8/8/84, mais à 2h 30 à Buenos Aires. Ce sera le **thème n° 2.**
Buenos-Aires a pour situation géographique 34° 30' Sud et 3h 52m Ouest. Pour l'utilisation de l'extrait de la Table des Maisons, situé en fin de volume, la latitude sera arrondie à 34° Sud.

Le Temps Universel de naissance a été calculé au chapitre 3, dans le paragraphe « Temps » :

Temps légal de naissance (heure et date) :   2h 30 le 8/8/84
Retrancher, si nécessaire, l'heure d'été :   —
Ajouter le fuseau horaire Ouest . . . .+ 4h

Temps Universel de naissance (heure et date) = 6h 30 le 8/8/84

D'après les trois règles exposées précédemment pour le calcul du Temps Sidéral, nous posons :

1. Au Temps Sidéral trouvé dans les éphémérides pour la date du Temps Universel, le 8/8/84 (ST 0h) 21h 06m 44s
2. Ajouter l'heure du Temps Universel . . . . . .+ 6h 30
3. Ajouter 10s par heure (10s × 6h 30 = 65s) +   65s

   Soit le Temps Sidéral à Greenwich . . . .= 27h 36m 109s
   (que nous transformons pour le calcul qui
   suit) 26h 96m 109s

4. Nous retranchons la longitude Ouest du lieu – 3h 52m
   (Pour une longitude Est, ajouter)
5. Soit le Temps Sidéral de naissance . . . .= 23h 44m 109s

   Enfin, puisque 1m = 60s, nous obtenons le
résultat définitif : **Temps sidéral de naissance**   23h 45m 49s

Nous avons obtenu le Temps Sidéral pour l'heure et le lieu de la naissance.
Comme les Tables des Maisons combinent les pointes de Maisons pour les latitudes Nord et Sud, il est nécessaire, lorsque nous voulons les utiliser pour une latitude Sud, *d'ajouter 12 heures au Temps Sidéral de naissance.*
Nous utiliserons une sixième règle, qui sera nécessaire pour relever les pointes de Maisons d'un thème de *latitude Sud.*

> 6 — Pour pouvoir relever les pointes de Maisons d'un thème de latitude Sud, ajouter 12h au Temps Sidéral.

```
.... Temps Sidéral de naissance .......... 23h 45m 49s
6. Ajouter 12 h pour une latitude Sud ....... + 12h
                                                        ─────────
   Soit le Temps Sidéral « + 12h » ......... = 35h 45m 49s
   Soustraction de 24 heures, puisque la durée
   d'un jour ne peut comporter que 24 heures  – 24h
                                                        ─────────
   Nous trouvons, le Temps Sidéral « + 12h »
   à utiliser pour la Table des Maisons ....... = 11h 45m 49s
                                                        ─────────
```

Nous cherchons ce temps, ou celui qui s'en rapproche le plus, dans la Table des Maisons et nous trouvons : 11h 45m 19s (page 256).

Les différents degrés des pointes des Maisons à placer dans notre thème astrologique se trouvent donc à l'intersection des colonnes de la latitude 34° S, latitude de Buenos-Aires, et de la ligne du Temps Sidéral « + 12h » le plus proche, soit 11h 45m 19s. Nous relevons donc :

Sidereal Time						
H M S	°	°	°	° '	°	°
. . .	♍	♎	♏	♐	♑	♒
. . .	.	.	.	. .	.	.
11 45 19	26	26	20	11 51	14	21
. . .	.	.	.	. .	.	.
Houses	4	5	6	7	8	9

LATITUDE 34 S

Pour l'hémisphère Sud, les valeurs indiquées dans les colonnes correspondent aux pointes des Maisons *situées en bas de page* (Maison 4 à Maison 9).

En remontant les 6 colonnes à partir de la ligne du Temps Sidéral « + 12h » le plus proche, nous trouvons, pour la Maison 4 (HOUSES Maisons, en anglais), le signe de la Vierge (♍). Nous plaçons la pointe de la 4e Maison sur le 26e degré du signe de la Vierge.

Restant fidèles à la même méthode de toujours chercher le signe en *remontant* vers le haut de la feuille, nous pouvons dresser le tableau suivant :

Pointe Maison	Degré	Signe	Nom abrégé
4	26°	♍	FC
5	26°	♎	
6	20°	♏	
7	11° 51'	♐	Des
8	14°	♑	
9	21°	♒	

Pointe Maison	Degré	Signe	Nom abrégé
10	26°	♓	MC
11	26°	♈	
12	20°	♉	
ASC	11° 51'	♊	Asc
2	14°	♋	
3	21°	♌	

Après avoir trouvé les six signes correspondant aux pointes des Maisons 4 à 9, nous cherchons les pointes des Maisons opposées. Nous portons sur le tableau, ou directement sur le dessin du zodiaque, les mêmes degrés, mais pour les signes opposés.

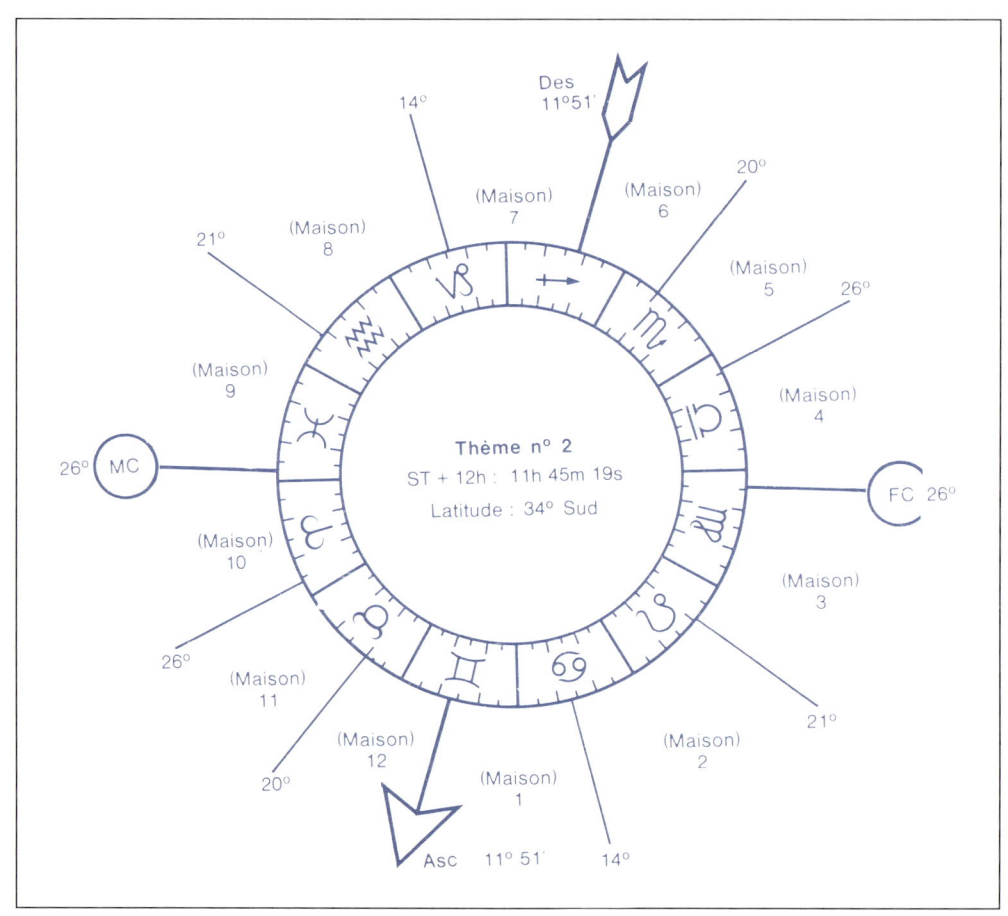

Nous vérifions nos douze pointes de Maisons, et nous numérotons les Maisons à partir de l'Ascendant, de 1 à 12.
Nous verrons plus loin pourquoi l'Ascendant est différent de celui du thème n° 1, malgré un même Temps sidéral de naissance et une même valeur de latitude.

Exemple pour une longitude Est

Nous allons calculer maintenant l'Ascendant et les pointes des Maisons d'une naissance ayant eu lieu le 8 août 1984 à Paris, à 0h 30 (**thème n° 3**).
Nous avons déjà trouvé au chapitre 3 les coordonnées de Paris. Cette ville est située près du 49ᵉ degré Nord de latitude et près du 2ᵉ degré Est, ou 0h 8m E, de longitude. Comme nous le voyons sur la carte des fuseaux horaires du chapitre 3, la France vit à l'heure du fuseau horaire 1h E. Ce pays utilise un régime horaire en harmonie avec la plupart des pays européens. La consultation d'un livre traitant des décalages horaires nous confirme que la France utilisait, à l'époque de cette naissance, une heure d'été.

Posons donc, comme nous l'avons déjà fait au chapitre 3 :

1. Temps légal de naissance (heure et date)   0h 30m le 8/8/84
   = 24h 30 m le 7/8/84
2. Retrancher l'heure d'été .... – 1h
3. Retrancher le fuseau horaire situé à l'Est – 1h
4. *Temps Universel de naissance* (heure et date) .... 22h 30m le 7/8/84

1. Temps Sidéral de la date du « Temps Universel » 21h 02m 47s
2. Ajouter l'heure du Temps Universel ....+ 22h 30m
3. Ajouter 10s par heure (10s × 22h 30) .+   225s
4. Ajouter la longitude, celle-ci étant une longitude Est ....+   8m
   = 43h 40m 272s
5. En retranchant 24h et en posant 1m = 60s, nous obtenons le **Temps Sidéral de naissance** ....= 19h 44m 32s

Nous cherchons le Temps Sidéral de naissance le plus proche dans la Table des Maisons. Dans les extraits donnés en fin de volume, nous relevons le temps de 19h 43m 33s (page 259).
Nous consultons donc la table des Maisons pour la latitude de Paris (49° N), et nous relevons les pointes des Maisons.
Pour la pointe de la 10ᵉ Maison, nous trouvons 24° et, en remontant la colonne, nous trouvons le signe ♑, tout en haut de la page. Pour la pointe de la 11ᵉ Maison, nous trouvons 17° ♒ ; pour la 12ᵉ Maison, 23° ♓ ; pour l'Ascendant, 19° 54 ♉ ; pour la pointe de la 2ᵉ Maison, 16° ♊, et enfin pour la pointe de la 3ᵉ Maison, 5° ♋.

Compléments

Comparaison de thèmes pour un même lieu, à des heures différentes

Nous allons calculer maintenant les thèmes de trois naissances ayant eu lieu la même journée, le 8 août 1984, au même endroit, Paris, à 6h 30, 12h 30 et 18h 30. Nous inscrirons les différentes étapes du calcul sur un tableau incluant également les données de la naissance à 0h 30 que nous venons de calculer.

Le 8 août 1984	Thème n° 3	Thème n° 4	Thème n° 5	Thème n° 6
Heure de naissance	0h 30	6h 30	12h 30	18h 30
(heure et date)	le 7/8/84	= 4h 30 le 8/8/84	=10h 30 le 8/8/84	=16 h 30 le 8/8/84
ST de cette date ...	21h 02m 47	21h 06m 44	21h 06m 44	21h 06m 44
Heure Temps Univ.	+22h 30	+ 4h 30	+10h 30	+16 h 30
Correction 10s/h ..	225	45	105	165
Longitude	+ 8m	+ 8m	+ 8m	+ 8m
	=43h 40m 272	=25h 44m 89	=31h 44m 149	=37h 44m 209
Temps Sidéral	=19h 44m 32	= 1h 45m 29	= 7h 46m 29	=13h 47m 29
Temps Sidéral le plus proche	19h 43m 33s	1h 44m 01s	7h 47m 46s	13h 47m 49s
Pointe Maison 10	24° ♑	28° ♈	25° ♋	29° ♎
11	17° ♒	7° ♊	29° ♌	22° ♏
(pour 12	23° ♓	14° ♋	27° ♍	10° ♐
PARIS, ASC	19° 54 ♉	13° 44 ♌	19° 33 ♎	27° 19 ♐
Latitude 2	16° ♊	2° ♍	16° ♏	10° ♒
49 N.) 3	5° ♋	26° ♍	18° ♐	26° ♓

Nous dresserons, de la même façon que pour le thème de Los Angeles, les cartes du ciel correspondantes (voir pages suivantes).

En comparant ces quatre thèmes astrologiques d'enfants nés dans la même ville (Paris), le même jour (8 août 1984), *mais à des heures différentes*, nous pouvons en retirer plusieurs leçons importantes.

D'abord, nous nous rendons compte que les affirmations si souvent entendues : « Je suis Taureau » ou « Je suis Scorpion » sont des indications bien insuffisantes pour cerner la vie intérieure d'une personne. En effet, cela signifie simplement que la personne est née en mai ou en novembre, lorsque le Soleil se trouvait dans les signes mentionnés. Il est certain que chaque signe marque son natif de certaines particularités physiques, physiologiques, et caractérielles. Mais elles sont modifiées et compensées par les influences planétaires et la distribution des Maisons dans le thème. L'horoscope des journaux, lui, est fondé sur la seule donnée du signe zodiacal, sans souci du jour, de l'heure, du lieu, ni même de l'année de naissance. Si l'on pouvait obtenir un thème astrologique par cette méthode, ou plutôt par ce manque de méthode, cela voudrait dire qu'il n'y aurait que douze catégories d'individus sur la Terre, et que toutes les personnes nées pendant le même mois auraient un sort identique. Tel n'est évidemment pas le cas, car il n'y a pas deux êtres dont les expériences soient exactement semblables, et une astrologie qui ne tient pas compte de ce fait ne peut être une vraie science. Il ne faut donc pas confondre les horoscopes des journaux avec les études de thèmes de naissances personnalisés faites par un astrologue consciencieux. Il est impossible à celui-ci de fournir une simple étude de caractère sans y consacrer du temps et une concentration soutenue. Examiner les événements de toute une vie demanderait des journées de travail assidu. L'astrologue sérieux s'informe de la date et du lieu de la naissance, car il sait que les planètes ne reviennent pas aux mêmes positions relatives plus d'une fois en une Grande Année Sidérale. Ainsi, les positions planétaires d'un enfant né en 1984, par exemple, ne pourront pas se répéter avant 25 800 années. L'heure de naissance est nécessaire pour déterminer la position de la Lune qui se déplace d'environ treize degrés par jour, comme nous le verrons au chapitre suivant. Toutefois, ces données sont encore insuffisantes car, en supposant qu'un enfant naisse chaque seconde de par le monde, plusieurs auraient le même thème. Si nous ajoutons le dernier facteur, le lieu de naissance, qui nous permet de calculer le signe et le degré de l'Ascendant, nous aurons un thème astrologique absolument individuel. Il est assez rare, en effet, que deux enfants naissent exactement au même lieu, à la même heure et à la même minute. Même

Thèmes établis pour une même date, un même lieu, mais pour des heures différentes.

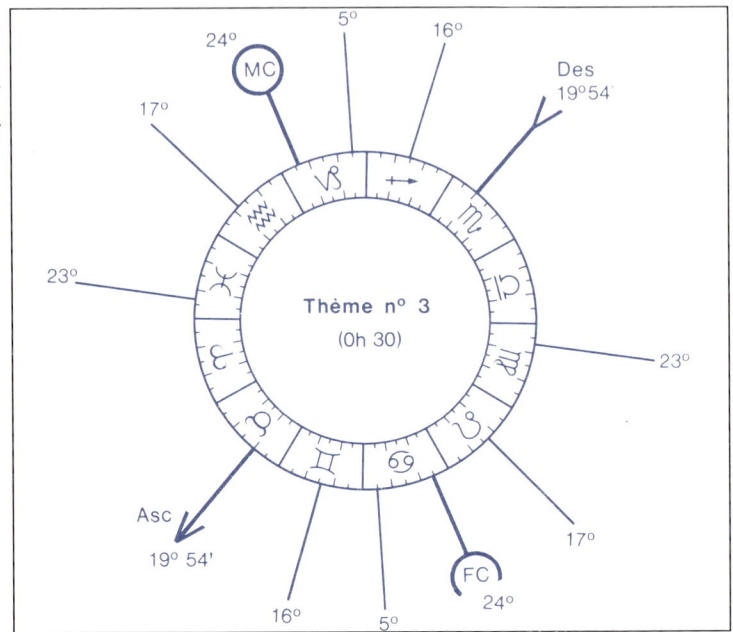

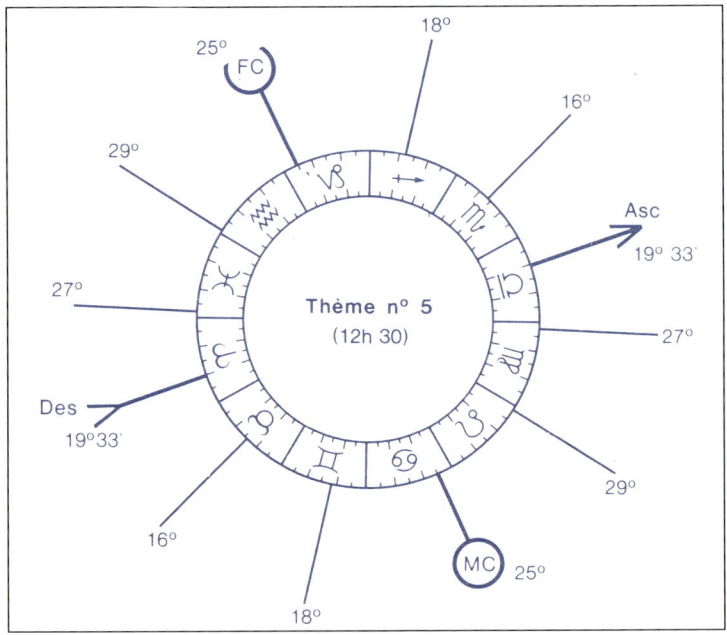

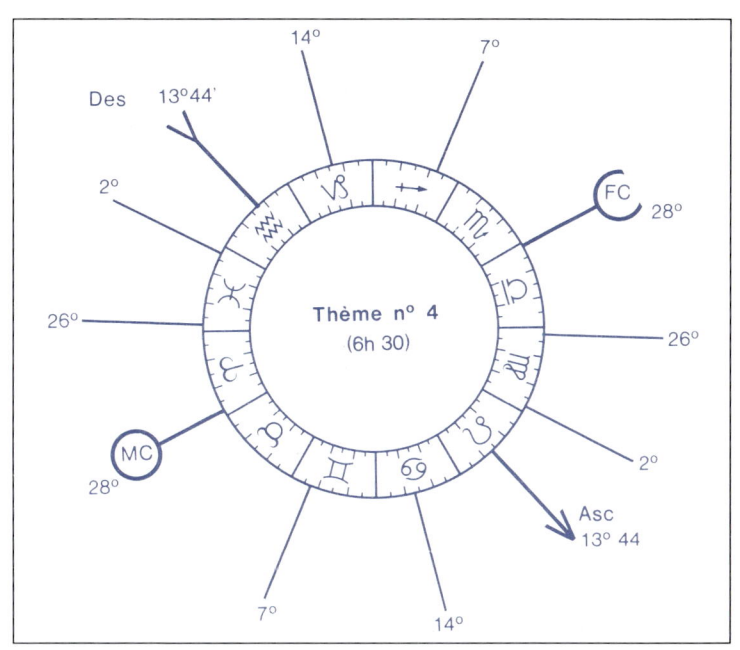

Thème n° 4
(6h 30)

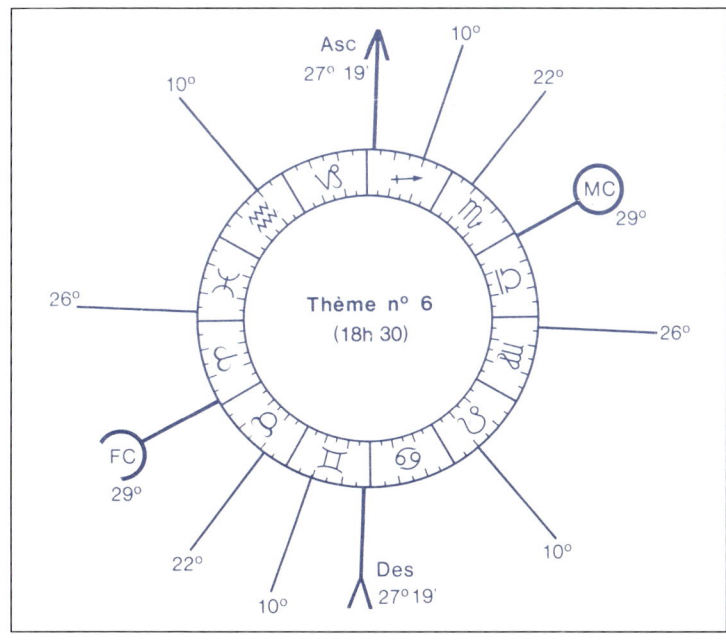

Thème n° 6
(18h 30)

deux jumeaux peuvent naître à un intervalle s'étendant de quelques minutes à plusieurs heures, ce qui, comme nous pouvons le voir d'après les exemples des thèmes calculés, modifie les positions de l'Ascendant et des autres Maisons. Par suite de la rotation de la Terre et selon l'heure de naissance, *chacun des douze signes peut être à l'Ascendant chaque jour*. Ainsi, les personnes « Taureau » (Soleil en Taureau) peuvent avoir, à l'Ascendant, un signe quelconque du zodiaque, suivant l'heure à laquelle elles sont nées. Ce signe aura une influence importante sur leur personnalité.

Durée d'ascension des signes

En comparant l'Ascendant dans les quatre thèmes, nous nous apercevons aussi du fait que son mouvement n'est pas uniforme.

Par exemple, pour la ville de Paris, l'horizon oriental (l'Ascendant) est à 19° 54 du Taureau à 0h 30 ; 12 heures plus tard, l'Ascendant se trouve à 19° 33 de la Balance, montrant ainsi que *l'Ascendant n'a parcouru que 5 signes ou 150° pendant les 12 heures écoulées. Pour compléter le cercle zodiacal, l'Ascendant devra parcourir 7 signes ou 210° pendant les 12 heures suivantes.*

Suivant la façon dont les signes se présentent, plus ou moins inclinés *sur l'horizon*, ils se « lèveront » plus ou moins vite (voir schémas au paragraphe « Ascension », deuxième partie).
Pour l'hémisphère Nord, les signes de longue ascension sont le Cancer, le Lion, la Vierge, la Balance, le Scorpion et le Sagittaire ; pour l'hémisphère Sud, ce sont le Capricorne, le Verseau, les Poissons, le Bélier, le Taureau et les Gémeaux.
D'après ce qui précède, nous pouvons dire que la plupart des gens sont nés avec un signe de longue ascension à l'Ascendant.

La vitesse inégale de passage des signes à l'horizon, est à l'origine de la dimension inégale des Maisons.

Comparaison entre latitude Nord et Sud, pour un même Temps Sidéral de naissance

Comme conséquence de l'inclinaison différente des signes sur l'horizon, nous trouvons un Ascendant différent

Thèmes pour un même temps sidéral mais pour des latitudes opposées.

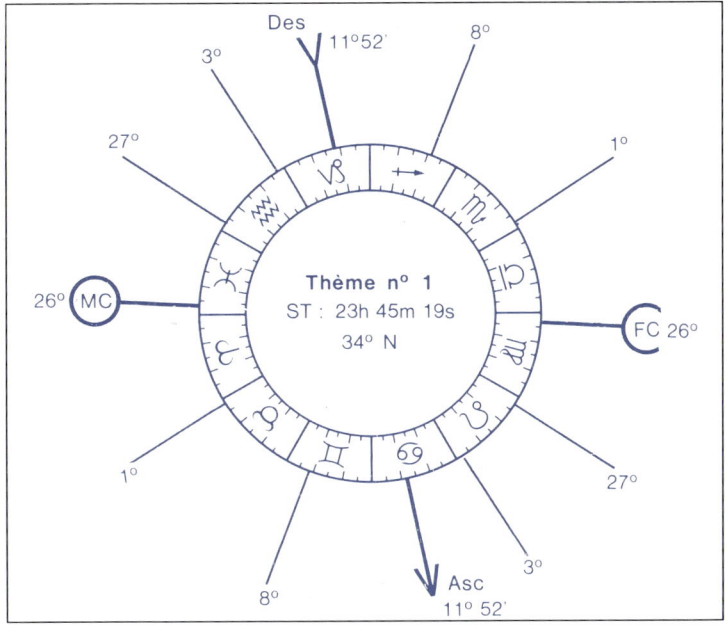

Thème n° 1
ST : 23h 45m 19s
34° N

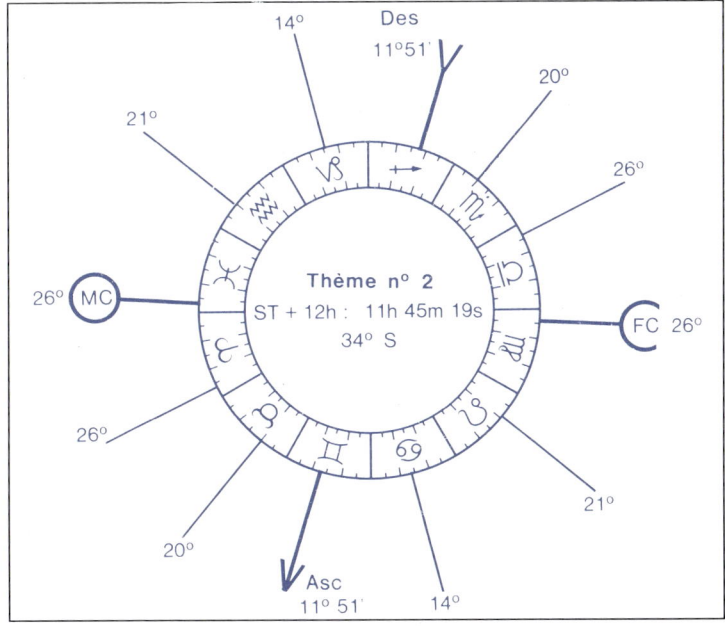

Thème n° 2
ST + 12h : 11h 45m 19s
34° S

entre le thème n° 1 et le thème n° 2. Pour un même Temps Sidéral de naissance, et pour une même valeur de latitude, l'Ascendant change si les naissances ont lieu dans un hémisphère différent.

Le Temps Sidéral est identique. En effet, pour le thème de Los Angeles, le Temps Sidéral le plus proche sur les Tables des Maisons est de 23h 45m 19s. Pour Buenos-Aires, le Temps Sidéral « + 12h » (ou Temps Sidéral de naissance augmenté de 12 heures) est 11h 45m 19s.
Les deux thèmes ont un même Milieu du Ciel, car ils ont un Temps Sidéral identique, mais ici, leurs *Ascendants ont 30°, ou un signe, d'écart*. L'étudiant pourra visualiser les raisons de cette différence dans des schémas situés au paragraphe « Tables des maisons, hémisphère Sud » du *Vocabulaire Astrologique*.

CHAPITRE CINQ
méthode de calcul
des positions planétaires

Après avoir positionné l'Ascendant et les onze autres Maisons sur les signes zodiacaux, nous allons apprendre à calculer les positions planétaires. Dans ce chapitre, seule la longitude [1] céleste nous intéresse. Nous traiterons d'abord du cas des planètes « directes », puis du cas des planètes « rétrogrades ».

Les positions des planètes sont données chaque jour (toutes les 24 heures) dans les *éphémérides.*

Les éphémérides calculées pour 0 heure (minuit), donnent les positions des planètes, pour une date donnée, *à zéro heure.* Ce sont celles-ci que nous allons utiliser dans ce chapitre. Les éphémérides calculées pour midi (12 heures) donnent les positions des planètes, pour une date donnée, *à midi.* Nous verrons comment les utiliser au chapitre 7.

Comme pour le calcul du Temps Sidéral, **le Temps Universel de naissance (date et heure) est la donnée de base pour les calculs des positions planétaires.** Ce temps est l'heure (et la date) à Greenwich au moment de la naissance.

Les éphémérides ne nous donnent les positions planétaires que pour 0 heure, Temps Universel.

Pour une autre heure de naissance, il faut donc :
— d'abord chercher le « mouvement de la planète en 24 heures » (ou « pas journalier »),
— puis son « déplacement jusqu'au moment de la naissance »,
— et enfin sa « position au moment de la naissance ».

Comme exemple de calcul des positions planétaires, nous allons chercher celles-ci pour un Temps Universel de 10h 30 le 8 août 1984. Ce Temps Universel de naissance correspond au thème n° 1 : Los Angeles, 3h 30, le 8/8/84.

1 Voir la définition de ce mot à « Longitude (astronomie) » dans le Vocabulaire Astrologique.

Principe du calcul de la position des planètes

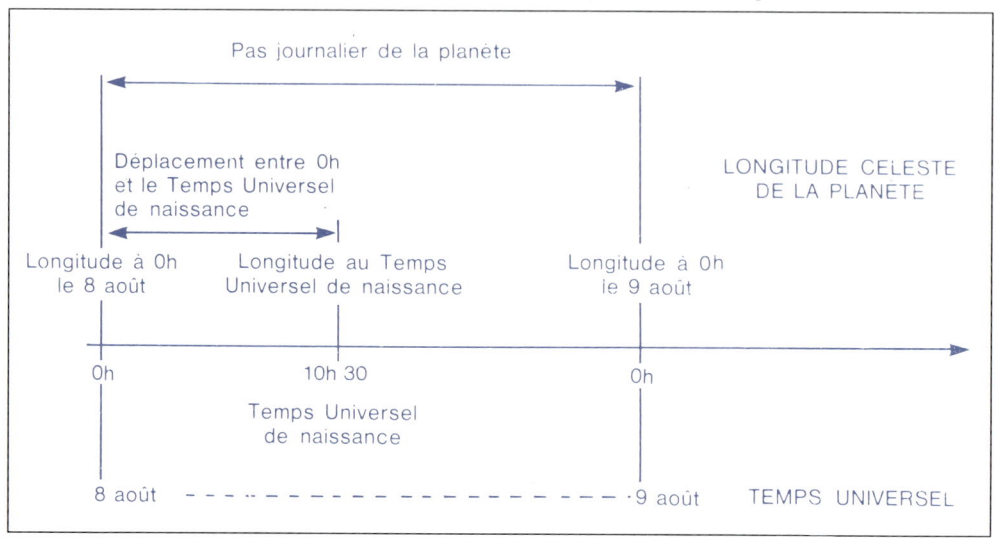

Mouvement d'une planète en 24 heures (Pas journalier)

Si nous désirons calculer quel a été le pas journalier d'une planète, nous relevons dans les éphémérides sa longitude à la date du « Temps Universel de naissance » (c'est la position à 0h), et sa longitude le *jour suivant* (sa position 24h plus tard).

Le pas journalier de la planète s'obtient par la différence entre ces deux positions.

Dans les éphémérides à 0h pour le mois d'août 1984 (page 245), sous le titre « Longitude for 0h » (pour 0h), nous relevons dans la colonne du Soleil ⊙, en arrondissant les positions à la minute d'arc la plus proche :

Août 1984

Day / Jour	S.T.	LONGITUDE for 0 h					
		☉	☽	☿	♀	♂	♃
	h m s	° ' "	° ' "	° '	° '	° '	° '
. .	. . .	. ♌ . .	. ♐ . .	. ♍ .	. ♌ .	. ♏ .	. ♑ R.
T 7	. . .						
W 8	21 06 44	15 37 35	03 ♑ 30 50	11 27	00 ♍ 13	25 04	03 52
Th 9	21 10 41	16 35 05	16 12 48	11 58	01 27	25 32	03 49
. .	. . .						

Longitude du Soleil le 9/8/84 (jour suivant) ...... 16° 35' ♌
Longitude du Soleil le 8/8/84 (le jour même) ..... − 15° 38' ♌
Mouvement du Soleil en 24 heures .... = 0° 57'

Mouvement de la planète jusqu'au moment de la naissance

Nous recherchons à présent la distance parcourue par la planète durant l'intervalle de temps compris entre 0 heure et l'heure de naissance à Greenwich (donnée par le Temps Universel).

Nous calculons donc la distance parcourue par le Soleil pendant 10h 30.
Etant donné :
qu'en 24h il parcourt 0° 57',

en 1 heure il parcourt $\dfrac{0° \, 57'}{24}$

En 10h 30 il parcourt $\dfrac{0° \, 57' \times 10\text{h } 30}{24}$

Cette « règle de trois » aboutit à un calcul fastidieux (à cause des conversions 1h = 60m et 1° = 60', des multiplications et des divisions). A moins de disposer d'une calculatrice ayant certaines possibilités, l'étudiant aura intérêt à recourir à l'usage des « Tables des Mouvements Planétaires »[1], surtout lorsqu'il calcule les positions de la Lune, de Mars, de Vénus et de Mercure. Ces tables se trouvent à la fin de ce livre.

1 Une autre méthode, utilisant des tables de logarithmes, est expliquée dans le Vocabulaire Astrologique au mot « Logarithme ».

Utilisation des Tables des mouvements planétaires

La première de ces tables, intitulée « Mouvements du Soleil et des planètes », est utilisée pour le Soleil et les planètes, qui ont toujours des mouvements journaliers compris entre 0° et 2° 14'. La seconde, intitulée « Mouvements de la Lune », concerne uniquement la Lune, dont le déplacement quotidien varie entre 11° 41' et 15° 23'. Chacune de ces tables occupe deux pages. La page de gauche contient les déplacements de 24 heures à 7 heures, la droite ceux de 6 heures à 5 minutes.

Ces tables sont, en quelque sorte, des « règle de trois » pré-calculées pour les heures rondes (23h, 22h, 21h, ... 3h, 2h, 1h), et pour les intervalles de temps de 55m, 50m, 45m, ... 15m, 10m, 5m.

Le pas journalier de la planète se lit dans l'une des deux colonnes marquées « 24h », aux extrémités gauche et droite du tableau.

Dans notre exemple, connaissant le mouvement en 24 heures du Soleil, nous cherchons son déplacement en 10h 30, temps qui se décompose en 10 heures et 30 minutes.

Nous utilisons le mouvement journalier du Soleil de 0° 57' déjà calculé. En partant d'une des deux colonnes portant l'en-tête « 24h », nous laissons glisser notre doigt le long de la colonne jusqu'à « 0 56 » (0° 56'), première valeur la plus proche de 0° 57'.

Mouvement du Soleil et des planètes

24h	10h	7h	6h	30m	24h
° '	° '	° '	° '	° '	° '
0 02	. .	. .	. .	. .	0 02
. .	. .	. .	. .	. .	. .
0 54	0 23	. .	. .	0 01	0 54
0 56	0 23	. .	. .	0 01	0 56
0 58	0 24	. .	. .	0 01	0 58
. .	. .	. .	. .	. .	. .
2 14	. .	. .	. .	. .	2 14

Nous relevons le déplacement du Soleil en dix heures en cherchant l'intersection entre la ligne débutant par 0° 56' et la colonne « 10h ». Nous trouvons 0° 23'.

Nous relevons ensuite le déplacement de la planète en 30 minutes. Pour cela, nous cherchons l'intersection entre la ligne finissant par 0° 56' (colonne « 24h » à l'extrême droite du tableau) et la colonne « 30m ». Nous trouvons 0° 01'.

Ainsi en 10h 30, le Soleil parcourt 0° 23' + 0° 01', c'est-à-dire 0° 24', somme de ces deux valeurs.

Récapitulons la marche à suivre :
1. Décomposer, s'il y a lieu, l'heure du Temps Universel en heures et minutes.
2. Chercher sur la table la valeur la plus proche du mouvement journalier de la planète (colonnes « 24h »).
3. Relever le déplacement de la planète durant les heures et éventuellement les minutes. Celui-ci se trouve à l'intersection de la colonne adéquate des heures (éventuellement de celle des minutes) avec la ligne débutant par la valeur la plus proche du pas journalier.

Position d'une planète au Temps Universel de naissance

Pour trouver la position de la planète au moment de la naissance, il faut ajouter le déplacement que nous venons de calculer à la position de la planète pour 0h.

Dans notre exemple, la date du Temps Universel est le 8/8/84.
Longitude du Soleil à 0h le 8/8/84 . . . .   15° 38' ♌
Déplacement du Soleil en 10h et 30m le 8/8/84 . + 0° 24'
Longitude du Soleil à 10h 30 le 8/8/84 . . . . = 16° 02' ♌
(En se rappelant que 1° = 60')

Exemple de calcul pour la Lune

Pour calculer la position de la Lune, nous appliquerons la méthode décrite ci-dessus. Nous relevons ses longitudes tout en les arrondissant à la minute d'arc la plus proche, comme nous l'avons fait pour le Soleil.

— Mouvement de la Lune en 24 heures :
Longitude pour le jour suivant (9/8/84) . . . .   16° 13' ♑
Longitude pour la date du Temps Universel 8/8/84   − 3° 31' ♑
Mouvement de la Lune en 24 heures . . . . = 12° 42'

— Utilisation de la Table des mouvements de la Lune :
Pour un mouvement lunaire journalier de 12° 42', la valeur la plus proche lue sur la table est 12° 41' (colonne « 24h »).
L'heure du Temps Universel se décompose en 10 heures et en 30 minutes.

Mouvement de la Lune

24h	10h	7h	6h	30m	24h
° '	° '	° '	° '	° '	° '
11 41	. .	. .	. .	. .	11 41
. .	. .	. .	. .	. .	
12 38	5 16	. .	. .	0 16	12 38
12 41	5 17	. .	. .	0 16	12 41
12 44	5 18	. .	. .	0 16	12 44
. .	. .	. .	. .	. .	
15 23	. .	. .	. .	. .	15 23

Aux intersections des colonnes 10h et 30m avec la ligne ayant aux extrémités la valeur 12° 41', nous trouvons respectivement 5° 17' et 0° 16'.

Nous ajoutons ces deux valeurs à la longitude de la Lune pour 0 heure (c'est la longitude à la date du Temps Universel le 8/8/84, déjà relevée lors du calcul du déplacement en 24h).

Longitude de la Lune à 0h le 8/8/84 . . . . 3° 31' ♑

Déplacement de la Lune en 10 heures le 8/8/84 . + 5° 17'

Déplacement de la Lune en 30 minutes le 8/8/84 + 0° 16'

Longitude de la Lune à 10h 30 min le 8/8/84 . . . . = 9° 04' ♑

Exemple de calcul pour les planètes

Cas des planètes rapides :
Mercure, Vénus et Mars

Pour chercher les longitudes de Mercure, Vénus et Mars, nous procédons de la même façon.

Nous relevons leurs positions respectives sur les éphémérides, la date du Temps Universel étant le 8/8/84.

Longitude des Planètes	☿	♀	♂
1 - Longitude du jour suivant, le 9/8/84	11° 58	1° 27	25° 32
2 - Longitude du jour même, le 8/8/84	11° 27	0° 13	25° 04
3 - Mouvement de la planète en 24h . .			
4 - Mouvement de la planète en 10h . .			
5 - Mouvement de la planète en 30m .			
2 - Longitude du jour même, le 8/8/84	11° 27	0° 13	25° 04
6 - Longitude de la planète :			
(Directe : ajouter 4- et 5- à 2-)			
Signe zodiacal	♍	♍	♏

Puis nous calculons leurs mouvements en 24h et nous relevons les déplacements durant l'heure du Temps Universel (10h 30) sur la table du mouvement du Soleil et des planètes.

Longitude des Planètes	☿	♀	♂
1 - Longitude du jour suivant, le 9/8/84	11° 58	1° 27	25° 32
2 - Longitude du jour même, le 8/8/84	11° 27	0° 13	25° 04
3 - Mouvement de la planète en 24h ..	(0° 31)	(1° 14)	(0° 28)
4 - Mouvement de la planète en 10h ..	0° 13	0° 31	0° 12
5 - Mouvement de la planète en 30m .	0° 01	0° 02	0° 01
2 - Longitude du jour même, le 8/8/84	11° 27	0° 13	25° 04
6 - Longitude de la planète :			
(Directe : ajouter 4- et 5- à 2-)			
Signe zodiacal	♍	♍	♏

Enfin, puisque les trois planètes sont « directes », nous ajoutons les déplacements parcourus pendant 10h et 30m à la longitude de la planète pour 0h (jour du Temps Universel de naissance).

Longitude des Planètes	☿	♀	♂
1 - Longitude du jour suivant, le 9/8/84	11° 58	1° 27	25° 32
2 - Longitude du jour même, le 8/8/84	11° 27	0° 13	25° 04
3 - Mouvement de la planète en 24h ..	(0° 31)	(1° 14)	(0° 28)
4 - Mouvement de la planète en 10h ..	0° 13	0° 31	0° 12
5 - Mouvement de la planète en 30m .	0° 01	0° 02	0° 01
2 - Longitude du jour même, le 8/8/84	11° 27	0° 13	25° 04
6 - Longitude de la planète :			
(Directe : ajouter 4- et 5- à 2-)	11° 41	0° 46	25° 17
Signe zodiacal	♍	♍	♏

Cas des planètes lentes :
Jupiter, Saturne, Uranus, Neptune et Pluton

Un simple coup d'œil jeté sur les éphémérides montre que les planètes Jupiter (♃), Saturne (♄), Uranus (♅), Neptune (♆) et Pluton (♇) ne se sont déplacées que de quelques minutes en 24 heures. Par conséquent, la distance qu'elles ont parcourue durant l'heure du Temps Universel est négligeable.

Elles pourront donc être inscrites directement dans notre thème, en prenant les positions *du jour le plus proche du Temps Universel.*

Août 1984

Day	S.T.	LONGITUDE for 0h					
Jour		♃	♄	♅	♆	♀	☊ True
	h m s	° '	° '	° '	° '	° '	° '
. .	. . .	. ♑ R.	. ♏ .	. ♐ R.	. ♐ R.	. ♎ .	. ♊ R.
T 7	. . .	. .	. .	. .	. .	. .	. R.
W 8	21 06 44	03 52	10 14	09 35	28 56	29 34	04 05
Th 9	21 10 41	03 49	10 17	09 34	28 55	29 35	03 59
. .	. . .	. .	. .	. .	. .	. .	. .

Pour 10h 30, heure du Temps Universel, il faut prendre les positions de la date du Temps Universel, le 8/8/84 (pour une naissance à 13h 30 — au-delà de 12 heures —, nous aurions pris les positions du jour suivant).
Les positions de ces cinq planètes sont donc les suivantes : Jupiter à 03° 52' ♑, Saturne à 10° 14' ♏, Uranus à 9° 35' ♐, Neptune à 28° 56' ♐ et Pluton à 29° 34' ♎.

Cas des planètes rétrogrades

Sur l'extrait d'éphémérides, page 245, nous trouvons dans les colonnes « Longitude for 0h » de Jupiter, Uranus et Neptune, un « R » en haut de la colonne. Nous voyons également un peu plus bas un « D » dans les colonnes d'Uranus et Jupiter. En voici la signification :

Lorsque nous observons la Lune, comme celle-ci tourne *autour de la Terre*, nous la voyons toujours « Directe », c'est-à-dire qu'elle avance toujours dans le même sens à travers les signes du zodiaque (Bélier, Taureau, Gémeaux, etc.).
Si nous pouvions observer les planètes depuis le Soleil, nous les verrions également Directes, car elles tournent toutes dans le même sens *autour du Soleil*.
Vus de la Terre, les mouvements des planètes paraissent parfois « Rétrogrades » ; celles-ci semblent alors reculer dans le zodiaque. L'alternance des mouvements directs et rétrogrades fait ainsi décrire à certaines planètes de véritables arabesques.

Le phénomène de rétrogradation est dû au fait que notre lieu d'observation, la Terre, tourne autour du Soleil, dans sa course annuelle, à une vitesse différente de celle des autres planètes. En s'approchant de la Terre, celles-ci semblent alors rétrograder dans le zodiaque (voir schéma au paragraphe « Rétrogradation », deuxième partie).

Dans les éphémérides, nous trouvons un R sur la ligne du jour où les planètes commencent à rétrograder, et un D sur la ligne du jour où elles redeviennent directes.

Par exemple, Mercure commence à rétrograder le 15 août 1984. Cette rétrogradation continue jusqu'à ce que nous trouvions un D qui indique qu'on peut de nouveau observer la planète dans sa marche normale, Directe. Durant le mois d'août 84, nous relevons deux autres exemples de ce genre : Uranus redevient direct le 19 (sur les éphémérides à 0 heure) et Jupiter le 30.

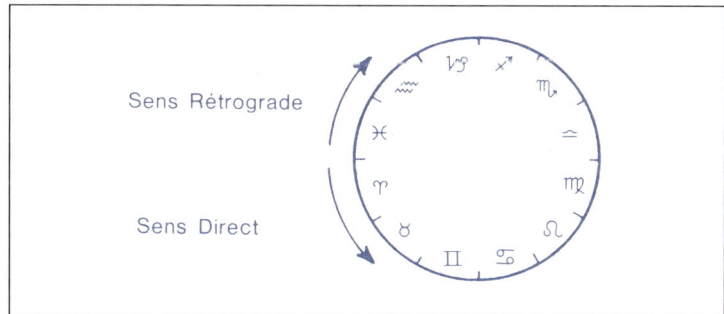

Pour calculer la position des planètes rétrogrades à l'aide des Tables des mouvements planétaires, nous procéderons comme suit :

— Relever la longitude de la planète (Rétrograde) pour la date du Temps Universel.

— Relever la longitude de la planète (Rétrograde) le lendemain.

— Soustraire ces deux valeurs pour obtenir le mouvement journalier (recul) de la planète.

— A l'aide du Temps Universel, relever dans la « Table des Mouvements Planétaires » le déplacement des planètes selon la méthode exposée précédemment.

— *Retrancher* ce déplacement de la position à la date du Temps Universel (le jour même), puisque la planète « recule ».

Par exemple, pour calculer la position de Mercure le 25 août 1984 à 6h 50, Temps Universel :

2. Longitude de Mercure (R.) pour le 25/8/84 à 0h	8° 43' ♍
1. Longitude de Mercure (R.) pour le 26/8/84 à 0h	− 7° 50' ♍
3. Pas journalier de Mercure	= 0° 53'
Première valeur la plus proche dans la table ..	0° 52'
4. Déplacement de Mercure en 6 heures	0° 13'
5. Déplacement de Mercure en 50 minutes	+ 0° 02'
Déplacement de Mercure en 6h 50	= 0° 15'
2. Longitude de Mercure (R.) pour le 25/8/84 à 0h	8° 43' ♍
6. Retrancher le déplacement en 6h 50	− 0° 15'
Longitude de Mercure pour le 25/8/84 à 6h 50	
Temps Universel	= 8° 28' ♍

Bien que le mouvement rétrograde d'une planète ne soit qu'apparent, son influence est néanmoins réelle, car c'est l'angle sous lequel elle se présente qui détermine son influence. Les planètes sont des foyers qui transmettent et intensifient les propriétés des signes du zodiaque et des étoiles fixes.

Supposons, par exemple, qu'au moment de la naissance d'un enfant nous observions Saturne, et, qu'au-delà de cette planète, dans la même direction, nous trouvions l'étoile fixe Antarès (qui est à 9° 1/2 environ du Sagittaire). L'enfant aura alors une tendance à avoir une mauvaise vue [1], même si la planète est directe. L'influence d'Antarès diminuera néanmoins peu à peu, et Saturne ne reviendra en conjonction avec elle qu'environ 29 ans plus tard. Si, par contre, Saturne rétrograde quelque peu le jour qui suit la naissance, et plus encore le jour suivant, et ainsi de suite pendant une semaine ou deux, ce mouvement mettra aussi Saturne hors du « champ d'action » d'Antarès, mais avec la différence importante qu'au lieu de mettre 29 ans pour entrer de nouveau en conjonction avec Antarès, Saturne va redevenir « Direct » et former une deuxième conjonction avec Antarès quelques semaines après la naissance. Cette action répétée peut aggraver considérablement le défaut apporté à la naissance. Ainsi, nous répétons que, bien que le mouvement rétrograde d'une planète ne soit qu'apparent, son influence sur les êtres humains est très réelle.

1 Voir « Etoiles fixes », 2ᵉ partie.

Cas des planètes qui changent de signe au cours de la journée

Une planète entre dans un nouveau signe lorsqu'elle atteint le trentième degré du signe précédent. Ces changements de signes sont toujours indiqués sur les éphémérides par la représentation du symbole du nouveau signe.

Comme la Lune parcourt un signe zodiacal en 2 ou 3 jours, le calcul de sa longitude comporte souvent des changements de signes.

Par exemple, pour la Lune le 1er août 1984 à 17h, Temps Universel. Nous relevons, toujours en arrondissant à la minute près :
Longitude de la Lune le lendemain (2/8/84) :   12° 06' ♎
Longitude de la Lune le jour même (1/8/84) :   27° 31' ♍

Nous ne pouvons pas soustraire directement ces deux positions. Nous devons donc faire autant de conversions que nécessaire sur la longitude du lendemain, à savoir :
12° 06 ♎ = 42° 06' ♍ (puisque 1 signe = 30°).
Comme nous devons retrancher 27° 31' une conversion supplémentaire s'impose :
42° 06' ♍ = 41° 66' ♍ (puisque 1 degré = 60').

Avec un peu de pratique, ces conversions se font « de tête ».
Soit :

Longitude de la Lune le lendemain (2/8/84) ...	41° 66' ♍
Longitude de la Lune le jour même (1/8/84) ...	− 27° 31' ♍
Mouvement de la Lune en 24h	= 14° 35'
Déplacement de la Lune en 17 heures	10° 20'
Longitude de la Lune le jour même (1/8/84) ...	27° 31' ♍
Longitude de la Lune le 1/8/84 à 17h UT	= 37° 51' ♍
(comme 1 signe = 30°)	7° 51' ♎

En résumé, pour le calcul des planètes :

Pour être en conformité avec l'heure utilisée par les éphémérides, calculer au préalable le « Temps Universel de naissance » comme indiqué au chapitre 3.

L'heure ou le jour de naissance cités dans les deux tableaux ci-dessous sont l'heure ou la date du « Temps Universel de naissance ».

Avec les éphémérides :

1. Relever la longitude de la planète pour le jour suivant la naissance.
2. Relever la longitude de la planète pour le jour de naissance.
3. Calculer le mouvement de la planète en 24 heures (en inversant au besoin les points 1. et 2. pour les commodités de calcul des planètes Rétrogrades).

Avec la table des mouvements planétaires :

Trouver dans la table, en fonction du pas journalier de la planète, le mouvement de celle-ci durant :

4. le nombre d'heures,
5. et le nombre de minutes
   que comporte l'heure de naissance.
6. Ajouter ces deux mouvements pour trouver le déplacement de la planète entre « 0 heure » et l'heure de naissance.
7. Pour une planète *Directe, ajouter* ce déplacement à la longitude à 0h du jour de naissance (la longitude relevée au point 2.).

   Pour une planète *Rétrograde, retrancher* ce déplacement de la longitude à 0h du jour de naissance.

   Nous obtenons la longitude de la planète pour le jour et l'heure de naissance.

   Ne pas oublier le signe de la planète et l'indication éventuelle d'un R lorsqu'elle est Rétrograde.

Position d'autres points importants

Suite au calcul des positions des planètes, nous cherchons également la longitude de trois points importants : le Nœud Nord et le Nœud Sud, puis la Part de Fortune.

Nœud Nord (Tête du Dragon)

Ce point est l'endroit du zodiaque où le trajet de la Lune croise le trajet apparent du Soleil. A son opposé sur le cercle zodiacal se trouve le Nœud Sud.
La position des Nœuds peut être « vraie » ou « moyenne ». La position moyenne reflète une trajectoire idéale. La position vraie est la position réelle du Nœud Nord et tient donc compte de toutes les petites variations du mouvement de la Lune. Au lieu de « reculer » constamment à travers les signes du zodiaque (le mouvement est alors dit « Rétrograde »), le Nœud Nord « vrai » peut « avancer » certains jours (et son mouvement devient « Direct »).

Le 8 août 1984, Ω Vraie (Vraie pour True en anglais) est à 4° 05. En remontant la colonne nous trouvons un R, donc, au 8 août, qui est la date la plus proche du Temps Universel, le Nœud Nord était Rétrograde.
Le signe des Gémeaux Ⅱ est le premier signe rencontré en remontant la colonne à partir du 8 août 1984. Ω Vraie est par conséquent à 4° 05 R Ⅱ.
Comme le Nœud Sud occupe le point du zodiaque opposé au Nœud Nord, c'est-à-dire avec un écart de 180°, il se trouve à 4° 05 R du Sagittaire (♐).

La Part de Fortune

Pour compléter notre thème astrologique, il y a un dernier élément à trouver : la Part de Fortune. C'est un point immatériel calculé d'après les longitudes du Soleil, de la Lune et de l'Ascendant.

Le corps humain est formé par les forces lunaires. On peut montrer que la Lune se trouvait, au moment de la conception (à ne pas confondre avec l'union physique), dans le degré qui est à l'Ascendant à la naissance. Au moment de la naissance, elle est dans une longitude différente. On peut dire que la Lune, dans l'une de ces positions, a magnétisé le pôle positif, et dans l'autre le pôle négatif de l'atome-germe qui, à la façon d'un aimant, attire à lui la substance chimique qui compose le corps physique. Les forces solaires vitalisent le corps et, comme celui-ci subit constamment des pertes, un aliment est nécessaire pour le réparer. Cette alimentation et toutes les possessions matérielles, ainsi que les acquisitions sur le plan spirituel, sont donc, astrologiquement parlant, dérivées des influences combinées du Soleil et des deux positions de la Lune mentionnées. Quand les aspects planétaires relatifs à la Part de Fortune sont favorables, le succès matériel et la prospérité en résultent ; mais, lorsqu'ils sont défavorables, des revers s'ensuivent. La nature de la planète en aspect, le signe et la Maison où elle se trouve, nous indiquent les sources d'où proviennent les uns et les autres, et nous montrent la direction à donner à nos énergies ou celle que nous devons éviter.

Les signes du zodiaque sont comptés à partir du Bélier, nous les noterons par « S ».

Signe		numéro	Signe		numéro
♈	=	1S	♎	=	7S
♉	=	2S	♏	=	8S
♊	=	3S	♐	=	9S
♋	=	4S	♑	=	10S
♌	=	5S	♒	=	11S
♍	=	6S	♓	=	12S

Pour trouver la Part de Fortune :

1. Ajouter à la longitude de l'Ascendant : signe, degré, minute
2. la longitude de la Lune . . . . signe, degré, minute
3. Du total,
4. Soustraire la longitude du Soleil . . . . . . signe, degré, minute
5. Le résultat est la longitude de la Part de Fortune ⊗

Long. Asc Long. ☽ – Long. ☉ = Long. ⊗

Appliquons cette règle au thème que nous avons calculé pour Los Angeles, à 3h 30 du matin, le 8/8/84 (le Temps Universel est 10h 30 le même jour) :

	Signe	Degré	Minute
1. Longitude de l'Ascendant, ♋	4S	11°	52'
2. Longitude de la Lune, ♑	+10S	+ 9°	+04'
3. Total	=14S	=20°	=56'
4. Longitude du Soleil, ♌	- 5S	-16°	-02'
5. Longitude de la Part de Fortune	= 9S	= 4°	=54'

Le neuvième signe est celui du Sagittaire. Par conséquent, la longitude de la Part de Fortune dans l'horoscope sera ♐ 4° 54'. Nous reportons cette position sur le tracé du thème natal de Los Angeles (thème n° 1, voir page suivante).

En appliquant la même règle au thème de naissance numéro 5, Paris 12h 30 le 8/8/84, nous voyons que les positions du Soleil et de la Lune sont identiques au thème numéro 1, puisque le Temps Universel est le même. Mais, comme nous l'avons vu au chapitre 4, les Ascendants sont différents puisque les thèmes ne sont pas calculés pour le même lieu. Ces deux thèmes auront donc une position de la Part de Fortune différente.

	Signe	Degré	Minute
1. Longitude de l'Ascendant, ♎	7S	19°	33'
2. Longitude de la Lune, ♑	+10S	9°	04'
3. Total	=17S	28°	37'
4. Longitude du Soleil, ♌.	- 5S	16°	02'
5. Longitude de la Part de Fortune	=12S	12°	35'

Le douzième signe est celui des Poissons. Par conséquent, la longitude de la Part de Fortune est ♓ 12° 35'. Nous reportons cette position sur le tracé du thème n° 5 (Paris à 12h 30 le 8/8/84).

Veiller à bien effectuer toutes les conversions degré-minutes (1° = 60') et signe-degrés (1 signe = 30°) nécessaires. Ajouter ou retrancher éventuellement 12 signes (1 rotation zodiacale = 12 signes).
Nous avons ainsi terminé le calcul des longitudes qui vont nous permettre de dresser la « carte du ciel ».

Représentation des planètes sur le thème

En reportant les valeurs calculées sur le dessin du thème, l'étudiant devra faire attention à deux choses :

1. Que les planètes soient placées dans leurs signes et degrés respectifs. Les signes et les degrés vont dans la direction indiquée par les flèches, en commençant par le 0° du Bélier.
2. Que les positions des planètes et des pointes de Maisons puissent se lire sans qu'il soit nécessaire de tourner ou de renverser le thème, ce qui nuirait à la concentration nécessaire pour l'interprétation.

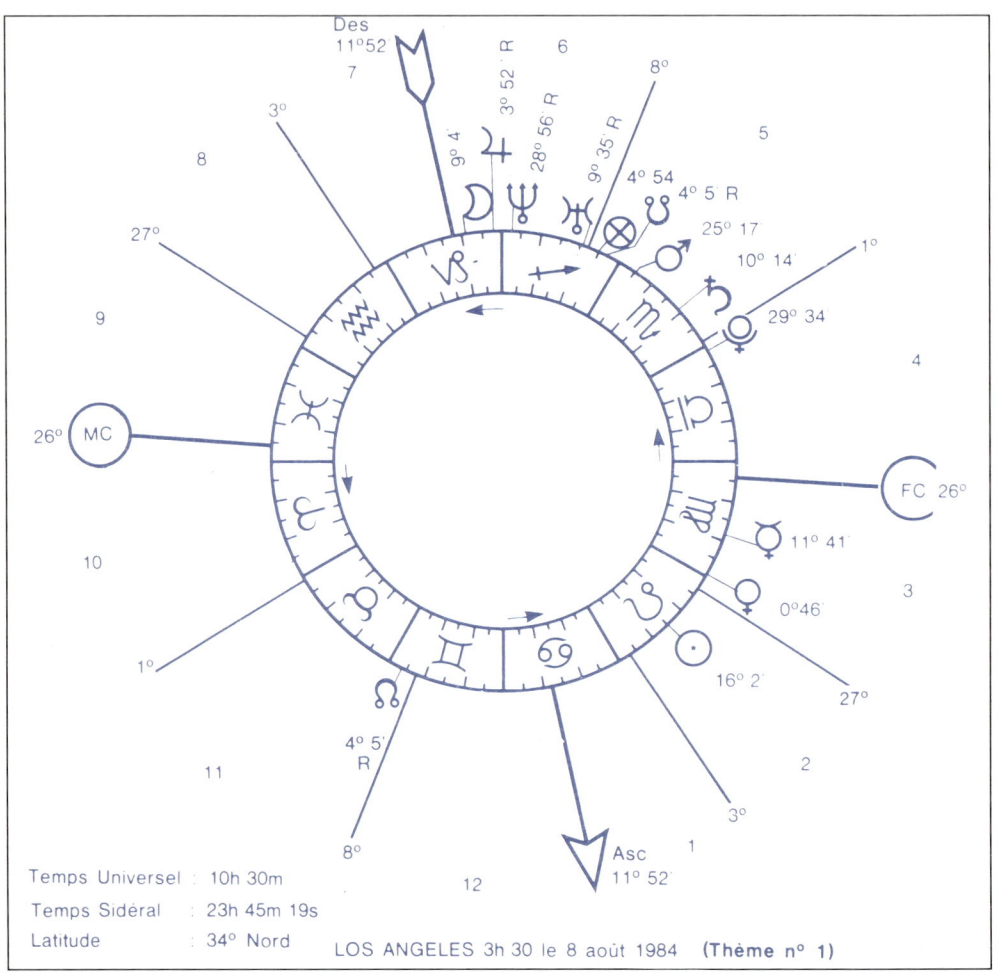

Des
11°52
7

3° 52 R   6

9° 4   3° 52 R   8°

28° 56 R

9° 35 R   5

4° 54
4° 5 R

25° 17

10° 14   1°

29° 34

4

11° 41

0°46   3

16° 2

27°

Asc
11° 52   1

3°

2

8°   12

MC 26°

FC 26°

27°

3°

9

10

11

1°

8

26°

Temps Universel : 10h 30m
Temps Sidéral : 23h 45m 19s
Latitude : 34° Nord

LOS ANGELES 3h 30 le 8 août 1984 **(Thème n° 1)**

Remarque importante :

Pour des naissances au même instant, les positions planétaires sont identiques

Pour des naissances ayant le même Temps Universel, les planètes auront la même position quelle que soit la situa-

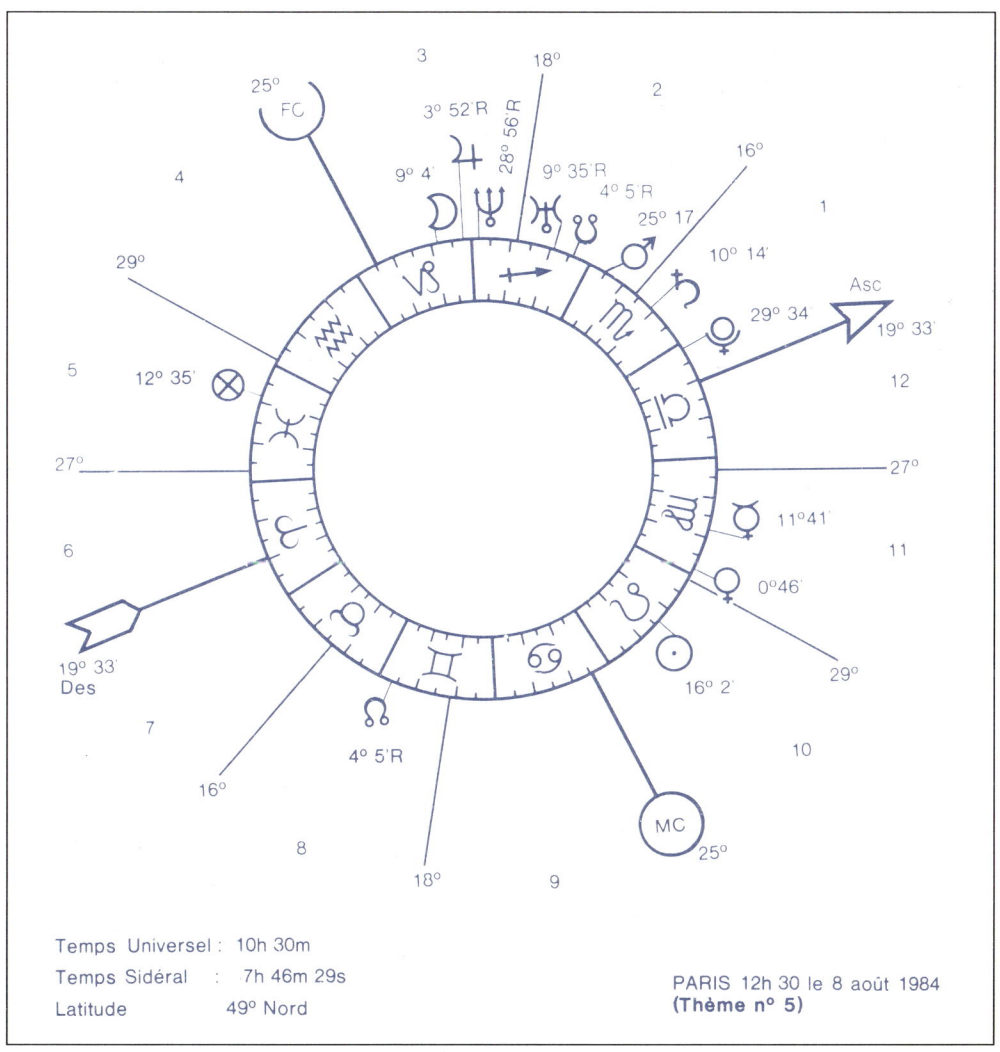

Temps Universel : 10h 30m
Temps Sidéral : 7h 46m 29s
Latitude 49° Nord

PARIS 12h 30 le 8 août 1984
(Thème n° 5)

situation du lieu de naissance sur la Terre. En effet, les positions des planètes sont calculées pour le centre de la Terre. Elles sont *communes* à tous les lieux de la Terre pour un instant déterminé.

Nous venons de calculer les longitudes du thème numéro 1 (Temps Universel de naissance : 10h 30 le 8/8/84). Comme le thème numéro 5, à « Paris, France, à 12h 30 le 8/8/84 », a aussi un Temps Universel de naissance de 10h 30 le 8/8/84, *ces deux thèmes auront donc les mêmes positions planétaires.*

Avant de consacrer notre attention à l'interprétation d'un thème astrologique, nous devons encore représenter les « aspects », qui montrent les relations particulières des planètes entre elles, et établir un « Index » pour mettre en évidence quelques rapports importants entre signes, Maisons et planètes.
Cette dernière étape préparatoire fait l'objet du chapitre suivant.

les aspects, l'index

Les aspects

Vu de la Terre, le mouvement des corps célestes de notre Système Solaire dans le zodiaque est loin d'être uniforme. Les planètes qui se meuvent le plus lentement sont rejointes et dépassées par les plus rapides. Ces mouvements modifient constamment l'« ambiance » générale des influx planétaires dans laquelle nous vivons.

Lorsque deux planètes sont distantes d'un certain nombre de degrés, leurs influx se combinent avec plus d'effet. On dit alors qu'elles sont « en aspect » ; les positions dans lesquelles nous les voyons de la Terre forment un angle particulier. Cet angle peut aussi se mesurer sur l'écliptique comme la distance en degrés séparant ces deux planètes.

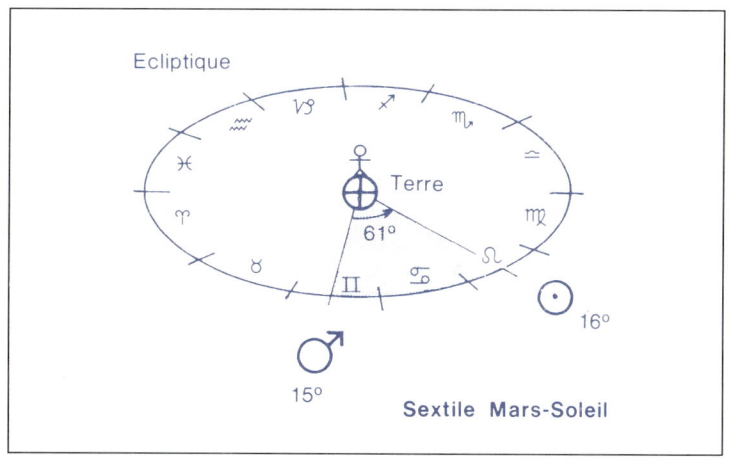

Sextile Mars-Soleil

Nous n'utiliserons ici que les aspects dits « majeurs ».

Aspect :	Distance de :	Symbole :
Opposition	180°	☍
Trigone	120°	△
Quadrature (ou Carré)	90°	□
Sextile	60°	✳
Conjonction	0°	☌

Les oppositions et quadratures sont généralement maté-
rialisées sur le thème par un trait rouge reliant les deux
planètes ; les trigones et sextiles, par un trait bleu. La
conjonction a une représentation hachurée en bleu ou en
rouge, suivant la nature des planètes en aspect. A défaut
de disposer de couleurs, nous utiliserons, comme dans le
présent livre, des *traits pointillés pour les oppositions et
les carrés, et des traits continus pour les trigones et les
sextiles.*

Il y a « parallèle » lorsque deux planètes ont le même
degré de déclinaison, même si l'une est au Nord et l'autre
au Sud de l'Equateur céleste. Nous reviendrons sur le
calcul de cet aspect à la fin de ce chapitre.

Généralement, parmi les aspects mentionnés ci-dessus,
l'opposition et la quadrature sont dits « mauvais » aspects, le
sextile et le trigone, « bons » aspects. La conjonction et le
parallèle sont classés comme aspects indéterminés, ils
proposent des expériences liées à la nature des planètes.

Il n'existe pas de mal absolu dans le Royaume de Dieu. Ce
qui semble l'être n'est, en réalité, que du bien en devenir.
Quand un lapidaire taille une pierre précieuse, il applique la
gemme brute dans tous les sens sur la meule et, à chaque
fois, on peut entendre le crissement de la pierre, semblable
à un cri de douleur. Cependant, peu à peu, par cette
opération, la pierre acquiert une belle surface polie, aux
nombreuses facettes qui reçoivent, reflètent et réfractent les
rayons du Soleil.
Dieu et ses Ministres, les Sept Esprits Planétaires, sont les
Lapidaires, et l'homme est le diamant dans sa gangue. Des
expériences variées sont nécessaires pour découvrir et polir
sa nature spirituelle. Ces expériences peuvent être agréa-

bles ou désagréables, selon que les aspects sont « bons » ou « mauvais ». On peut dire cependant que les expériences malheureuses, amenées par les prétendus mauvais aspects, n'ont d'autre but que de développer puissamment le « muscle » spirituel ; elles nous corrigent de notre égoïsme, nous donnent plus de tolérance et de compassion ; elles agissent comme la meule qui enlève au diamant son enveloppe grossière. Bien qu'un thème astrologique plein de quadratures et d'oppositions puisse indiquer ce qu'on appelle ordinairement une vie dure, on pourrait le préférer (au point de vue spirituel) à une nativité dans laquelle il n'y aurait que de « bons aspects » majeurs. Et même lorsque le thème peut laisser supposer une vie facile, il y a toujours un travail à faire, un progrès à réaliser qui justifie l'incarnation.

Nous pouvons dire, au point de vue spirituel, qu'il y a toujours une évolution à rechercher, une leçon à apprendre à travers les configurations astrologiques de *tous* les thèmes. Il est faux de penser qu'il puisse y avoir des réincarnations de « repos ». Tout au plus pouvons-nous dire que certains thèmes créent plus de tensions que d'autres.

Par la suite, les quadratures et les oppositions seront appelées aspects « dissonants » ; les sextiles et les trigones, aspects « harmoniques ».

Orbe

L'influence d'un aspect entre deux planètes au moment de la naissance se fait sentir même si elles ne sont pas exactement distantes l'une de l'autre de 0, 60, 90, 120 ou 180 degrés (pour les aspects en longitude). On admet la présence d'une zone d'influence de six à huit degrés en plus ou en moins du nombre de degrés de l'aspect exact pour autant qu'il s'agisse du même signe, au-delà, c'est-à-dire, lorsque l'orbe s'étend sur deux signes il convient de tenir compte des propositions des planètes en signe. Cette zone est appelée un « orbe ».

Orbes admis en longitude :

— 8°	Luminaires (Soleil et Lune)
— 6°	Planètes
— 6°	Ascendant, Milieu du Ciel, Part de Fortune
— 2 ou 3°	Nœuds lunaires (en conjonction)

Orbes admis en déclinaison :

— 1 ou 1° 1/2	Parallèles

Ces valeurs ne sont données que pour fixer les idées. L'étudiant apprendra à les nuancer selon les situations.

Dans le thème ci-après, Saturne et Jupiter sont en conjonction, parce que l'un est au 13e degré du Bélier et l'autre au 19e (orbe de 6°). Le degré de Saturne étant 13, il est aussi en sextile avec Mars et en trigone avec le Soleil, mais ne forme pas d'aspects avec la Lune et Vénus, qui sont en dehors des orbes admis (8 et 6 degrés).
Saturne n'est non plus pas en aspect avec Mercure, car la distance séparant les deux planètes est de 150° (150° est un quinconce, aspect mineur dont nous ne tenons pas compte ici). Comme nous allons le voir plus loin, on relie les planètes qui sont en aspect par des traits continus ou pointillés (selon l'aspect).

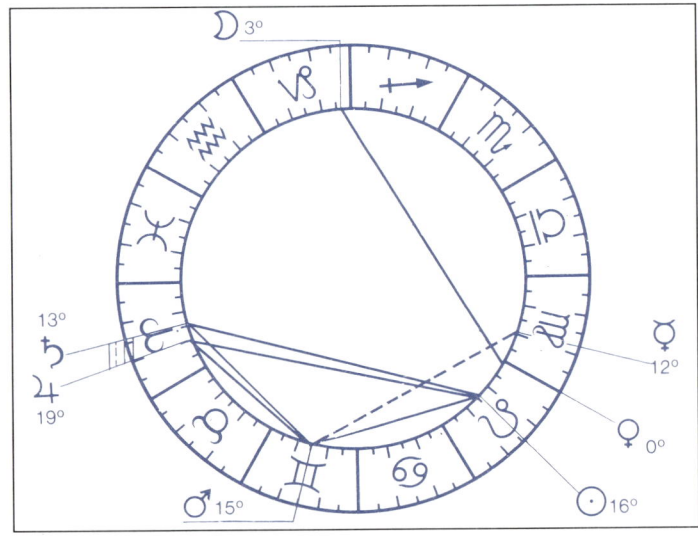

La raison spirituelle de l'existence de cet orbe est celle-ci : l'homme, outre son corps visible, perceptible à nos sens, possède aussi des corps nommés par Saint Paul « corps spirituels ». Quand nous aurons développé la vue spirituelle, latente en chacun, nous verrons ces corps plus subtils s'étendre bien au-delà du corps physique, qui lui, est situé au centre de cette « aura », à peu près comme le jaune de l'œuf au milieu du blanc.

Avant que deux êtres humains ne soient en contact physique immédiat, leurs auras se sont déjà pénétrées ; c'est la raison pour laquelle nous sentons parfois la présence d'une autre personne avant de la percevoir au moyen de nos sens ordinaires.

Ce qui est en bas est comme ce qui est en haut. L'homme est fait à l'image de Dieu et de ses Ministres, les Anges Planétaires. Chaque planète projette son « aura invisible » dans l'espace au-delà de sa sphère physique, perceptible à nos yeux. Lorsque ces auras planétaires viennent en aspect, leur influence est ressentie même quand les planètes visibles ne sont encore qu'à 6 degrés du point où elles seront en aspect exact, ou qu'elles auront dépassé ce point de 6 degrés.

Méthode de représentation des aspects

Maintenant, nous sommes prêts à noter les aspects des planètes qui sont en orbe. A moins de disposer d'une feuille transparente sur laquelle les orbes d'un point déterminé seraient inscrits, il nous faut suivre une méthode rigoureuse, telle que celle que nous allons exposer ici. De cette manière l'étudiant ne pourra omettre aucun aspect.

Prenons comme exemple le thème numéro 1 (page suivante).
Plaçons notre index gauche sur la première planète rencontrée à partir du Bélier. Nous observons que dans le Bélier, le Taureau, les Gémeaux et le Cancer il n'y a pas de planètes. La première planète rencontrée est le Soleil, à 16° du signe du Lion. Nous regardons tout d'abord si une planète se trouve en conjonction : non. La plus proche est Vénus, située à plus de 14°, et donc bien au-delà de l'orbe d'un aspect. Plaçons la pointe d'un crayon 60° après le degré du Soleil pour déterminer s'il y a un sextile. 60° correspond à une distance de deux signes. Nous posons donc notre pointe de crayon sur le 16e degré de la Balance ; comme le Soleil admet un orbe de plus ou moins 8°, nous cherchons si une planète se trouve dans l'espace compris entre le *8e et le 24e* degré de la Balance. Comme de toute

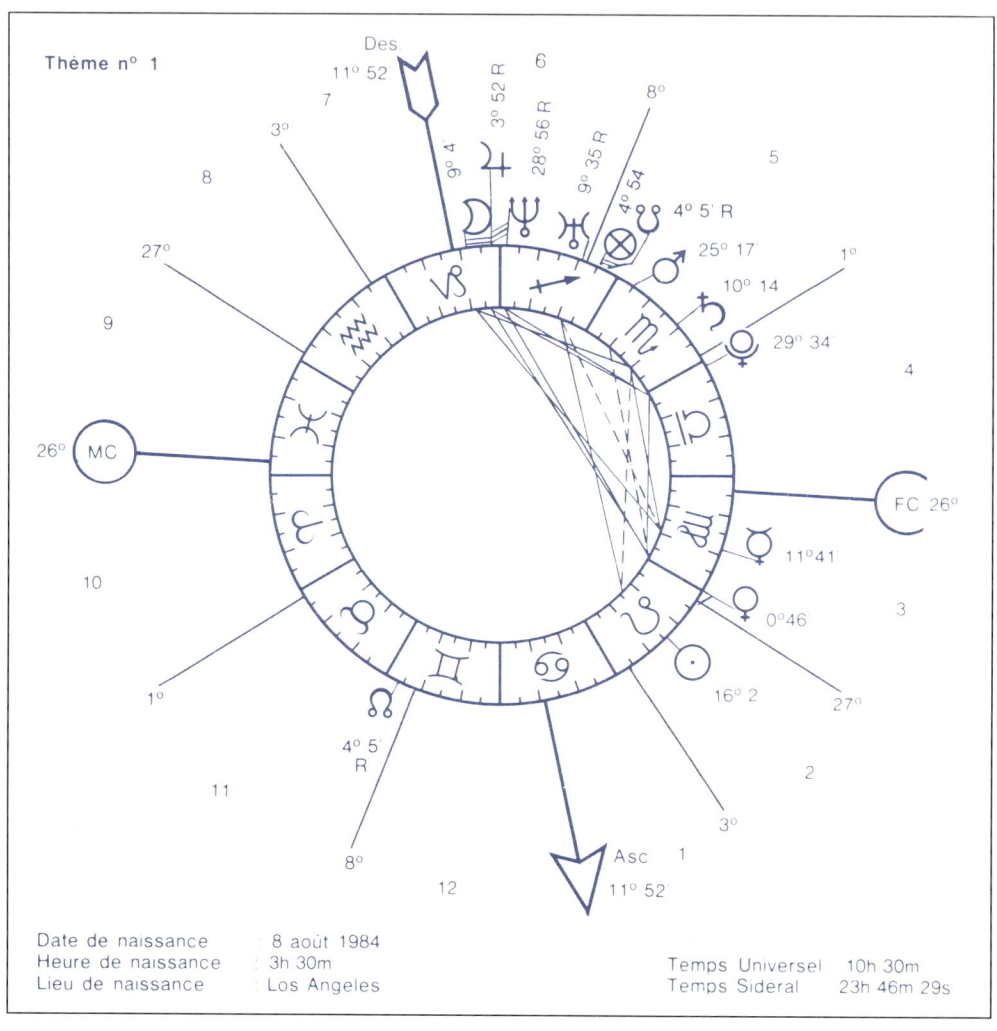

Thème n° 1

Des
11° 52

Date de naissance : 8 août 1984
Heure de naissance : 3h 30m
Lieu de naissance : Los Angeles

Temps Universel : 10h 30m
Temps Sidéral : 23h 46m 29s

évidence aucune planète n'est contenue dans cet espace, nous continuons en examinant le point qui est situé à 90° (3 signes) du Soleil. Nous positionnons notre pointe de crayon sur le 16° du Scorpion et, toujours en fonction de l'orbe de 8° du Soleil, nous regardons si l'espace compris entre le 8e et le 24e degré du Scorpion contient une planète. Nous trouvons Saturne, donc celui-ci est en quadrature (90°) avec le Soleil. Nous matérialisons cette quadrature en joignant les deux planètes par un *trait rouge*, ou à défaut, par un trait pointillé. Mars est en dehors de l'orbe, puisqu'il est éloigné de 9° du 16e degré du Scorpion. Nous regardons ensuite le point situé à 120° (4 signes), soit le 16e degré du Sagittaire. Uranus est compris dans l'espace qui va du 8e au 24e degré du Sagittaire, par conséquent, il est en trigone (120°), et nous traçons un *trait bleu* — continu — entre le Soleil et Uranus. Dans notre Table d'aspects, nous avons vu qu'il n'existe pas d'aspect majeur pour 150° (5 signes), nous passons donc le Capricorne. Dans le Verseau (180°), il n'y a aucune planète, ni dans le Bélier (120°), le Taureau (90°) et les Gémeaux (60°). Le Soleil ne fait donc avec les autres planètes que deux aspects : une quadrature avec Saturne et un trigone avec Uranus. Nous passons à présent à l'étude de la planète suivante, dans l'ordre de son inscription sur les signes suivants du zodiaque, à savoir Vénus.

Vénus est située à 0° 46' de la Vierge. Comme son orbe est de 6°, nous cherchons tout d'abord les planètes en conjonction avec elle. Si une planète est en conjonction, elle doit être située dans l'intervalle compris entre 24° 46' du signe précédent et 6° 46' de la Vierge. Nous voyons qu'aucune planète ne s'y trouve. Regardons s'il y a des planètes en sextile (60° ou 2 signes) ; nous trouvons immédiatement Pluton dans l'intervalle 24° 46'-6° 46'. De la même façon, nous trouvons Mars (25° 17') en quadrature, Neptune (28° 56') et Jupiter (3° 52') en trigone. N'oublions pas de tracer, au fur et à mesure, les aspects trouvés.

Mercure, situé à 11° 41', admet un intervalle de 5° 41' à 17° 41'. Nous trouvons successivement un sextile, un carré et un trigone avec, respectivement, Saturne, Uranus et la Lune.

Nous procédons de même avec Pluton et nous trouvons un double sextile avec Jupiter et Neptune. Les aspects avec le Soleil, Vénus et Mercure ont déjà été cherchés. Pour Saturne, nous relevons un nouvel aspect qui n'était pas déjà tracé. Nous remarquons que les aspects de Mars et Uranus ont tous été trouvés auparavant. Pour Neptune, nous rajoutons, par des hachures, la conjonction qu'il forme avec Jupiter et, pour Jupiter, la conjonction de celui-ci avec la Lune.

Pour la Lune, qui est un des deux luminaires, l'orbe est de 8°. Il faut, par conséquent, vérifier si elle ne forme pas d'aspects avec des planètes qui n'ont que *six* degrés d'orbe. Un côté du zodiaque est « vide » de planètes, nous examinons donc s'il y a une possibilité de trigone (120° ou 4 signes) en plaçant notre pointe de crayon directement au 9e de la Vierge. L'aspect avec Mercure est déjà relevé et Vénus sort de l'intervalle : 1° à 17°. Pour les carrés (90° ou 3 signes) nous ne trouvons aucun aspect et pour les sextiles (60° ou 2 signes), l'aspect à Saturne est déjà relevé.

Nous avons donc terminé, avec cette dernière planète, le tracé des aspects du thème. Pour les Nœuds lunaires, nous ne tenons compte que des conjonctions avec un orbe de deux ou trois degrés.

Nous notons celle formée par la Queue du Dragon et la Part de Fortune.

Il nous reste à inscrire dans l'Index les aspects concernant l'Ascendant, le Milieu du Ciel et la Part de Fortune. Ces éléments ne sont pas inscrits dans le cercle zodiacal afin de permettre une meilleure lisibilité des éléments essentiels du thème.

Lorsque l'heure de naissance n'est pas connue avec exactitude, nous ne pouvons connaître l'Ascendant, le Milieu du Ciel ni la Part de Fortune avec une précision suffisante pour en calculer les aspects. En effet, ces trois points se déplacent en moyenne de 15° par heure.

Quadruplicités et triplicités

Afin de mieux apprécier la valeur des aspects que les planètes forment entre elles, nous noterons la division des signes du zodiaque qui suit (nous y reviendrons dans la deuxième partie) :

Quadruplicités

SIGNES CARDINAUX	SIGNES FIXES	SIGNES MUTABLES

Les planètes en signes cardinaux, fixes ou mutables, sont en conjonction, en quadrature ou en opposition, si elles sont en orbe.

Autre division des signes du zodiaque :

Triplicités

SIGNES DE FEU	SIGNES DE TERRE	SIGNES D'AIR	SIGNES D'EAU

Les planètes en signes de Feu sont en conjonction ou en trigone, si elles sont en orbe ; il en est de même pour les planètes dans les signes de Terre, d'Air et d'Eau.

Les aspects ainsi formés entre deux signes de même nature (entre deux signes cardinaux, deux signes de Feu etc.), ont plus de force que lorsqu'ils sont formés entre deux signes de nature différente.

Par exemple, le trigone entre Vénus en début Vierge (Terre) et Neptune en fin Sagittaire (Feu) aura moins de force que l'aspect entre Vénus en début Vierge (Terre), et Jupiter en début Capricorne (Terre).

La même règle s'applique pour les sextiles qui marient deux éléments de nature similaire, le Feu et l'Air, ou l'Eau et la Terre.

L'Index

L'Index contient des informations complémentaires importantes pour l'interprétation du thème. Un modèle se trouve à la page 107.

Répartition des planètes dans les éléments

Afin de connaître la tonique de base du thème, nous cherchons la répartition des planètes dans les quadruplicités (Cardinal, Fixe, Mutable) ainsi que dans les triplicités (Feu, Terre, Air, Eau).

Avec les planètes, nous inclurons également les deux « axes » du thème natal indiqués par l'Ascendant et le Milieu du Ciel.

Reprenons notre thème numéro 1 du 8 août 1984, à 3h 30m, à Los Angeles. Les signes cardinaux sont : Bélier, Cancer, Balance et Capricorne. Dans le Bélier, nous ne trouvons aucune planète. Le Cancer contient l'Ascendant, nous notons donc Asc dans la rubrique « Cardinal ». Dans le signe de la Balance, nous trouvons Pluton, et dans le signe du Capricorne, Jupiter et la Lune. Notre rubrique d'éléments cardinaux contiendra donc Asc, Pluton, Jupiter et la Lune. Dans les signes fixes, Taureau, Lion, Scorpion et Verseau, nous trouvons successivement le Soleil, Saturne et Mars. Enfin, dans les signes mutables, Gémeaux, Vierge, Sagittaire et Poissons, nous notons Vénus, Mercure, Uranus, Neptune et le MC. Nous avons terminé ainsi le recensement des points forts du thème. Pour être sûrs d'avoir tout inscrit, nous les comptons : 4 en cardinal, 3 en fixe et 5 en mutable, soit 12 au total ce qui correspond bien à la somme des 10 planètes et des 2 axes, Asc et MC.

Nous procédons de la même manière pour noter les planètes et axes qui sont dans les signes de Feu. Nous les inscrivons dans l'Index. Ensuite, nous notons ceux qui se trouvent dans les signes de Terre, d'Air et d'Eau. Notre classification, quant aux éléments, est terminée, et nous comptons de nouveau les planètes et axes pour nous assurer qu'ils sont au complet :

— 3 sont dans les signes de Feu,
— 4 dans les signes de Terre,
— 1 dans les signes d'Air et
— 4 dans les signes d'Eau.

Ce qui fait bien 12.

Puissances planétaires

Domicile et Exaltation

On dit que les planètes sont « en domicile » ou « essentiel-lement dignifiées » dans certains signes, lorsque la nature essentielle de la planète et celle du signe concordent. Lorsqu'elles sont placées dans les signes opposés à leur domicile, elles sont en « exil », par conséquent en désaccord avec leur milieu.

D'autre part, les planètes sont plus puissantes dans certains signes que dans d'autres. Dans ces signes, elles sont « exaltées » ; dans les signes opposés, elles sont en « chute », leur expression est, par conséquent, contrariée.

Les indications du tableau ci-dessous sont une première approche, utile pour fixer les idées, quant à la relation entre la nature intrinsèque des énergies planétaires et la nuance apportée par les signes.

PLANETE	DOMICILE	EXIL	EXALTATION	CHUTE
☉	♌	♒	♈	♎
☽	♋	♑	♉	♏
☿	♍, ♊	♓, ♐	♍	♓
♀	♎, ♉	♈, ♏	♓	♍
♂	♏, ♈	♉, ♎	♑	♋
♃	♐, ♓	♊, ♍	♋	♑
♄	♑, ♒	♋, ♌	♎	♈
♅	♒	♌	♏	♉
♆	♓	♍	♋	♑
♇	--- ♏	--- ♉		

Voici un moyen simple pour mémoriser les planètes essentiellement dignifiées dans les signes du zodiaque à partir de leurs distances au Soleil.

La série des planètes en domicile diurne (qui commence avec le Soleil) gouverne les signes du zodiaque dans le sens direct :

☉ ☿ ♀ ♂ ♃ ♄ ♅ ♆ ♇
♌ ♍ ♎ ♏ ♐ ♑ ♒ ♓ ---

et la série des planètes en domicile nocturne (qui commence par la Lune) gouverne les signes du zodiaque dans le sens rétrograde :

☽ ☿ ♀ ♂ ♃ ♄ ♅ ♆ ♇
♋ ♊ ♉ ♈ ♓ ♒ --- --- ♏

Les planètes seront en exil dans les signes opposés.

Notons dans notre index les planètes régnantes (en dignité essentielle), en exaltation, en exil et en chute :

Dignité essentielle : ☉, ☿, ♂
Exaltation : ☿
Exil : ☽
Chute : ♀, ♃

Gouverneur du thème

La planète (ou les planètes) qui gouverne le signe dans lequel se trouve l'Ascendant est le *gouverneur du thème*. Sa position en signe et en Maison ainsi que ses aspects donneront les spécificités et la force de la *personnalité*. Si une autre planète du thème est plus puissante de par sa position ou la force et le nombre des aspects formés, elle sera alors considérée comme « co-gouverneur » du thème.

Dans notre index, nous notons donc la Lune comme gouverneur du thème.

Angles

Les angles correspondent aux quatre directions fonda-mentales du thème : l'Ascendant, le Milieu du Ciel, le Descendant et le Fond du Ciel. Les planètes placées dans les Maisons des angles (1re, 4e, 7e et 10e Maisons) sont dites angulaires. Leur importance est plus grande que lorsqu'elles sont placées dans les autres Maisons.

Les aspects notés dans l'Index

Nous avons inscrit dans le dessin du zodiaque les *aspects formés entre les longitudes* de deux planètes. Dans l'Index, nous notons les aspects qui n'ont pas été reportés sur la carte du ciel.
Aspects à l'Asc : ✶ ☿, △ ♄, ☌ ☽
Aspects au MC : △ ♂, □ ♆

Déclinaisons : Les parallèles

Aspects formés par les déclinaisons de deux planètes.

Pour les trouver, nous relevons tout d'abord les déclinaisons des planètes. Pour cela, nous reportons les déclinaisons, lues sur les éphémérides à la date du Temps Universel le plus proche, directement dans l'Index, comme indiqué page 107.
La Lune, toutefois, nécessite souvent un calcul plus précis lorsque son mouvement de déclinaison en 24 heures est supérieur à 10' d'arc (voir pour cela le calcul de la déclinaison de la Lune dans le paragraphe « Déclinaison » du Vocabulaire Astrologique).

Déclinaison de la Part de Fortune.

Son importance est relative pour l'interprétation. Elle n'est pas donnée dans les éphémérides, mais nous pouvons l'obtenir de la façon suivante :
A partir de la longitude de la Part de Fortune, nous cherchons quelle est la déclinaison du Soleil lorsque celui-ci a la même longitude (ce qui peut avoir lieu dans les mois suivants ou précédents).

Toujours pour le thème numéro 1, la longitude de la Part de Fortune étant 4° 54' du Sagittaire, nous cherchons la longitude du Soleil la plus proche de 4° 54' du Sagittaire. Dans les éphémérides, nous trouvons pour le mois de novembre suivant, le 27 novembre, une longitude de 4° 55' Sagittaire. Lorsque le Soleil est à 4° 55' du Sagittaire, sa déclinaison est de − 21° 07' (le signe « − » représentant une latitude Sud), par conséquent, pour une longitude de la Part de Fortune de 4° 54', sa déclinaison sera d'environ − 21° 07'.

Nous chercherons éventuellement les déclinaisons du Milieu du Ciel et de l'Ascendant de la même manière.

Comment trouver les parallèles.

Après avoir inscrit toutes les déclinaisons dans l'Index, plaçons un doigt sur la déclinaison du Soleil, et la pointe de notre crayon sur la déclinaison immédiatement en dessous (celle de la Lune). Ces deux déclinaisons sont-elles distantes de un degré, ou tout au plus de un degré et demi (ne pas tenir compte du signe « + » ou « – ») ? Si la réponse est affirmative, nous inscrivons le parallèle sur les deux lignes correspondant aux deux planètes concernées, sinon, nous comparons le Soleil avec la planète suivante (☿). Lorsque les comparaisons de la déclinaison du Soleil avec les autres déclinaisons sont terminées, nous recommençons le même processus avec la Lune et les autres planètes.

Dans notre exemple, et pour un orbe de un degré, ni le Soleil, ni la Lune ne forment de parallèles avec les autres planètes. Pour Mercure, nous trouvons un parallèle avec Pluton. Nous inscrivons ♀ sur la ligne de Mercure et également ☿ sur la ligne de Pluton. Ainsi, lors de l'interprétation, nous verrons facilement tous les parallèles formés par une planète.

	Déclinaison	Parallèles
☉	16° 09'	
☽	25° 53'	
☿	04° 44'	♀
♀	12° 46'	♄
♂	– 21° 19'	♅, ♆, ⊗
♃	– 23° 25'	
♄	– 12° 43'	♀
♅	– 21° 52'	♂, ♆, ⊗
♆	– 22° 14'	♂, ♅
♇	04° 19'	☿
⊗	– 21° 07'	♂, ♅

L'index final se trouve présenté sur la même feuille que la carte du ciel.

Thème n° 1

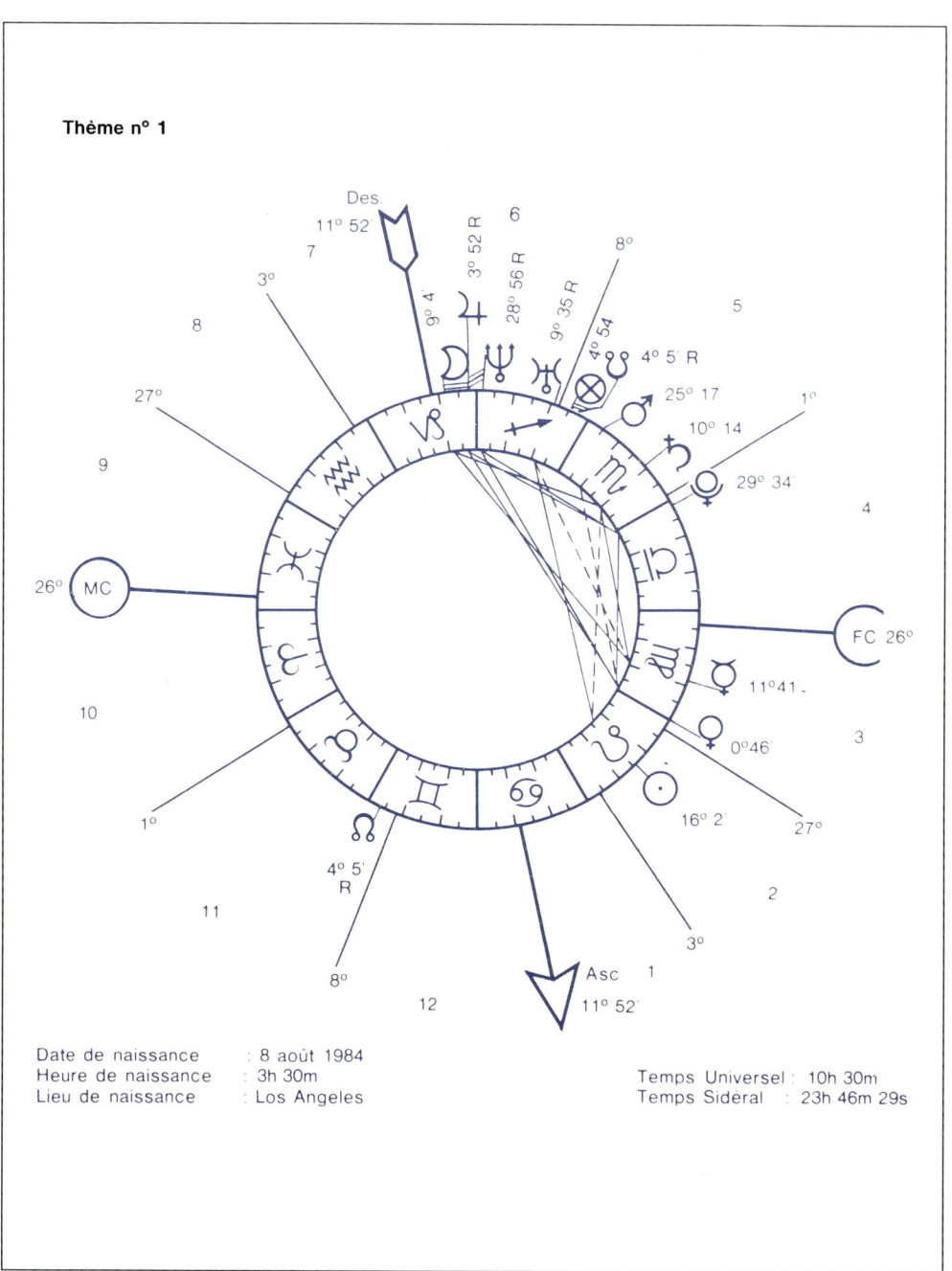

Date de naissance : 8 août 1984
Heure de naissance : 3h 30m
Lieu de naissance : Los Angeles

Temps Universel : 10h 30m
Temps Sidéral : 23h 46m 29s

Gouverneur du thème : ☽		Signes :	Nb	Planètes (+ Asc, MC)		Déclinaison :	Parallèles (‖,⧺) :
Etoiles fixes :		Cardinaux	4	Asc ♀ ♃ ☽	☉	16 ° 9	
* Les Pléiades	♉ 29° 46'	Fixes	3	☉ ♄ ♂	☽	25 ° 53	
* Asellus	♌ 7° 19'	Mutables	5	♀ ☿ ♅ ♆ MC	☿	4 ° 44	♀
* Antarès	♐ 9° 32'	de Feu	3	☉ ♅ ♆	♀	12 ° 46	♄
Calculé pour 1984. Pour les autres années, ajouter ou retrancher 10min par tranche de 12 ans.		de Terre	4	♀ ☿ ♃ ☽	♂	– 21 ° 19	♅ ♆ ⊗
Calcul de la Part-de-Fortune ⊗ :		d'Air	1	♀	♃	– 23 ° 25	
Numéro du signe		d'Eau	4	Asc ♄ ♂ MC	♄	– 12 ° 43	♀
Longitude Asc	4 11° 52'	Domicile		☉ ☿ ♂	♅	– 21 ° 52	♂ ♆ ⊗
Longitude ☽ +	10 9° 4'	Exaltation		☿	♆	– 22 ° 14	♂ ♅
=	14 20° 56'	Exil		☽	♀	4 ° 19	☿
Longitude ☉ –	5 16° 2'	Chute		♀ ♃	⊗	– 21 ° 7	♂ ♅
Longitude ⊗ =	9 4° 54'	Aspects à l'Asc		✶ ☿ △ ♄ ☍ ☽			
		Aspects au MC		△ ♂ □ ♆		–	

Autres facteurs de valorisation des planètes

Degrés critiques

Les planètes situées à moins de 2 ou 3 degrés des « *degrés critiques* » suivants exercent sur la vie une influence plus qu'ordinaire : ce sont les degrés 0, 13 et 26 des signes Cardinaux, 9 et 21 des signes Fixes, 4 et 17 des signes Mutables. Cette influence tend à amplifier la signification des planètes quels que soient les signes où elles se trouvent et la nature des aspects formés.
Les degrés critiques sont généralement directement imprimés sur le dessin du thème.

Elévation

Les planètes placées dans la 9e ou dans la 10e Maisons sont dites en « élévation ». Plus elles sont près du Milieu du Ciel, plus elles sont élevées.
Une planète en élévation est beaucoup plus puissante, en bien ou en mal, que lorsqu'elle est loin du Milieu du Ciel.

Vérification du thème

L'expérience montre qu'il est souvent utile de vérifier un thème avant de l'interpréter.

D'un coup d'œil rapide, nous voyons si les planètes occupent bien des positions voisines de celles indiquées le jour de la naissance dans les éphémérides. Ceci évite des erreurs importantes.

Pour vérifier si les Maisons sont correctement placées, il suffit de regarder si la position du Soleil correspond à celle qu'il devait avoir au moment de la naissance.

Pour le thème numéro 1, à 3h 30 heure légale, le Soleil est effectivement à mi-chemin entre le Fond du Ciel (position vers minuit) et l'Ascendant (correspondant à son lever).

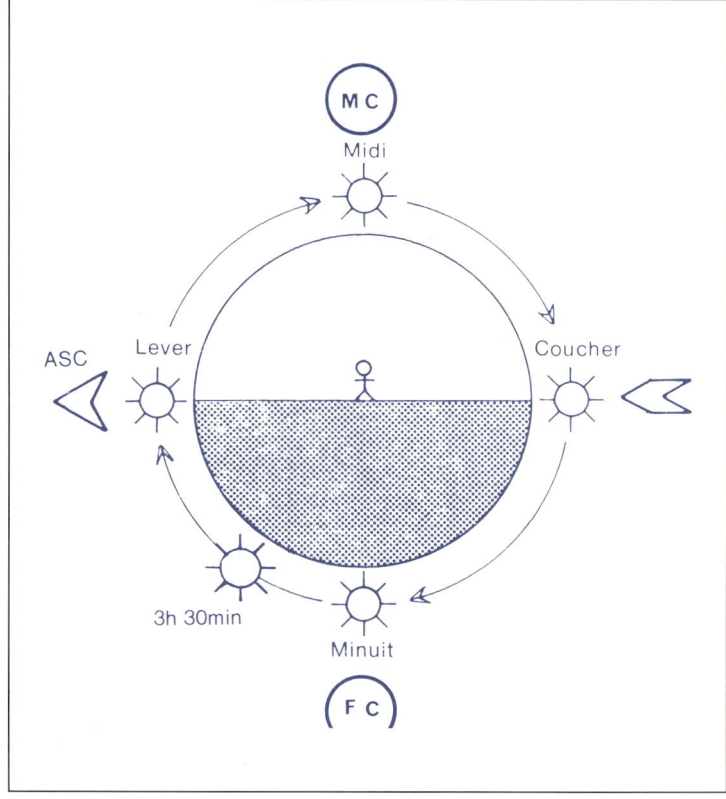

Méthode de représentation de la carte du Ciel

« Bélier à gauche » - « Ascendant à gauche »

Depuis le début de notre étude, nous avons représenté nos thèmes avec le *Bélier à gauche*.

Il existe une autre méthode qui est celle de « *l'Ascendant à gauche* ». Elle est représentée ci-dessous pour le

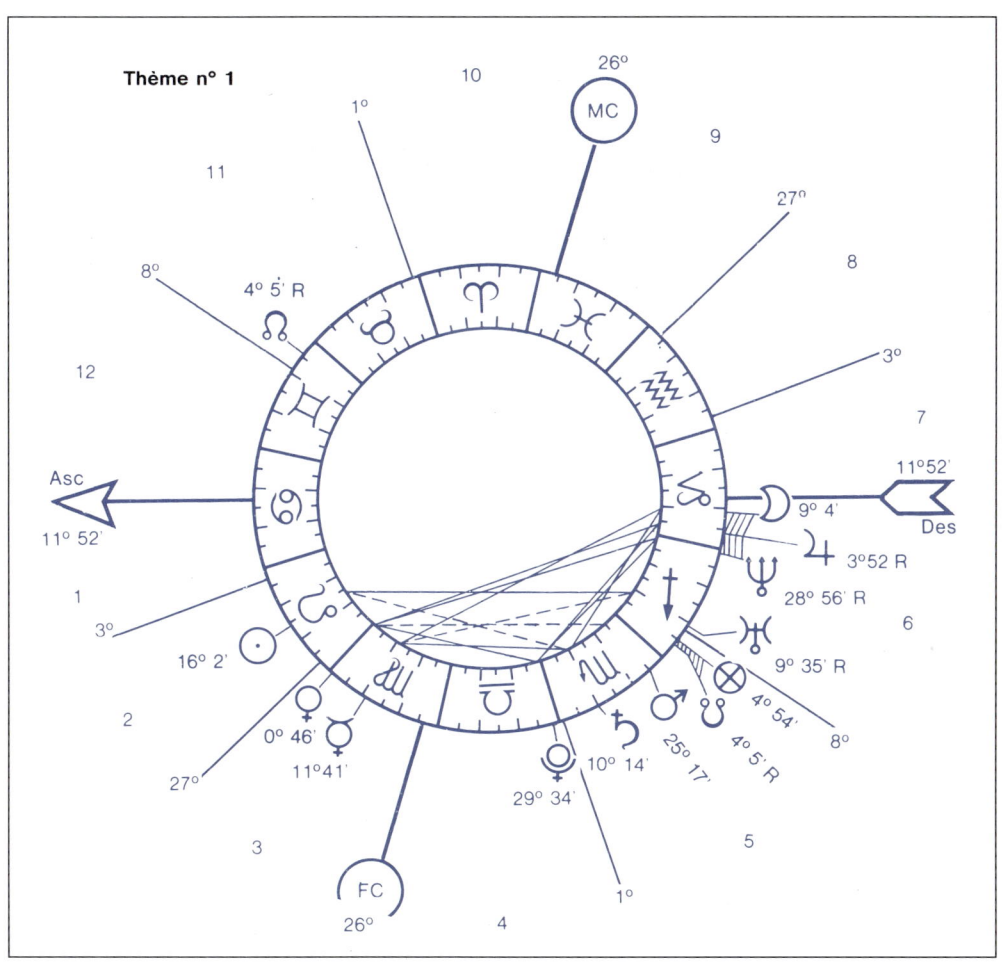

Thème n° 1

thème numéro 1. Comparez celui-ci avec sa représentation « Bélier à gauche » à la page 106.

Comme vous le remarquerez, en partant du thème précédent, nous avons fait subir au zodiaque une rotation qui amène l'Ascendant à gauche de la page. Toutes les données sont alors inscrites de manière à être lues facilement dans cette position.

Les deux représentations donnent, bien sûr, les mêmes indications qui servent de base à l'interprétation. Toutefois, nous donnons une préférence à la méthode du « Bélier à gauche ».

En effet, en plaçant le Bélier à gauche nous mettons en valeur le Zodiaque, essence de la manifestation, en privilégiant le point de vue des *Causes.*

L'Ascendant exerce une influence correspondant au 0° du Bélier mais dans le *monde des effets* (forme et constitution du corps physique, par exemple). La méthode de l'Ascendant à gauche met l'accent sur les Maisons, donc sur les différents domaines de la vie (fortune, mariage, position sociale...) [1].

Les signes concernent davantage la vie sur le plan spirituel alors que les Maisons ont trait à sa manifestation concrète. Ainsi la représentation de la carte du ciel avec le Bélier à gauche est plus en harmonie avec l'Astrologie Spirituelle.

---

1 De plus, lorsqu'on ne connaît pas l'heure de naissance (et donc l'Ascendant), cas assez fréquent, le zodiaque (Bélier à gauche) reste la seule référence.

CHAPITRE SEPT

éphémérides pour midi

La position des planètes, dans les éphémérides, est indiquée pour 0 heure ou pour midi. Lorsque l'étudiant utilise les éphémérides pour 0 heure (Temps Universel), il lui suffit de suivre les explications données dans les chapitres précédents. Lorsqu'il emploie des éphémérides pour midi, il doit tenir compte dans ses calculs d'un décalage de 12 heures. En effet, les éphémérides pour midi ont pour référence le « Temps solaire moyen à Greenwich ».

Les astronomes appellent Temps solaire moyen à Greenwich ou de façon plus concise : « *Temps Moyen* », **le temps décalé de 12 heures par rapport au Temps Universel.** Ainsi, lorsque l'heure du Temps Moyen marque « zéro heure », le Soleil culmine dans le ciel (12h TU).

En soustrayant 12 heures au Temps Universel, nous obtenons le Temps Moyen. Ainsi, au lieu d'utiliser le Temps Universel pour les calculs des pointes de Maisons et des positions planétaires, *nous utiliserons toujours le* **Temps Moyen** *avec les éphémérides pour midi.*

Temps Moyen Temps Universel — 12 heures

Ce Temps Moyen est décalé, par rapport au Temps Universel référencé sur « 0 heure », d'un intervalle de 12 heures. Il est donc toujours référencé sur le midi précédent. La date du Temps Moyen est la date de ce midi précédent. Elle sera utilisée avec les éphémérides pour midi.

Par exemple, pour une naissance à 15h le 8/8/84, Temps Universel, nous avons :

Temps Universel de naissance . . . . 15h le 8/8/84
                                                                            −12h

Soit le Temps Moyen de naissance . . . . = 3h le 8/8/84

Le 8/8/84 est la date du midi précédent à considérer. Il y a un intervalle de 3h entre ce midi du 8/8/84 et 15h le 8/8/84, Temps Universel.

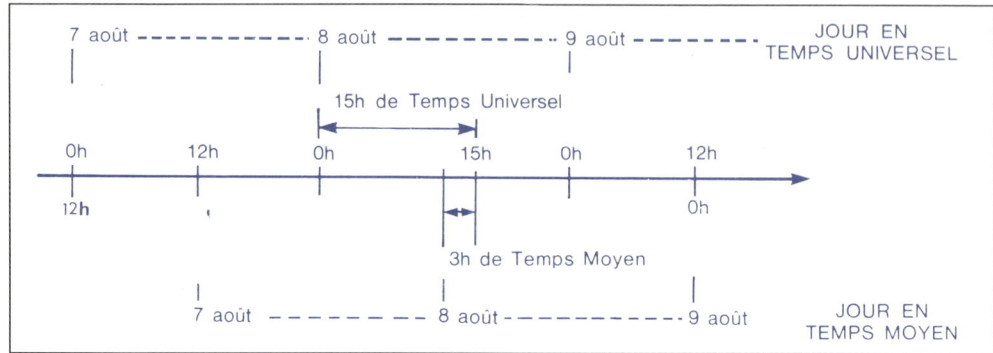

Pour une naissance à 11h le 8/8/84, Temps Universel, nous aurons à effectuer la conversion « 24 heures égalent un jour » pour rendre cette soustraction de 12h possible.

Temps Universel de naissance .... 11h le 8/8/84
=35h le 7/8/84
−12h
Temps Moyen de naissance .... =23h le 7/8/84

Ici, c'est le 7/8/84 qui est la date du midi précédent à considérer. 23 heures est l'intervalle entre le midi du 7/8/84 et 11h le 8/8/84, Temps Universel.

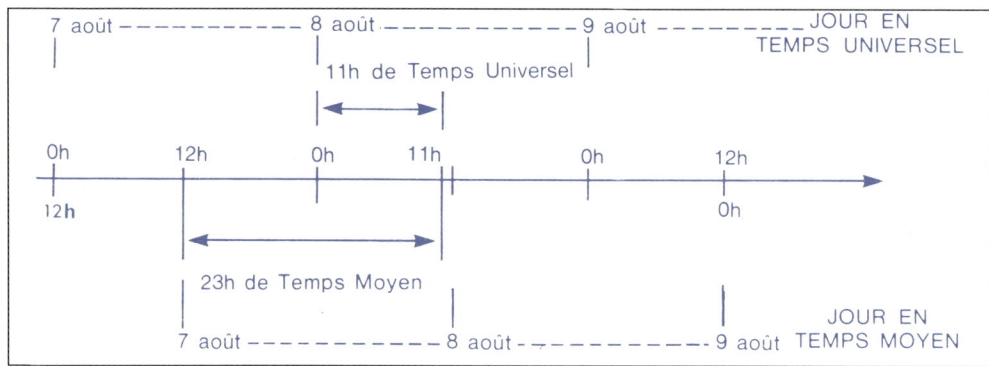

Le jour du Temps Moyen ne correspond pas directement au jour qu'on utilise habituellement mais il permet, ainsi calculé, d'utiliser les dates des éphémérides pour midi sans erreur.

Nous pourrons comparer, ci-dessous, les deux méthodes complètes à suivre selon l'heure de référence des éphémérides.

Temps à utiliser pour lire les éphémérides :

---

1. Au Temps Légal de naissance (date et heure)
2. Retrancher, si nécessaire, l'heure d'été.
3. Ajouter la valeur horaire d'un fuseau Ouest, ou retrancher la valeur horaire d'un fuseau Est.

Ephémérides pour 0 heure :	*Ephémérides pour midi :*
4. Nous trouvons le « Temps Universel de naissance » (date et heure)	4. Retrancher 12 heures 5. Nous trouvons le « Temps Moyen de naissance » (date et heure)

Pour le calcul du Temps Sidéral qui sert à établir la position des Maisons :

0 heure :	*Midi :*
1. Au Temps Sidéral pour la date du « Temps Universel de naissance »,	1. Au Temps Sidéral pour la date du Temps Moyen de naissance,
2. Ajouter l'heure du « Temps Universel de naissance ».	2. Ajouter l'heure du « Temps Moyen de naissance ».

3. Ajouter autant de fois 10 secondes qu'il y a d'heures dans le temps cité en 2.
4. Retrancher les longitudes Ouest ou ajouter les longitudes Est (exprimées en heures et minutes).
5. Nous obtenons le « Temps Sidéral de naissance » (après avoir retranché 24 heures s'il y a lieu).

---

6. Pour relever les pointes de Maisons d'un thème de latitude Sud, ajouter 12h au Temps Sidéral de naissance.

Pour le calcul des longitudes des planètes :

0 heure : Avec les longitudes relevées dans les éphémérides 1. le jour suivant le Temps Universel de naissance, 2. le jour même du Temps Universel de naissance.	*Midi :* Avec les longitudes relevées dans les éphémérides 1. le jour suivant le Temps Moyen de naissance, 2. le jour même du Temps Moyen de naissance.

3. Calculer le mouvement de la planète en 24 heures en inversant au besoin les points 1. et 2. pour les commodités du calcul des planètes Rétrogrades.

0 heure : — Séparer l'heure du « Temps Universel de naissance » en heures et minutes.	*Midi :* — Séparer l'heure du « Temps Moyen de naissance » en heures et minutes.

Trouver dans la table des mouvements planétaires, en fonction du mouvement de la planète en 24h,

4. le mouvement planétaire durant le nombre d'heures,
5. le mouvement planétaire durant le nombre de minutes.
6. Ajouter ces deux mouvements pour trouver le déplacement de la planète.
7. Pour une planète « Directe », ajouter ce déplacement, ou pour une planète « Rétrograde », le retrancher de la longitude relevée le jour de naissance (celle trouvée au point 2. ci-dessus).

Nous obtenons la position de la planète pour le moment de la naissance.
8. Ne pas oublier le signe de la planète et l'indication éventuelle d'un R lorsqu'elle est Rétrograde.

Exemple : nous allons appliquer ces règles pour calculer le thème de naissance d'un enfant né à Los Angeles, le 22 août 1984, à 21h 15. Nous utiliserons un extrait des éphémérides pour midi se trouvant en fin d'ouvrage.

1. Temps légal de naissance (heure et date) . . 21h 15 le 22/8/84
2. Retrancher, si nécessaire l'heure d'été . . . . – 1h
3. Ajouter la valeur du fuseau horaire (Ouest) . + 8h
4. Avec des éphémérides à midi, retrancher 12h . . . . –12h
5. Temps Moyen de naissance (heure, date) . =16h 15 le 22/8/84

Calcul du Temps Sidéral :

1. Temps sidéral (ST) pour la date du Temps Moyen 10h 3m 54s
2. Ajouter l'heure du Temps Moyen . . . . + 16h 15m
3. Ajouter la correction de 10s par heure . . . . + 162s
4. Ajouter les longitudes Est ou retrancher les longitudes Ouest, soit pour Los Angeles = 26h 18m 216s – 7h 52m
5. Soit le Temps Sidéral de naissance . . . . – 18h 26m 216s 18h 29m 36s

Calcul des positions planétaires avec les tables des mouvements planétaires :

	☉	♀	☿	☽	♂
1. Position de la planète pour le *jour suivant* la date du Temps Moyen (23/8/84)	0° 31'	19° 17'	9° 56'	15° 11'	3° 4'
2. Position de la planète pour la *date du Temps Moyen* (22/8/84)	=30° 31' 29° 33'	18° 3'	10° 40'	=14° 71' 1° 29'	=2° 64'
3. Mouvement de la planète en 24h	(0° 58')	(1° 14')	(–0° 44')	(13° 42')	(0° 33')
4. Mouvement de la planète durant 16h	0° 39'	0° 49'	–0° 29'	9° 07'	0° 22'
5. Mouvement de la planète durant 15m	0° 01'	0° 01'	---	0° 09'	---
6. Déplacement de la planète en 16h 15m . .	0° 40'	0° 50'	– 0° 29'	9° 16'	0° 22'
7. Positions des planètes : Ajouter 6. à 2. (position pour la date Temps Moyen)	0° 13'	18° 53'	10° 11'	10° 45'	2° 53'
8. Signe zodiacal et Rétrogradation	♍	♍	♍R	♋	♐

Mercure a un mouvement Rétrograde. Ceci est rappelé par le « – 0° 44 » qui indique que nous avons dû soustraire 1. de 2. pour pouvoir effectuer l'opération correctement.

Pour les autres planètes, nous prendrons les positions les plus proches de la date du Temps Moyen ; ce sont celles du 23/8/84 puisque l'heure du Temps Moyen dépasse 12h. Nous consulterons donc les éphémérides à cette date pour obtenir les positions des planètes Jupiter, Saturne, Uranus et Neptune.
Les positions de Pluton et du Nœud Nord sont données en bas de page.

Pluton, en 27 jours (du 1 au 28) a parcouru 0° 33' (de 29° 28' ♎ à 0° 1' ♏). En 22 jours (du 1 au 23), il a donc avancé de 22/27 × 33 27'. Son mouvement est Direct ; sa position le 23 est donc de : 29° 28' + 27' = 29° 55' ♎.

La position du Nœud Nord est 3° 14' ♊. Cette position est la position moyenne qui rétrograde régulièrement de 3,18' par jour. En 22 jours, le Nœud Nord aura donc rétrogradé de : 3,18' × 22 = 70' environ. Sa position est donc : 3° 14' ♊ – 70' = 2° 04' ♊.

A partir du Temps Sidéral, nous relevons directement les pointes des Maisons sur la Table des Maisons en fin de volume, et nous dressons le thème comme ci-après.

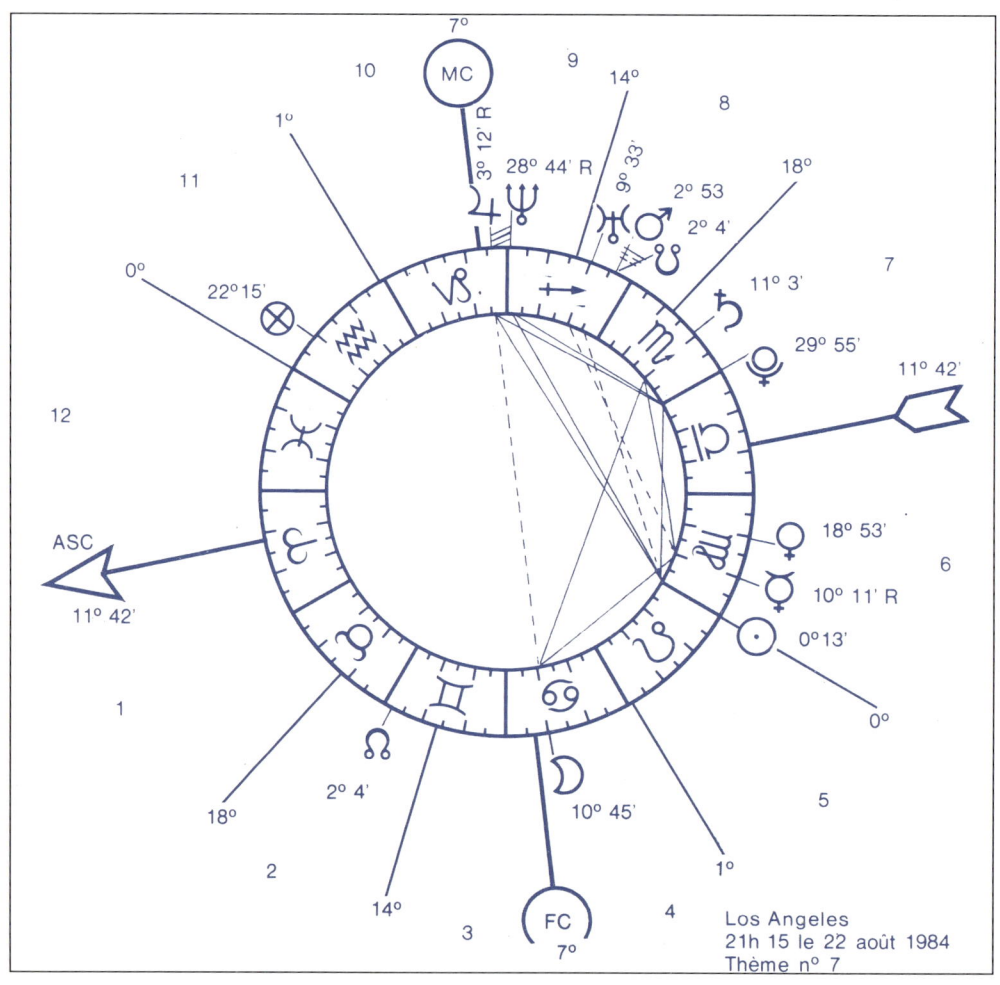

Los Angeles
21h 15 le 22 août 1984
Thème n° 7

Gouverneur du thème ♂	Signes	Nb	Planètes (+ Asc MC)		Declinaison	Paralleles (II #)
Etoiles fixes	Cardinaux	5	Asc ☽ ♀ ♃ MC	☉	11° 17	
• Les Pleiades ♉ 29° 46'	Fixes	1	♄	☽	25° 58	
• Asellus ♌ 7° 19'	Mutables	6	☉ ☿ ♀ ♂ ♅ ♆	☿	3° 32	♀
• Antares ♐ 9° 32'	de Feu	4	Asc ♂ ♅ ♆	♀	5° 28	
Calcule pour 1984. Pour les autres annees, ajouter ou retrancher 10min par tranche de 12 ans	de Terre	5	☉ ☿ ♀ ♃ MC	♂	− 23° 5	♃ ♆
Calcul de la Part-de-Fortune ⊗ :	d Air	1	♀	♃	− 23° 28	♂
Numero du signe	d Eau	2	☽ ♄	♄	− 13° 2	
Longitude Asc 1 11° 42	Domicile		☽ ☿	♅	− 21° 52	♆
Longitude ☽ + 4 10° 45	Exaltation		☿	♆	− 22° 14	♂ ♅
= 5 22° 27	Exil			♀	4° 24	☿
Longitude ☉ − 6 0° 12	Chute		♀ ♃			
Longitude ⊗ = 11 22° 15	Aspects à l Asc		□ ☽ △ ♅			
	Aspects au MC		☌ ♃ ✱ ♄ △ ☉ ♀ ☍ ☽			

A titre d'exercice, l'étudiant pourra :

1. Recalculer ce dernier thème, mais en se servant des éphémérides pour 0 heure données en fin de ce volume.
— S'il trouve des différences supérieures à 2' pour les longitudes (Soleil-Lune-Mercure-Vénus-Mars) et pour les pointes de Maisons, il aura avantage à réétudier les chapitres concernés (4 et 5).

2. De même que pour l'exemple du 8/8/84 à 3h 30 à Los Angeles (chapitre 6), il refera le calcul des aspects et montera un Index complet (des différences d'une dizaine de minutes peuvent apparaître dans les déclinaisons).

BIBLIOGRAPHIE DE L'ETUDIANT

Livres indispensables à l'étudiant en Astrologie : les « Ephémérides » et les « Tables des Maisons ».

Ephémérides

En anglais, français, allemand, espagnol et italien :
— *Ephémérides 1900-2000 pour 0 heure*,
Maison Rosicrucienne Editeur, chez votre libraire ou St-Michel-Editions, Saint-Michel-de-Boulogne, 07200 Aubenas, France.

Pratiques, complètes et d'un prix abordable, ces éphémérides ont été entièrement conçues par ordinateur.
Il y a également les éphémérides :
    1900-1950
    1950-2000
    2000-2050

Tables des Maisons

En anglais, français, allemand, espagnol et italien :
— *Tables des Maisons*, méthode de Placide.
Maison Rosicrucienne Editeur.

De même que pour les éphémérides à 0h, nous conseillons à l'étudiant ces Tables des Maisons calculées par ordinateur.

Livres traitant des heures d'été et des fuseaux horaires

En français :
— *Traité de l'heure dans le monde*, Gabriel, aux éditions de la Maisnie.
L'auteur donne le fuseau horaire par différence en posant : Temps Universel (le temps à Greenwich) Heure Légale fuseau horaire, suivi des exceptions que constituent les heures d'été. La fin de l'ouvrage comporte des positions géographiques.
— *Régimes horaires pour le monde*,
    par H. Lecorre, aux Editions Traditionnelles.
L'auteur donne le fuseau horaire puis le total fuseau horaire + heure d'été en posant Heure Légale = GMT (le temps à Greenwich) + (fuseau horaire + heure d'été). Le fuseau horaire étant ici compris comme

positif à l'Est. Chaque pays est suivi d'une liste de localisations géographiques de ses principales villes.

Atlas

En français :
— *Atlas de poche*, chez Larousse.
Cet Atlas est très abordable et comporte 30 000 noms localisés par leurs coordonnées géographiques, c'est-à-dire :
Genève 46° 12N, 6° 9E.

Emploi de calculateurs programmables ou de micro-ordinateurs

Les micro-ordinateurs s'utilisant de plus en plus, nous conseillons aux personnes qui en ont le temps et les possibilités, de programmer elles-mêmes les *calculs* astrologiques. Elles en retireront de nombreuses connaissances en astronomie, science de la position des astres. Nous déconseillons par contre, la programmation de l'interprétation astrologique, puisque, même si la machine et le programme étaient parfaits, ils seraient dépourvus d'intuition. L'Astrologie ne serait plus alors qu'une science morte, alors qu'elle doit être *vécue* et *intériorisée*, pour qu'elle puisse vraiment aider et servir les autres. L'Astrologie est la science de l'interprétation des astres. « Si un astre incline, il n'oblige pas » ; la machine et le programme ne pourront étudier les possibilités divines de l'homme. Ils l'emprisonnent dans le déterminisme. La machine et le programme comporteront toujours des limitations, tandis que l'homme qui a été créé à l'image de Dieu n'a que les limitations de son inconscience et de son imperfection présentes.

NOTE A L'ETUDIANT

Les chapitres précédents décrivent les règles fondamentales de l'Astrologie et expliquent en détail la manière de calculer un thème astrologique de naissance.

Vous pouvez consulter le Vocabulaire pour connaître la définition d'un terme astrologique et compléter ainsi vos connaissances, ou pour vous initier aux règles de l'interprétation en consultant principalement les paragraphes ci-après.

- *Aspect (signification)*
- *Bons et mauvais*
- *Dignité*
- *Exaltation*
- *Gouverneur*
- *Mots-clés*
- *Nœuds lunaires*
- *Part de Fortune*
- *Planètes*
- *Quadruplicités*
- *Réception*
- *Symboles*
- *Triplicités*

Le volume suivant de cette série, « Le Message des Astres », est un livre de textes sur la science de l'interprétation astrologique et l'application de l'Astrologie dans notre vie quotidienne.

A ceux qui souhaitent aller plus loin...

Le présent ouvrage nous a appris à monter un thème astrologique ; apprendre à l'interpréter sera naturellement l'étape suivante.

Pour bien saisir toute la signification, la richesse et la portée de l'Astrologie spirituelle, l'étudiant devra approfondir ses connaissances sur le sens de l'existence, sur les origines et l'évolution de la Vie, qui est la manifestation de Dieu.

Conscient de sa responsabilité, l'astrologue fera tout ce qui est en son pouvoir pour s'élever spirituellement. Il méritera ainsi le privilège d'entrer dans l'histoire intime d'un être en évolution, d'être son confident et le témoin de sa vie.

Humilité, dialogue et respect du libre arbitre sont à la base même de l'entretien par lequel l'astrologue doit aider l'Autre à voir le Bien en toute chose, lui donner confiance et l'éveiller à sa dimension spirituelle.

Sur le Chemin de la Perfection, chacun de nous peut trébucher et être arrêté par un obstacle. Si, à ce moment, nous ne sommes pas en état de percevoir directement l'aide omniprésente du Christ, une aide spirituelle pourra nous être offerte par l'intermédiaire de cet ami dévoué que doit être l'astrologue.

La pratique de l'Astrologie Spirituelle est fondée sur l'Amour désintéressé et le don de soi, sans lesquels la connaissance peut devenir néfaste. Si elle avait d'autres bases, elle ne servirait plus alors à libérer l'homme de ses limitations mais au contraire l'aliénerait davantage.

Toute prévision donnée doit être extrêmement pesée et nuancée, car elle peut entraver sérieusement le libre arbitre du consultant, attribut qu'il faut au contraire fortifier. Il n'est généralement pas possible de prévoir la mort et nous déconseillons fortement de la prédire. Il en est de même pour tout événement grave. L'ascèse de la parole est fondamentale pour l'astrologue : dire peu, mais juste, et toujours encourager.

Nous souhaitons à tous d'avoir le courage de persévérer sur le chemin de la compréhension de la Vie et de s'approcher ainsi de la source de toute Existence. Qu'il soit donné à chacun de connaître la joie d'être un serviteur dans la vigne du Seigneur !

Un navire fait voile à l'ouest, l'autre au levant ;
Ce sont les mêmes vents qui soufflent pour tous deux,
Mais c'est bien la voilure et ce n'est point le vent
Qui fixe le chemin qu'ils suivent devant eux.

Pareils aux vents des mers, les arrêts du destin
Nous poussent à travers notre vie inquiète ;
Mais ce qui cependant fixe le but lointain
C'est notre âme, et non pas le calme ou la tempête.

Ella W. Wilcox

DEUXIÈME PARTIE

Vocabulaire astrologique

Note : Tous les mots suivis d'un astérisque (*) sont expliqués dans le présent Vocabulaire.

Affliction, affligée — Une planète est dite affligée lorsqu'elle forme un aspect dissonant* avec une autre planète. Voir la rubrique « Aspect ».
Terme peu utilisé en Astrologie Spirituelle.

Angles — Ils correspondent à quatre points particuliers de la course journalière du Soleil. On peut les étudier en analogie avec les signes cardinaux qui marquent quatre moments particuliers dans le cycle annuel du Soleil.
L'angle *Est* ou Ascendant* (pointe de la Maison 1), en rapport avec le signe du Bélier, gouverné* par Mars (♂), suggère que le Soleil est prêt à commencer ses activités quotidiennes. Dans le symbole de Mars, le cercle du Soleil (☉) (symbole de l'esprit) est sous la croix (+) (symbole de la matière), mais il s'élève vers elle, aussi Mars indique-t-il le commencement de la Vie dans le monde matériel. Il représente en effet la nature-désir qui pousse l'esprit vers l'existence matérielle afin de la maîtriser.
L'angle du Milieu du Ciel* (pointe de la Maison 10), en rapport avec le signe du Capricorne gouverné par Saturne (♄), indique le moment où le Soleil croise le méridien* à midi. Il a accompli la moitié de son voyage à travers les cieux, et, dans le symbole de Saturne, la moitié du cercle manque tandis que l'autre est placée sous la croix. Saturne dénote la persistance, les aptitudes techniques, et la Maison 10, la réussite dans le monde.
L'angle *Ouest* ou Descendant* (pointe de la Maison 7), en rapport avec le signe de la Balance, gouverné par Vénus (♀), où les activités matérielles se changent en activités spirituelles, sépare le jour de la nuit. Il change les heures de veille, consacrées à la vie matérielle active, en celles de la nuit, où l'homme entre en contact avec les mondes invisibles. Aussi le cercle (esprit) est-il au-dessus de la croix de la matière : la nature-désir est vaincue et le symbole renversé de Mars (♂) devient celui de Vénus (♀), planète de l'amour, qui gouverne la Maison 7, Maison des unions et des associations.
L'angle du Fond du Ciel* (pointe de la Maison 4),

correspond au signe du Cancer (♋). Celui-ci se compose de deux « soleils » (☉ ☉) desquels émanent des lignes de force dirigées en sens contraire (⇄). Celle qui se dirige vers l'Est indique la direction dans laquelle se meut le Soleil physique et celle qui se dirige vers l'Ouest indique la direction dans laquelle se meuvent les influences spirituelles lorsque le Soleil physique a cessé ses activités. Cet angle est donc celui du mystère, de l'occultisme, du côté obscur et invisible de la nature humaine. Il est gouverné par l'astre de la nuit, la Lune (☽).

La **représentation des « angles »** sur le thème natal est matérialisée, pour la ligne d'horizon, par une flèche dont l'Ascendant est la pointe et le Descendant l'empennage. Le méridien* du lieu est matérialisé par une droite ayant à ses extrémités un cercle (représentant le Milieu du Ciel) et un demi-cercle (Fond du Ciel).

Ces axes sont en rapport avec le sens de circulation des courants vitaux dans l'atmosphère de la Terre.

La flèche (Ascendant) sépare la partie visible du ciel de la partie cachée. Elle représente les courants vitaux qui circulent horizontalement sur un lieu. La pointe qui représente l'Ascendant est en correspondance avec Mars (♂), la planète de la nature-désir qui pousse à l'action. L'empennage de la flèche, à l'opposé, marque le Descendant. Le cercle du Milieu du Ciel représente bien le cercle de l'astre diurne, le Soleil. Les rayons de cet astre pénètrent l'homme par la tête. Cet angle marque l'influence spirituelle la plus élevée reçue par l'homme.

Le demi-cercle du Fond du Ciel représente bien le croissant de l'astre nocturne, la Lune. C'est la « racine » de l'homme, en analogie avec les plantes qui puisent leur subsistance dans les ressources du sol et l'élèvent vers le ciel. Voir aussi « Maisons ».

Angles, mesure des — Les angles se mesurent en degrés* ou en heures. Un cercle peut donc être divisé en 360 parties (c'est-à-dire en 360 degrés), ou en 24 parties (24 heures). Une heure est alors égale à 15 degrés (puisque 15 × 24 = 360). Comme les degrés se subdivisent en minutes d'arc ('), et en secondes d'arc (") et que les heures se subdivisent elles-aussi en minutes (m ou min) et en secondes (s), nous avons les relations suivantes :

Conversions entre mesures d'angles :

Relation entre heures et degrés	1h ↔ 15° et 1° ↔ 4m
	1m ↔ 15' et 1' ↔ 4s
	1s ↔ 15"
Relation entre heures . . . . 1h = 60m 1m = 60s	
Relation entre degrés . . . . 1° = 60' 1' = 60"	

Angulaire — Une planète est dite angulaire lorsqu'elle se trouve dans un des angles du thème astrologique. Cette position augmente considérablement la puissance de la planète, suivant sa nature propre et les aspects qu'elle forme.

Année sidérale (Grande) — Temps mis par le Point Vernal* pour parcourir par « précession* des équinoxes » les 12 constellations zodiacales et revenir à son point de départ. Une année sidérale est actuellement parcourue en 25 800 années environ. (Voir « Zodiaque naturel »).

Antarès — Voir « Etoiles fixes ».

Application — Lorsqu'une planète rapide s'approche d'une autre plus lente et commence à former un aspect avec elle, on dit qu'elle applique à l'aspect exact ou partile. Une fois l'aspect exact atteint, on dit que l'aspect culmine. La planète rapide cesse alors d'appliquer et « se sépare » de l'aspect.
Comme la planète qui applique doit se mouvoir plus vite que celle à laquelle elle applique, il est évident que la Lune, qui fait le tour du zodiaque en un mois, applique tour à tour à tous les aspects des autres planètes ; mais Saturne, qui met une trentaine d'années à faire ce tour, ne peut appliquer qu'à Uranus, qui en met 84, à Neptune, qui en met 165 et à Pluton, qui en met 248.
Cette règle est valable lorsque les planètes sont en mouvement direct (avançant du Bélier vers le Taureau, etc.) ; mais si la planète à mouvement lent est rétrograde (reculant du Taureau vers le Bélier, etc.), les deux planètes appliquent alors à l'aspect. (Voir « Données géocentriques » et « Rétrograde »).
L'influence d'un aspect est toujours plus forte lorsque les planètes appliquent que lorsqu'elles se séparent.

Arrondir — Pour le calcul du Temps Sidéral de naissance, nous pouvons arrondir la longitude au degré* le plus proche si l'heure de naissance n'est pas connue avec précision. Comme un degré de longitude est égal à 4 minutes (d'heure), cet arrondi peut entraîner une différence maximum de 2 minutes dans le résultat, ce qui est pratiquement négligeable.

Ce Temps Sidéral de naissance sera également arrondi lorsque nous voudrons l'utiliser pour lire dans les « Tables des Maisons » ; de même, la latitude du lieu de naissance sera arrondie en prenant le degré de latitude le plus proche.

Des calculs plus précis ne se justifient que lorsque l'heure de naissance est connue avec exactitude (à la minute près). De toutes façons, même si les calculs sont faits avec beaucoup de précision, l'interprétation n'en sera pas fondamentalement modifiée pour autant.

Pour utiliser les données des éphémérides, il n'est pas nécessaire de tenir compte du Temps Dynamique Terrestre* (ou Temps des Ephémérides), puisque pour une différence d'une minute avec le Temps Universel*, la Lune n'avance que d'environ trente secondes d'arc et le Soleil de moins de trois secondes d'arc.

Les positions du Soleil, de la Lune et de toutes les planètes, dans tous les cas, sont donc arrondies à la minute près, précision amplement suffisante pour les besoins astrologiques (l'orbe* accordé aux luminaires* et aux planètes est respectivement de 8 et de 6 degrés).

Ascendant — A tout moment de la journée, l'Ascendant est le degré du zodiaque qui se lève à l'horizon* Est. Il évolue à travers les signes dans le sens direct*.

Un nouveau degré se lève, en moyenne, toutes les quatre minutes ; un nouveau signe, toutes les deux heures environ ; les douze signes, en l'espace de 24 heures.

L'Ascendant correspond à la pointe* (ou cuspide) de la Maison 1.

Les aspects à l'Ascendant, qui correspond essentiellement au corps physique, influencent la santé et offrent des possibilités de croissance par le plan matériel.

Ascension (Signes de Courte et Signes de Longue) — L'Ascendant traverse en moyenne un signe toutes les deux heures, mais, en regardant de plus près son mouvement, on peut constater que pour certains signes et une latitude donnée, il mettra régulièrement plus de deux heures pour parcourir ceux-ci. On dit de ces signes qu'ils sont de longue ascension. A l'opposé, sur le zodiaque, se trouvent les signes de courte ascension traversés par l'Ascendant en moins de 2 heures.

Pour l'hémisphère Nord, les signes de longue ascension sont le Cancer, le Lion, la Vierge, la Balance, le Scorpion et le Sagittaire. Les signes de courte ascension sont le Capricorne, le Verseau, les Poissons, le Bélier, le Taureau et les Gémeaux.

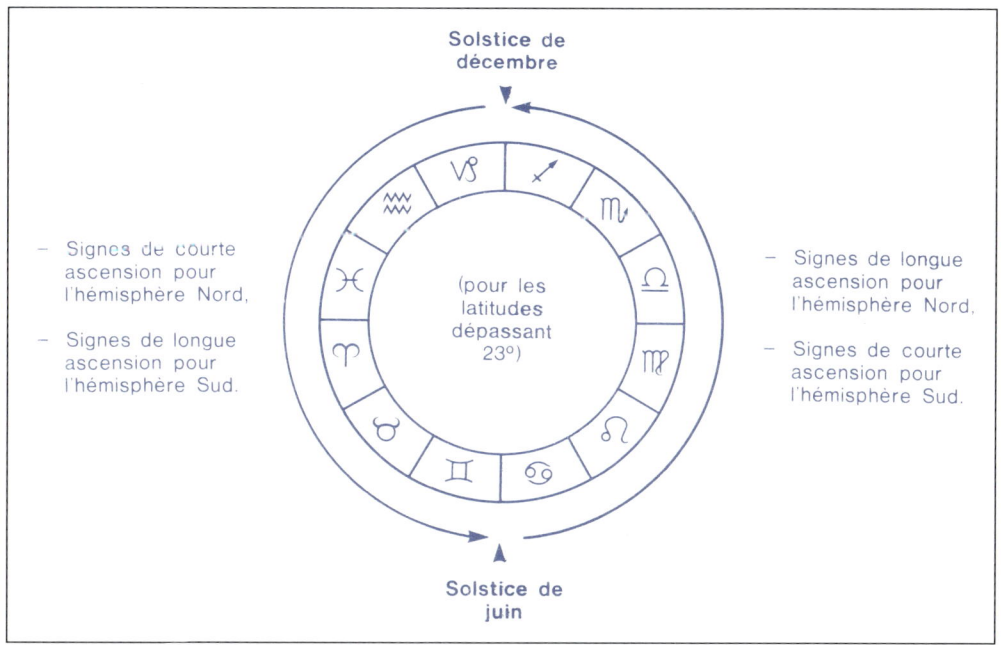

Pour l'hémisphère Sud, les signes de longue ascension sont le Capricorne, le Verseau, les Poissons, le Bélier, le Taureau et les Gémeaux. Les signes de courte ascension sont le Cancer, le Lion, la Vierge, la Balance, le Scorpion et le Sagittaire.

A Los Angeles (34° N), le signe du Lion met environ 2 heures 25 à se lever ; les Poissons et le Bélier — de courte ascension — ne mettent que 1h 20. Buenos Aires, situé dans l'hémisphère opposé (34° S), voit par contre le signe du Lion se lever en 1h 35 et les signes des Poissons et du Bélier — de longue ascension — se lever en 2h 40 environ.

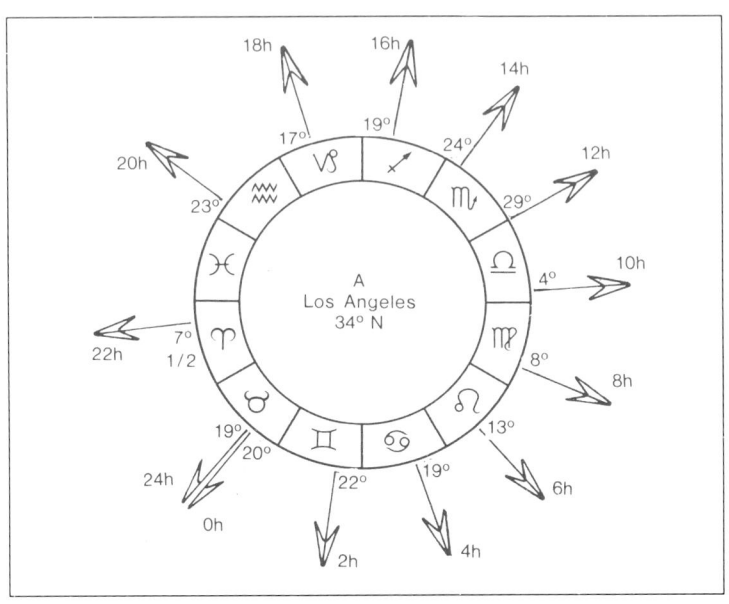

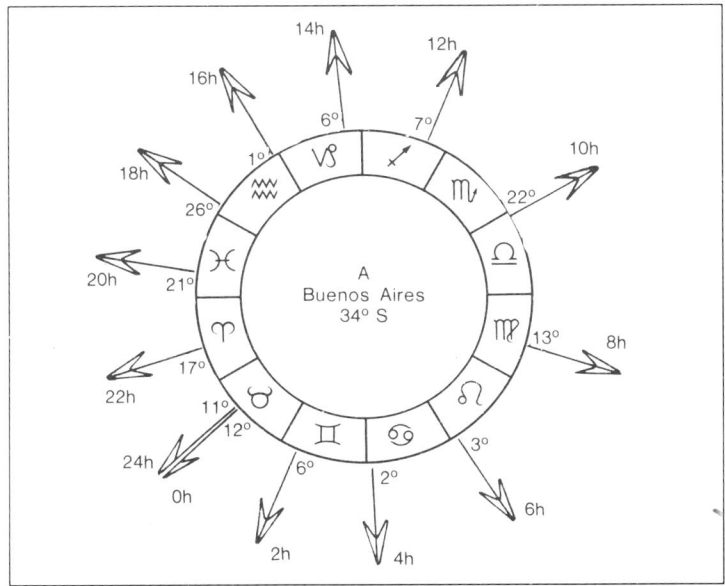

Longitude de l'Ascendant le 8 août 1984 à des heures différentes

La cause de ce phénomène réside dans l'inclinaison de l'axe de la Terre et dans la latitude du lieu. La rotation de la Terre amène l'horizon Est à se présenter de façon plus ou moins inclinée par rapport à l'écliptique*, et l'Ascendant parcourt ainsi les signes zodiacaux plus ou moins vite.

Inclinaison de l'écliptique par rapport à l'horizon à 12 heures d'intervalle (latitude 49° Nord)

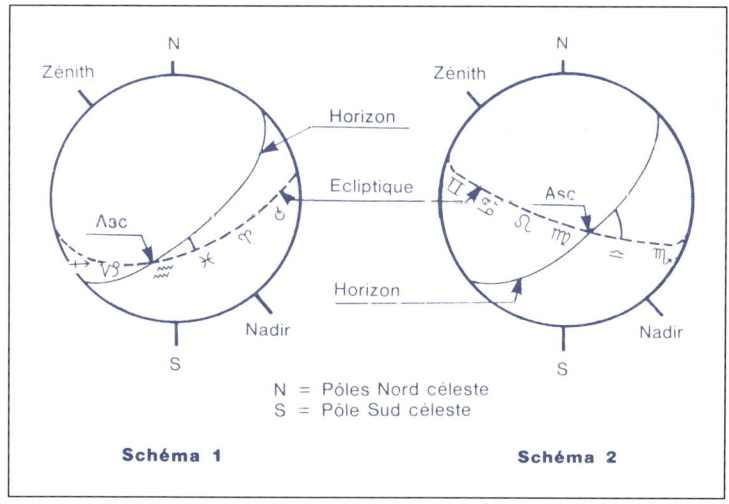

Schéma 1   Schéma 2

Lorsque l'angle entre l'horizon et l'écliptique est faible en 1 (pour faire une analogie avec le Soleil, il est alors « bas » dans le ciel), il faut moins de temps à l'Ascendant* pour le parcourir. Au contraire, lorsque l'horizon se présente de façon plus perpendiculaire à l'écliptique en 2 (le zodiaque est alors « haut » dans le ciel), il lui faudra plus de temps pour le parcourir.

Il en résulte que l'Ascendant est dans un signe de longue ascension pour un plus grand nombre de naissances.

Ascension Droite — L'ascension droite est l'analogue de la longitude terrestre sur la sphère céleste. Elle est mesurée sur l'Equateur céleste à partir du point vernal*(0° Bélier), dans le sens des signes du zodiaque.
Voir schéma à « Equateur céleste ».

Ascension Oblique — L'ascension oblique n'est plus guère utilisée. Elle était surtout employée par les astrologues qui ne disposaient pas de « Tables des Maisons ».

Aselli (Les) — Voir « Etoiles fixes ».

Aspect (définition) — Distance angulaire séparant les planètes et modulant leur influence. (Voir également à « Orbe »).

Les Aspects Majeurs en longitude :

Dans ce schéma d'exemple, il y a :
Conjonction entre 1 et 2.
Opposition entre 1 ou 2 et 3.
Trigone entre 3 et 4.
Quadrature entre 4 et 5.
Sextile entre 5 et 6.

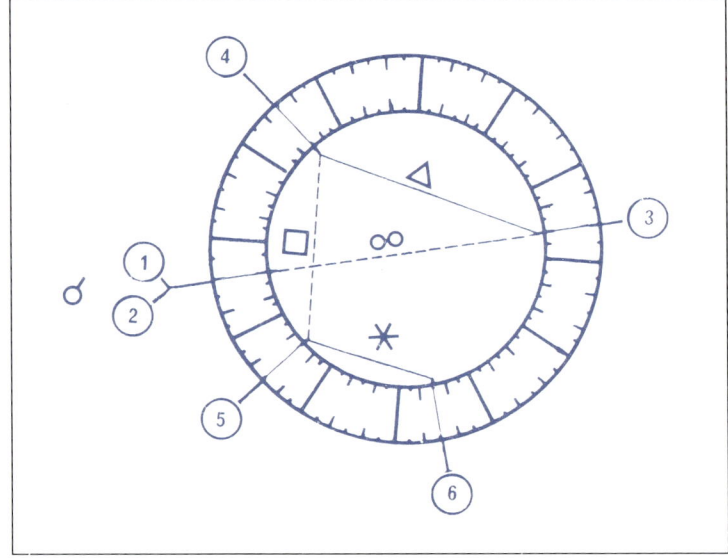

☐ : *La quadrature (carré) -90°-* et
☍ : *l'opposition -180°-* sont dits « dissonants ».
⚹ : *Le sextile -60°-* et
△ : *le trigone -120°-* sont dits « harmoniques ».
☌ : *La conjonction -0°-* se produit lorsque deux planètes sont dans le même degré du zodiaque ;
‖ : le *parallèle,* lorsque deux planètes sont dans le même degré de *déclinaison,* c'est-à-dire à égale distance de l'équateur*, au Nord ou au Sud.

Les listes d'aspects des éphémérides modernes font la distinction entre le *parallèle* (∥), où deux planètes ont la même déclinaison du même côté de l'Equateur céleste*(toutes deux au Nord ou au Sud), et le *contre-parallèle* (╫), où deux planètes ont la même déclinaison, l'une étant au Nord et l'autre au Sud de l'Equateur céleste. Dans un but de simplification, nous ne ferons pas cette différence et nous utiliserons le terme général de « parallèle » dans les deux cas.

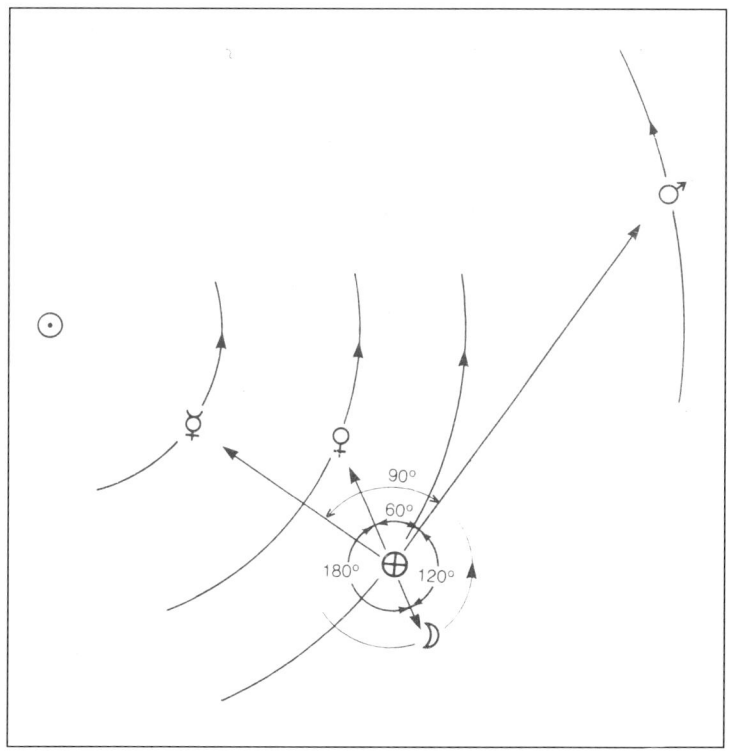

Schéma montrant les positions relatives du Soleil, de Mercure, de Vénus, de la Terre, de la Lune et de Mars lorsque se présentent simultanément les aspects suivants :
— ☉ ☌ ☿
— ♀ ✳ ♂
— ☉ □ ♂ , ☿ □ ♂
— ☾ △ ♂
— ♀ ☍ ☾

Les Aspects mineurs — Dans les Aspects, il y a également ceux que l'on appelle « mineurs » :

semi-sextile	⊻	:	30°
semi-carré	∠	:	45°
quintile	⭐	:	72°
sesqui-carré	⬚	:	135°
quinconce	⊼	:	150°

Aspect (signification) — Le *sextile* et le *trigone* sont considérés comme des aspects harmoniques. Ils représentent des facultés que nous avons cultivées au cours de vies antérieures. Il en résulte des facilités dans l'usage des énergies planétaires en jeu. Généralement, le natif peut en « récolter » quelque succès ou destinée « favorable ». Toutefois, il ne faut pas oublier que la Perfection est loin d'être atteinte à notre stade d'évolution. Par conséquent, cet équilibre passager est une étape qui devrait nous permettre de développer encore davantage les qualités correspondant aux planètes en question. Si l'on négligeait de faire fructifier ces facultés dans le sens d'une élévation spirituelle, les facilités initiales pourraient bien aboutir à un retard dans notre progression.

Le trigone représente un équilibre plus stable que le sextile.

Le *carré* et l'*opposition* sont des aspects dissonants et indiquent généralement une maîtrise insuffisante des énergies planétaires en question. Il en résulte une forte tension intérieure. Des expériences incomplètement comprises ou mal assimilées dans des vies passées peuvent être à l'origine de tels aspects. Ils peuvent signifier des « dettes de destinée » parvenues à maturité et/ou une incitation très forte à travailler dans cette vie à la prise de conscience et à la maîtrise des énergies impliquées dans l'aspect.

Le carré exprime habituellement une tension plus contraignante que l'opposition. Par l'exercice de notre Volonté, la lutte intérieure accompagnant ces aspects de tension aboutit à un éveil de la conscience et à un progrès spirituel considérables, malgré la souffrance ressentie.

Il ne faudrait jamais perdre de vue que chacun est l'artisan de son destin, lequel indique les conditions qui lui permettent de s'élever. Dans le monde de Dieu tout concourt au Bien.

La *conjonction* est un aspect très fort dont les effets sont variables selon les planètes en jeu. Elle est généralement harmonique quand il s'agit du Soleil, de Vénus, de Jupiter, de la Lune et de Mercure. Une conjonction de ces planètes avec Mars, Saturne, Uranus, Neptune, Pluton, ou de ces dernières entre elles, serait plutôt dissonante.

Le *parallèle* a le même caractère variable que la conjonction. Son influence concerne plus particulièrement la santé.

Il est fondamental de considérer chaque aspect comme un moment particulier d'un *cycle*, d'un Tout. En effet, la conjonction étant prise comme point de départ, le mouvement ininterrompu et différent des deux planètes les amènera à former successivement un sextile, un carré, un trigone, une opposition, puis à nouveau un trigone, un carré, un sextile, et une conjonction [1]. Ainsi, un cycle comprend une alternance de situations de tension et d'équilibre, nous incitant continuellement au progrès à travers les expériences de la vie qu'elles nous procurent. A une tension (□ ou ☍) succède une occasion d'harmonie. Un équilibre (△ ou ✳) est mis à l'épreuve par des situations difficiles, jusqu'à ce que nous soyions conscients, et maîtres, des énergies planétaires en nous. Alors, nous aurons franchi une étape importante dans notre évolution vers la Perfection.

Un aspect est généralement plus fort lorsque les planètes appliquent* à l'aspect que si elles s'en séparent.

Aspects à l'Ascendant et au Milieu du Ciel

Les aspects à l'Ascendant, qui représente le corps physique, sont en rapport avec la santé, l'apparence physique et la personnalité du natif.

Les aspects au Milieu du Ciel concernent plutôt la nature des occasions d'avancement spirituel et ce à quoi nous aspirons.

Toutefois, l'heure de naissance n'étant généralement pas connue avec une précision suffisante, ces derniers aspects sont à considérer avec prudence et nuance.

Astéroïdes — Ensemble de corps célestes de formes et de tailles très variées gravitant dans le système so-

---

1   Pour les transits et les progressions, les planètes lentes peuvent n'effectuer qu'une partie de ce cycle au cours d'une vie humaine.

laire. Les astrologues appellent plus particulièrement *astéroïdes* les corps célestes qui gravitent entre Mars et Jupiter. Leur distance moyenne au Soleil s'intègre dans la loi de Bode (voir chapitre 1). Cependant, la philosophie rosicrucienne affirme qu'ils ne font pas partie des « Sept Esprits devant le Trône » et sont, au contraire, des fragments d'anciens satellites* de Vénus et de Mercure en voie de désintégration.

Astrologie géocentrique — Lorsque Copernic prouva que la Terre et les autres planètes tournaient autour du Soleil, les railleurs et les sceptiques crièrent bien haut qu'il avait mis fin au système d'astrologie qui prend la Terre comme le centre autour duquel tournent le Soleil, la Lune et les autres planètes. Ceci est une idée erronée, ce que pourrait peut-être démontrer l'exemple suivant : nous continuons à dire que « le Soleil se lève » ; néanmoins, nous savons que c'est la Terre qui est mobile, tandis que le Soleil reste dans une position relativement fixe. Mais, soit que le Soleil se meuve autour de la Terre et en éclaire toutes les parties tour à tour, soit que la Terre tourne sur son axe et expose l'une après l'autre les parties de sa surface aux rayons du Soleil fixe, l'effet produit sur la Terre est le même : nous recevons lumière et chaleur pendant une partie des vingt-quatre heures du jour. Il en est de même des planètes. Il est plus commode de parler d'un point de vue géocentrique, en disant que « le Soleil se lève à six heures », plutôt que de dire : « la rotation de la Terre sur son axe* nous amènera sous les rayons solaires demain, à six heures ». *L'astrologue juge de la signification des planètes selon leurs positions par rapport à la Terre*, indépendamment de la façon dont elles arrivent à ces positions. (Voir « Données géocentriques ».)

Astrologie héliocentrique — Système introduit par des astrologues modernes dans le but de se conformer au système de Copernic, qui a pour centre le Soleil. Il est actuellement insuffisant, car tandis que les astrologues qui utilisent le système géocentrique ont les archives et les observations des temps passés pour guides, ceux du nouveau système en sont réduits à la simple théorie.

Astrologie horaire — Science qui permet de juger de la tournure que prendra une action ou un événement d'après l'horoscope calculé pour le moment où une question s'y rapportant a été posée. Le principe sur lequel elle est basée est le suivant : l'influence stellaire qui rend une personne suffisamment inquiète pour poser la question contient aussi la réponse. Si la personne qui désire savoir est astrologue, elle dressera un thème pour le moment où lui est venue la première idée de consulter les astres. Si la personne ne connaît pas l'astrologie, elle s'adressera personnellement à un astrologue. Celui-ci calculera l'horoscope pour le moment où la question lui aura été posée, et, si la question est faite par écrit, il le calculera pour le moment où il a lu la question. *Ceci est très important, car si l'horoscope est calculé pour un temps inexact, il est certain que la réponse le sera aussi.*

Il arrive parfois que l'affaire en question n'ait pas encore suffisamment « mûri » pour que l'issue en soit déterminée et qu'une réponse précise ne puisse être donnée. Aussi, la première chose à faire, après le calcul de l'horoscope, est de voir s'il est « fondamental » et s'il peut être interprété.

● Si le premier, le deuxième ou l'un des derniers degrés d'un signe quelconque est à l'Ascendant*, ou que la Lune soit dans les trois derniers degrés d'un signe quelconque, ou vide d'aspect*, il est prudent de ne pas interpréter l'horoscope. Le demandeur doit attendre un moment plus propice pour reposer la question.

● Lorsque Saturne est proche de l'Ascendant, ou dans la première Maison, il met obstacle au développement de l'action ; s'il se trouve dans la septième, le jugement de l'astrologue sera en défaut.

Si aucune de ces choses ne font obstacle, l'horoscope peut être interprété de la manière suivante :

Le Maître de l'Ascendant, les planètes dans la première Maison et la Lune représentent le demandeur. Déterminer quelle Maison gouverne l'action en question, puis voir si le Maître de cette Maison est en aspect bénéfique avec le Maître de l'Ascendant, les planètes de la première Maison et la Lune. Si oui, l'action aura une conclusion heureuse ; mais si ces significateurs sont en quadrature ou en opposition, l'action aura peu de chances de succès.

Si quelqu'un vient à vous avec une proposition et que vous dressiez un horoscope afin de vous former une idée de ce qu'il y a lieu de faire, souvenez-vous qu'il est le promoteur de l'affaire, et qu'en conséquence, la Lune, l'Ascendant et la Maison 1 sont ses significateurs, tandis que vous êtes représenté par la Maison 7 et son gouverneur. Il est sans importance que ce soit vous qui posiez la question, la proposition est la sienne. Le défaut de cette connaissance a été la pierre d'achoppement de bien des astrologues qui, pour cette raison, ont mal jugé des chances.

Voici un aperçu des choses signifiées par les Maisons du thème horaire :

Maison 1 — Affaires de nature intime, personnelle.
Maison 2 — Gains pécuniaires.
Maison 3 — Affaires concernant l'environnement immédiat, déplacements.
Maison 4 — Foyer, patrimoine.
Maison 5 — Enfants, messagers, publications, loisirs.
Maison 6 — Emplois, employés, maladies.
Maison 7 — Mariage, associations, procès.
Maison 8 — Legs.
Maison 9 — Etrangers, voyages.
Maison 10 — Réalisation sociale.
Maison 11 — Amis, espoirs.
Maison 12 — Ennemis, limitations, ennuis.

Les planètes en aspect favorable avec les significateurs du thème indiquent d'où viendra l'aide pour la réalisation des désirs, et les planètes qui contrarient les astres montrent les entraves. En combinant ces augures, vous pourrez savoir ce qu'il reste à espérer, et la manière dont il faut procéder pour le réaliser.

L'astrologie horaire peut aussi être employée pour le choix du moment le plus favorable pour commencer une entreprise importante, car le point de départ de celle-ci est sa naissance et les influences prévalant alors sont des déterminateurs de succès ou de difficultés. (Voir également le paragraphe « Heures planétaires »).

Cette astrologie horaire peut rendre de grands services — à condition d'être utilisée dans un esprit de Service et de désintéressement total — sinon elle peut conduire rapidement à un usage abusif et détourné de la connaissance spirituelle.

Astrologie médicale — Etude de la maladie et de ses causes, telles qu'elles sont révélées par les astres, ainsi que connaissance des moyens de la surmonter. De façon schématique, les signes gouvernent les parties du corps et les planètes régissent les grandes fonctions organiques (voir schéma page 37).

Astrologie spirituelle — Etude de l'influence des planètes et des astres sur l'Homme et son environnement du point de vue de l'évolution spirituelle de l'Univers (voir la « Cosmogonie des Rose-Croix » de Max Heindel).

Astronomie — Science qui traite de l'étude *physique* des astres. L'étude de l'astronomie n'est pas nécessaire pour pratiquer l'astrologie, mais les quelques notions de base exposées dans ce livre étaieront vos connaissances astrologiques. On peut dire, en ce qui concerne le système solaire, qu'il y a le même rapport entre astronomie et astrologie que celui qui existe entre anatomie-physiologie et psychologie dans l'étude de l'être humain.

Axe — Si l'on fait passer par le centre d'une sphère une aiguille à tricoter, celle-ci formera un axe autour duquel la sphère pourra tourner.
L'axe de la Terre est une ligne imaginaire passant par les pôles Nord et Sud, autour de laquelle elle tourne ; c'est cette rotation qui produit la succession des jours et des nuits. L'axe de la Terre est dirigé vers une certaine étoile de la constellation de la Petite Ourse, l'étoile Polaire : c'est la seule qui semble immobile dans les cieux.
L'axe de la Terre n'est pas fixe. Il a principalement trois mouvements :
1. la **Précession***, qui nous fait changer très lentement d'étoile Polaire (nous retrouverons ainsi, dans 25 800 ans, la même étoile Polaire qu'aujourd'hui) ;
2. la **Nutation***, qui cause les oscillations de l'axe de la Terre (la principale ayant la même période que la rotation des Nœuds lunaires* : 18 ans 2/3) ;
3. un mouvement excessivement lent (actuellement 100 fois plus lent que la précession), qui est la cause du basculement des pôles.
(Voir chapitre 1.)

Le pôle Nord céleste est dans le prolongement de l'axe de la Terre

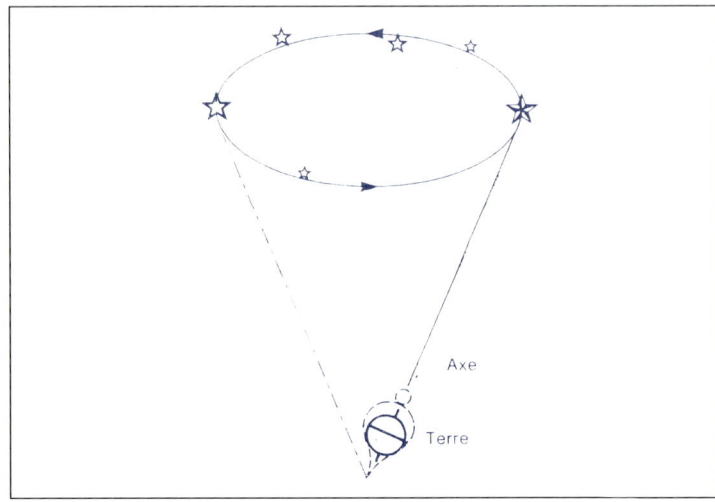

L'attraction des Luminaires sur la Terre fait osciller l'axe de celle-ci à la manière d'une toupie autour de la constellation du Dragon en une grande Année sidérale* (25 800 ans).

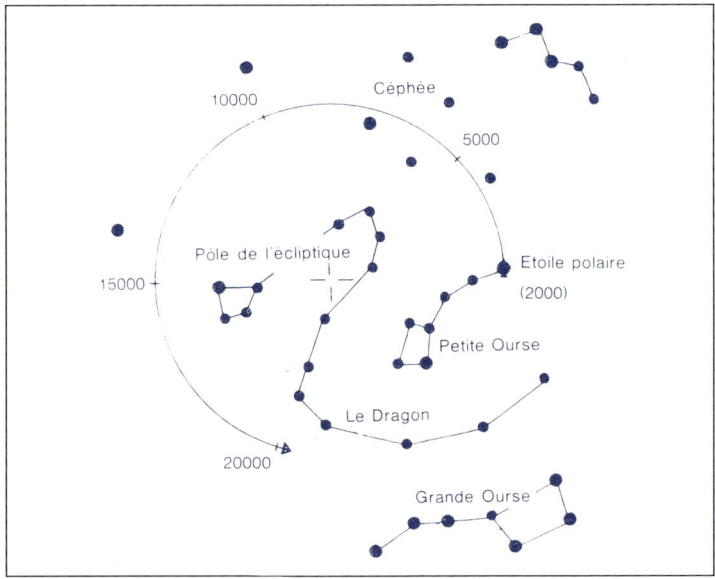

Déplacement, par précession, du pôle Nord céleste autour du pôle de l'écliptique en 25 800 ans.

Axe (Inclinaison de l') — L'axe de rotation d'une planète a une certaine inclinaison par rapport au plan de son orbite*. (Voir chapitre 1.)

Bons et Mauvais — Sont des termes que l'on entend fréquemment appliquer aux thèmes astrologiques, aux aspects et aux planètes. Il semble nécessaire d'insister sur le fait que, en réalité, tout est *bon*. Dans l'Univers, qui est le Royaume du Père, le mal ne peut être que transitoire : ce que nous considérons comme tel est, en fait, du bien en devenir.

Il faut aussi remarquer qu'une nativité* n'est pas nécessairement bonne parce que toutes les planètes sont en trigone ou en sextile ; souvent, c'est précisément le contraire, car c'est dans la lutte pour la vie que la force se développe. Bien peu de gens sont assez forts pour résister à la prospérité. Il est très probable qu'une personne ayant un thème astrologique plein de « bons » aspects tombera dans le piège de l'indolence, ne fera aucun effort de volonté et deviendra une épave sur l'océan de la vie. Une autre, au contraire, ayant ce qu'on appelle un thème très défavorable, sera stimulée par les conditions adverses amenées par les quadratures et les oppositions et, à force de volonté, gouvernera ses étoiles et maîtrisera sa destinée. Dans ce cas, un « mauvais » thème astrologique est assurément une plus grande bénédiction qu'un « bon ». A quoi bon avoir une voiture si nous sommes trop paresseux pour l'entretenir en état de marche ? Elle ne nous donnera que des ennuis. Une nativité, si bonne soit-elle, ne nous avancera à rien, à moins que nous ne la conduisions comme il faut, par une constante attention aux occasions qui se présentent. Si nous faisons toujours de notre mieux, elle sera comme un char triomphal sur la route royale de la vie. Le meilleur moteur est *« l'esprit de service »* et plus notre char portera de déshérités, mieux il roulera.

Saturne est à l'origine de la plupart des coups de fouet du destin ; cependant, *il ne peut nous donner que ce que nous avons mérité*, car le but des épreuves n'est pas la souffrance, mais l'éducation. Dès que nous nous en rendrons compte, du fond du cœur, nous cesserons de murmurer et de demander : « Pourquoi cela m'arrive- t-il ? Qu'ai-je donc fait pour le mériter ? » Puis, en cherchant, dans un esprit de prière, la raison de nos épreuves afin de corriger notre conduite à cet égard, et d'échapper ainsi à ce genre d'expériences dans l'avenir, nous nous rapprocherons de notre Père et nous apprendrons à bénir notre croix. Ainsi, les épreuves amenées par Saturne, au lieu d'être un mal implacable, seront l'occasion de nous amender et d'apprendre la sagesse.

Il en est de même des autres planètes *prétendues maléfiques.* Dans l'immédiat, leur influence nous semble mauvaise parce que nous n'avons pas encore appris à travailler en harmonie avec elles pour le bien suprême. Mais, même aujourd'hui, les aspects de *Saturne* avec la *Lune* et *Mercure* procurent une profondeur d'esprit et une force de concentration qui sont assurément bonnes. En aspect avec ces planètes, *Mars* donne de l'énergie à l'esprit et le rend plus vif ; *Uranus* concède la perception spirituelle à ceux qui peuvent exprimer cette faculté.

Par ailleurs, les prétendues bonnes planètes peuvent se révéler réellement mauvaises, en favorisant l'abandon aux plaisirs des sens : c'est pourquoi les qualifications de « bon » et de « mauvais » sont fort discutables. Le véritable étudiant ésotérique s'en tiendra prudemment à cette optique par rapport aux facteurs astrologiques, et il fondera toujours son jugement sur cette conception des planètes et de leurs aspects.

Brûlée — Voir « Combustion ».

Carré (□) — Voir « Quadrature ».

Chute — Lorsqu'une planète est dans le signe opposé à celui dans lequel elle est exaltée*, elle est dite « en chute », parce que ce signe, son maître* et la planète en question sont tous de nature différente.

Ainsi, lorsque le glorieux Soleil, exalté dans le Bélier, est dans le signe opposé, la Balance, où le « froid » Saturne a son domaine, il est affaibli. Inversement, lorsque Saturne est dans le Bélier, la tendance au jaillissement d'énergie exprimée par ce signe, contrarie la nature intrinsèque de Saturne qui est « concentration ».

De même le « bienveillant » Jupiter, exalté en Cancer, exprime difficilement sa nature en Capricorne, domaine de l'organisation réaliste et froide ; il y est en chute. Il en est ainsi des autres planètes.

Combustion

Combustion — Toute planète qui se trouve à moins de trois degrés du Soleil est dite « en combustion » (combuste) ou *« brûlée »* par les influences solaires. Si Mercure ou la Lune se trouvent ainsi placés, leurs caractéristiques propres sont affaiblies. Dans le cas de Vénus ou de Jupiter, leur aide devient nulle ; dans celui des autres planètes (Mars, Saturne, Uranus, Neptune, Pluton), l'aspect est dissonant.

Conjonction

Conjonction (☌) — Si une planète se trouve à moins de six degrés d'une autre, ou à moins de huit degrés d'un luminaire*, ces deux planètes sont dites en conjonction. Lorsque la conjonction se produit dans un même signe, elle amplifie la nature de ce signe et fait s'exprimer les deux planètes sous la même tonique. (Voir « Aspects » et « Orbe ».)

Constellations

Constellations — Les constellations sont formées par des groupes d'étoiles fixes.
Le Soleil et les planètes suivent tous à peu près le même chemin sur la sphère céleste : l'écliptique*. Les douze constellations zodiacales sont des groupes d'étoiles proches de l'écliptique (voir chapitre 2).
Contrairement aux signes du zodiaque, les constellations occupent des portions d'espace *différentes.*
Par exemple, l'astronomie donne 39° environ pour la distance en longitude occupée par la constellation « Taurus » (Taureau) et 22° pour « Libra » (Balance).

Culmination

Culmination — Lorsqu'une planète passe au Milieu du Ciel*, elle est dite « en culmination », parce qu'elle atteint alors son point le plus élevé au-dessus de l'horizon. Elle commence ensuite à *descendre vers l'Ouest (le descendant*).*
L'expression « en culmination » est aussi employée en relation avec les aspects. Lorsqu'une planète arrive dans l'orbe* d'une autre, son influence est d'abord faible, puis elle augmente à mesure qu'elle s'approche de l'aspect exact : à ce moment, elle atteint son maximum de force, elle culmine. Enfin, lorsque les planètes se séparent, l'aspect s'annule graduellement ; son influence s'affaiblit jusqu'à cesser tout à fait.

Cuspide

Cuspide — Voir « Pointe ».

Date de Lecture des Progressions (DLP) — Pour simplifier le calcul des progressions* d'un thème, il est pratique d'utiliser la « Date de Lecture des Progressions ». Celle-ci permet de lire la position des planètes progressées directement dans les éphémérides, sans avoir à faire de calculs supplémentaires.

Comme l'heure de naissance ne coïncide pratiquement jamais avec l'heure de référence des éphémérides (0 heure ou midi), la Date de Lecture des Progressions ne correspond presque jamais au jour et mois de l'anniversaire.

Rappelons le principe des progressions* : lorsqu'un être est mis en contact pour la première fois, à sa première inspiration, avec les vibrations stellaires, il en reçoit une empreinte pour toute la vie. Mais, les jours suivants, l'enfant sera encore très sensible aux influences planétaires et l'évolution des planètes, à partir de leurs positions « natales » respectives, laisse présager de la direction que prendront les événements au cours des années qui suivent la naissance. Cette évolution des planètes est appelée « progression ».

Cette méthode de progression est fondée sur la correspondance entre les *jours suivant la naissance* et les *années de vie* de la personne, en analogie avec la correspondance entre la rotation de la Terre sur elle- même en un jour, et la rotation de la Terre autour du Soleil en un an (voir « Progressions »).

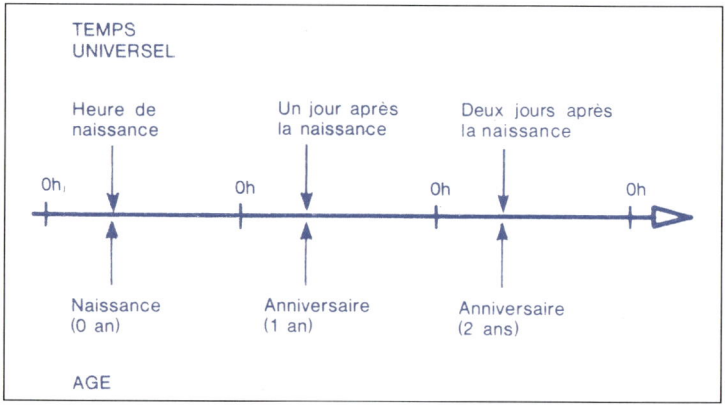

Pour calculer les progressions d'un thème, l'étudiant a le choix entre plusieurs méthodes :

● Calcul complet sans DLP

Il peut recalculer les positions planétaires et les pointes de Maisons pour la même heure,
— 1 jour après la naissance pour les progressions à 1 an,
— 2 jours après la naissance pour les progressions à 2 ans,
— 21 jours après la naissance pour les progressions à 21 ans, et ainsi de suite.

Par exemple, pour connaître les progressions à l'âge de 21 ans d'une naissance à 6h 15, UT, le 8 août 1984, nous ajouterons 21 jours au 8 août. Nous ferons donc les calculs des positions planétaires et des Maisons pour le 29 août 1984 à 6h 15 UT. Les positions trouvées correspondront aux progressions pour la date du 21ᵉ anniversaire.

Cependant, cette méthode devient vite fastidieuse si nous voulons établir les progressions sur plusieurs années car il faut, pour chaque année, calculer la position exacte des planètes progressées.
Il est possible d'éviter ces longs calculs en déterminant la Date de lecture des progressions.

● Méthode approximative basée sur le Temps Universel

Les éphémérides donnent les positions des planètes toutes les 24 heures. Nous avons vu que ces 24h correspondaient, en progression, à un an d'existence du natif.
Nous pouvons en déduire que :
12 heures correspondent à 6 mois,
 6 heures correspondent à 3 mois,
 2 heures correspondent à 1 mois.
Ainsi les positions planétaires calculées pour 2h avant l'heure de naissance correspondront aux progressions des planètes 1 mois avant l'anniversaire.
Celles calculées pour 4h avant l'heure de naissance correspondront aux progressions 2 mois avant l'anniversaire.
Ainsi le nombre d'heures (et minutes) compris entre l'heure UT de naissance et 0h UT (ou 12h) correspond à un certain nombre de mois (et jours) *avant l'anniversaire.*
Pour les progressions de cette époque, *il n'y a plus de calculs à faire puisqu'il suffit de relever les positions des planètes* à 0h (ou 12h) dans les éphémérides.

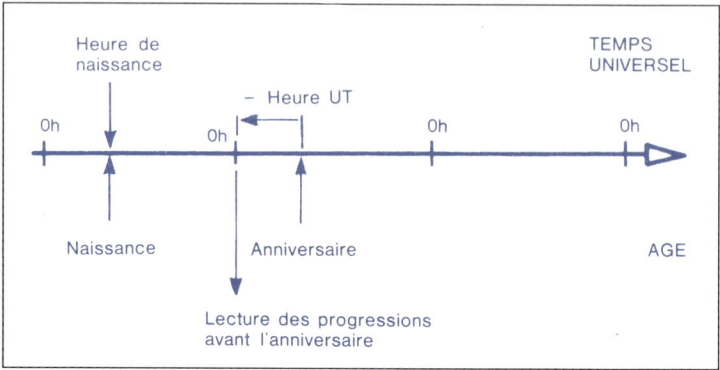

Dans notre exemple, le Temps Universel est de 6h 15 (environ 3 × 2h). *Lire les positions planétaires à « 0h », c'est donc lire les progressions pour une date précédant d'environ 3 mois la date anniversaire.* Toutefois cette méthode est approximative.

● Méthode précise fondée sur le Temps Sidéral

Nous allons voir une méthode simplifiée et rapide pour connaître d'une manière plus précise la Date de Lecture des Progressions (DLP). Cette méthode tient compte du fait que, dans les éphémérides, le Temps Sidéral augmente de 24 heures environ en un an (4 min environ par jour). Par son intermédiaire, nous pouvons ainsi mettre en correspondance des heures (et minutes) avec une date précise de l'année.

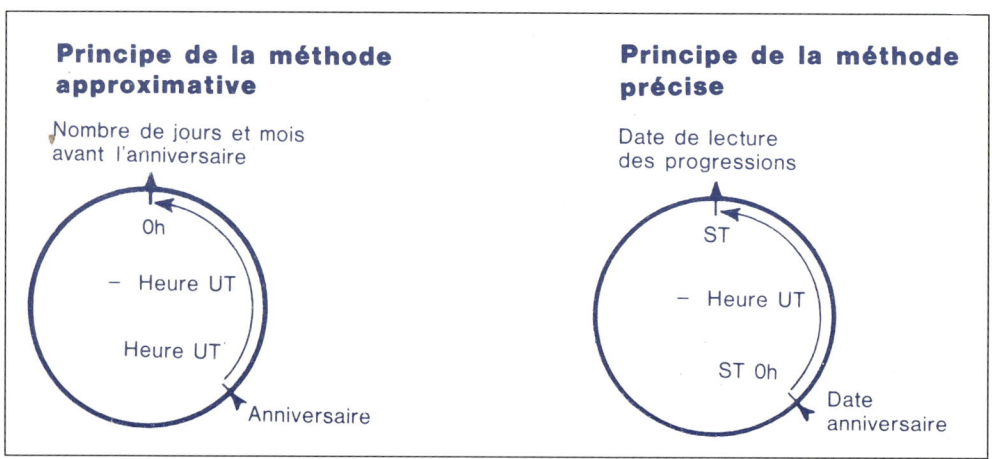

Méthode de calcul de la Date de Lecture des Progressions (DLP)

EPHEMERIDES POUR 0h	EPHEMERIDES POUR MIDI
La date et l'heure de naissance utilisées ci-dessous, sont la date et l'heure du **Temps Universel (UT)** de naissance.	La date et l'heure de naissance utilisées ci-dessous, sont la date et l'heure du **Temps Moyen (MT)** de naissance.
1. Relever, à la date de naissance, le Temps Sidéral à 0h (ST 0h).	1. Relever, à la date de naissance, le Temps Sidéral à midi (ST 12h).
2. Retrancher l'heure UT de naissance[1] (ajouter éventuellement 24h au TS en 1. pour permettre la soustraction).	2. Retrancher l'heure MT de naissance[1] (ajouter éventuellement 24h au TS en 1. pour permettre la soustraction).
3. Nous obtenons un temps sidéral.	3. Nous obtenons un temps sidéral.
4. Chercher dans les éphémérides le jour et le mois qui correspondent au Temps sidéral le plus proche de celui trouvé en 3.	4. Chercher dans les éphémérides le jour et le mois qui correspondent au Temps sidéral le plus proche do celui trouvé en 3.
Cette date sera la DLP (0h) cherchée.	Cette date sera la DLP (12h) cherchée.

En résumé,

> DLP (0h) = Date du temps sidéral le plus proche de (ST 0h — UT).
> DLP (12h) = Date du temps sidéral le plus proche de (ST 12h — MT).

Comme la première année de la personne correspond à l'intervalle de temps compris entre l'heure de naissance et 24 heures après celle-ci, les positions *lues* le jour suivant la naissance, à 0h (ou 12h), correspondront aux progressions pour une date comprise dans sa première année. *Les positions relevées le 2ᵉ jour, à 0h (ou 12h), correspondront à une date comprise dans sa deuxième année,* etc.

La DLP est toujours *avant* la date anniversaire.

La DLP ne dépend pas du lieu car tous les calculs sont faits pour la longitude de Greenwich.

---

1 En toute rigueur, il faudrait *ajouter* une correction de 10 secondes par heure à l'heure « UT » (ou à l'heure « MT »).

Prenons un exemple : naissance le 8 août 1984 à 6h 15, Temps Universel :

EPHEMERIDES POUR 0 HEURE	EPHEMERIDES POUR MIDI
	Si cela n'est déjà fait, nous calculons : MT = UT – 12h, soit pour
	UT le 8 août 1984 6h 15m le 8/8/84 – 12 heures . . . .=12h Temps Moyen et date . .=18h 15m le 7/8/84
1. ST 0h du 8 août 1984 21h 06m 44s 2. moins le Temps Universel –h 15m 3. Temps Sidéral de "DLP" . .=14h 51m 44s 4. Dans les éphémérides, ce temps sidéral correspond au 5 mai. Cette date est celle dont le temps sidéral est le plus proche de 14h 51m 44s	1. ST 12h du 7 août 1984 9h 4m 46s 2. moins le Temps Moyen 18h 15m 3. Temps Sidéral "DLP" =14h 49m 46s 4. Dans les éphémérides, ce temps sidéral correspond au 3 novembre. Cette date est celle dont le temps sidéral est le plus proche de 14h 49m 46s
La Date de Lecture des progressions du natif sera donc, pour ces éphémérides, le **5 mai**.	La Date de Lecture des progressions du natif sera donc, pour ces éphémérides, le **3 novembre**.

Remarquons que :

6h 15 UT, soit 1/4 de jour environ, correspond à 3 mois environ (1/4 d'année), intervalle que nous trouvons effectivement entre le 5 mai et le 8 août, date anniversaire.	18h 15 MT, soit 3/4 de jour environ, correspond à 9 mois environ (3/4 d'année), intervalle que nous trouvons effectivement entre le 3 novembre et le 8 août.
Les positions planétaires du 29 août 1984 à 0h correspondront donc pour le natif au 5 mai précédant son 21° anniversaire.	**Les positions planétaires du 28 août 1984 à midi correspondront donc pour le natif au 3 novembre précédant son 21° anniversaire.**

Il est normal de trouver une différence de 6 mois entre une DLP pour 0h et une DLP pour midi, puisque 12 heures correspondent à 6 mois environ.
Note : l'année pour laquelle on lira la date correspondant au Temps Sidéral trouvé en 3. a peu d'importance. En effet, chaque jour, pour une heure déterminée, l'augmentation du Temps Sidéral est régulière (environ 4 minutes par jour). Au bout d'une année, le Temps Sidéral reprend à peu près la valeur qu'il avait 365 jours auparavant.
Avec un peu de pratique, ces calculs se font rapidement.
Il est conseillé toutefois d'utiliser la méthode fondée sur le Temps Sidéral, et non la relation « 2 heures pour 1 mois », car les mois sont inégaux (de 28 à 31 jours).

Déclinaison — Distance Nord ou Sud d'une planète par rapport à l'Equateur céleste* (voir schéma à ce mot).

Pour la fin du xxe siècle, la déclinaison Nord la plus élevée du Soleil est de 23° 26'. Elle est atteinte au solstice du 21 juin. Au 21 décembre, à l'autre solstice, le Soleil se trouve dans le même degré, mais au Sud de l'équateur céleste. Les autres planètes peuvent avoir des déclinaisons plus élevées que celle du Soleil. Mars et la Lune, par exemple, peuvent avoir une déclinaison de 29°.

La déclinaison du Soleil est due à l'inclinaison de l'axe* de la Terre sur son orbite*. La déclinaison des autres planètes tient compte, en plus de cette inclinaison, de la latitude géocentrique des planètes (voir « Données géocentriques »).

Pratiquement, seule la déclinaison de la Lune est à calculer avec précision. La méthode est la même que celle qui a été employée pour le calcul de la position de la Lune cn longitude au chapitre 5. Nous utiliserons une table spéciale (page 252), appelée « Déclinaisons de la Lune », qui est calculée pour des « mouvements en 24h » compris entre 0° et 7° 24' (si nous avons des pas quotidiens compris entre 0° et 2° 14', il est également possible d'utiliser la « Table des mouvements planétaires » de la page 248).

Calcul de la déclinaison de la Lune avec la Table des Déclinaisons de la Lune

Exemple pour un Temps Universel de 16h 30 le 27/8/1984.

Août 1984

Tag	DECLINATION for 0h		
Dia	☉	☽	☿
	° ' . N .	° ' . N .	° ' . N .
M 27	. .	13 43	. .
T 28	. .	07 34	. .

Comme la déclinaison de la Lune diminue journellement pour cette date, nous inverserons les points 1. et 2. ci-dessous, comme nous l'avons fait pour une planète rétrograde, dont la longitude diminue.

Déclinaison	☽
2. Déclinaison du jour même, le 27/8/84	13° 43'
1. Déclinaison du jour suivant, le 28/8	07° 34'
3. Mouvement de la Lune en 24h	(6° 09')
Valeur la plus proche dans la table	(6° 06')
4. Déplacement de la Lune en 16h	4° 04'
5. Déplacement de la Lune en 30m	0° 08'
6. Déplacement de la Lune en 16h 30	4° 12'
7. Pour une déclinaison décroissante : retrancher 6. de 2. Déclinaison .... croissante : ajouter 6. à 2.	9° 31'

Déclinaison de l'Ascendant et du Milieu du Ciel [1]

Elle n'est pas donnée dans les éphémérides. Comme la latitude* de l'Ascendant et du Milieu du Ciel est nulle, ces points appartenant à l'écliptique*, nous calculons la déclinaison de ceux-ci à l'aide des positions du Soleil qui a, lui aussi, une latitude nulle.
A partir de la longitude de l'Ascendant ou celle du Milieu du Ciel, nous cherchons quelle est la déclinaison du Soleil lorsque celui-ci a la même longitude.

Par exemple, pour le thème numéro 1, la longitude de l'*Ascendant* étant 11° 52' du Cancer, nous cherchons la longitude du Soleil la plus proche de 11° 52' du Cancer. Dans les éphémérides pour 0 heure, nous trouvons pour le mois précédent, le 4 juillet, une longitude de 12° 12' ♋. Lorsque le Soleil est à 12° 12' ♋, sa déclinaison est de 22° 53' ; par conséquent, pour une longitude de l'Ascendant de 11° 52', sa déclinaison sera d'environ 22° 53'.
La longitude du *Milieu du Ciel* est 26° ♓. Nous cherchons une longitude du Soleil proche de 26° ♓. Nous en trouvons une à 26° 04' le 17 mars 82, sur des éphémérides pour 0 heure. Lorsque le Soleil a 26° 04' de longitude, il a pour déclinaison − 1° 34' (déclinaison Sud). Une longitude du Milieu du Ciel de 26° donnera donc à ce point une déclinaison d'environ − 1° 34'.

Degré (°) — C'est la 360ᵉ partie d'un cercle. Il est subdivisé en 60 minutes d'arc (') et une minute d'arc est elle-même subdivisée en 60 secondes d'arc (''). Le *degré* mesure les angles*.

1 Cette façon de procéder s'applique aussi à la Part de Fortune.

Chaque année, dans son mouvement apparent, le Soleil parcourt les 12 signes du zodiaque (de trente degrés chacun) ; son chemin est appelé écliptique*. La *longitude** donne (en degrés et à partir du point vernal) la position des planètes sur l'écliptique.

Vues de la Terre, les planètes zigzaguent le long de l'écliptique ; elles dévient parfois un peu au Nord, parfois un peu au Sud. La distance Nord ou Sud d'une planète par rapport à l'écliptique se nomme *latitude**.

La position des planètes peut être donnée par rapport à l'Equateur céleste*. Leurs coordonnées sont alors appelées *Déclinaison** et *Ascension droite**. Seule la déclinaison est donnée en degrés, l'Ascension droite est généralement exprimée en heures.

En géographie, on se sert des degrés pour déterminer la position exacte d'une ville ou d'un lieu à la surface de la Terre. La *latitude** est calculée à partir de l'Equateur terrestre jusqu'aux Pôles, dont la latitude est de 90 degrés Nord ou Sud.

La *longitude**, qui est mesurée le long de l'Equateur terrestre à partir du méridien de Greenwich, est donnée soit en degrés et minutes d'arc, soit en heures et minutes.

Degrés critiques — La Lune met environ 27 jours 1/2 pour parcourir le zodiaque (360°), soit environ 13° par jour. Les degrés critiques marquent la position de cette avance journalière de la Lune à partir du point vernal (0° ♈) et représentent aussi la division des 28 Maisons lunaires, vestige de l'Astrologie lunaire des Anciens. Ainsi, en commençant au degré zéro du Bélier, sa course finira au 13e degré à la fin du premier jour, au 26e degré le deuxième jour, et ainsi de suite. Il en résulte que les degrés critiques sont :

Signes cardinaux : 0°, 13°, 26°
(♈, ♋, ♎, ♑).

Signes fixes : 9° et 21°
(♉ , ♌, ♏, ♒).

Signes mutables : 4° et 17°
(♊, ♍, ♐, ♓).

Comme il a été mentionné au chapitre 6, une planète à 2 ou 3 degrés de l'un de ces points exerce sur la vie une influence plus qu'ordinaire. Cette influence tend à augmenter la force d'une exaltation* et à accentuer la faiblesse d'une chute* ou d'un exil*. Elle accroît aussi la force des aspects de cette planète.

Descendant — Opposé de l'Ascendant*. C'est le point du zodiaque qui se couche à l'horizon *Ouest*. Il est ainsi appelé parce que c'est à partir de ce point que les corps célestes commencent leur descente vers le Fond du Ciel*. Le descendant correspond à la pointe* de la Maison 7.

Dignité — Une planète est dite « en dignité » ou « régnante » ou « maîtresse » lorsqu'elle est située dans un signe qui s'accorde avec sa nature intrinsèque, car alors les particularités du signe et de la planète se combinent harmonieusement. L'influence de la planète s'en trouve fortifiée. Inversement, une planète est dans son détriment ou « en exil » lorsqu'elle se trouve dans le signe opposé à celui où elle est dignifiée, parce que la nature du signe et celle de la planète sont incompatibles : l'influence de la planète s'en trouve donc affaiblie ou contrariée.

Le schéma des planètes régnantes ci-après montre quels sont les signes gouvernés par les différentes planètes, et une étude de ces « puissances planétaires » nous fera comprendre à la fois la logique et la sagesse de ce système.

Le *Soleil* est le centre de notre système solaire. Il est le dispensateur de la vie et de la chaleur. Le Lion étant un signe masculin et de feu, il est en parfaite concordance avec la nature du Soleil et, par conséquent, en renforce l'influence.

La *Lune* est la collectrice et la réflectrice des rayons vitalisants du Soleil, en ce qui concerne notre Terre. Les effets de la Lune, féminine, sur les marées, montrent son affinité inhérente pour l'eau, ce qui la met en accord parfait avec le signe d'eau et féminin du Cancer. Pour cette raison, le Cancer est le signe où elle est la plus forte et la plus « dignifiée ».

Le mot-clé du Soleil est « Vie », celui de la Lune, « Fécondité ». Le germe de la vie qui vient du Soleil est semé et « arrosé » par la Lune, qui règle la période de gestation et préside à la naissance de toutes choses.

Généralement, *Saturne* se manifeste comme la planète de la contrainte, de la désagrégation ; c'est le moissonneur à la faux qui coupe la vie donnée par le Soleil et nourrie par la Lune, au moment où son sablier indique que les fruits de l'expérience de la vie sont mûrs pour la moisson. Saturne symbolise alors la mort. Il se meut dans une orbite éloignée du Soleil, à la frontière du Chaos où toutes choses sont dissoutes et transmuées par une alchimie spirituelle en matière de plus en plus ténue. Par conséquent, Saturne est essentiellement en harmonie avec le Capricorne et le Verseau, signes opposés au Cancer et au Lion. Lorsqu'il se trouve dans ces signes, il se fait sentir avec une force puissante qui peut étouffer le plaisir et la joie, mais peut aussi donner la sagesse.

Les gouverneurs

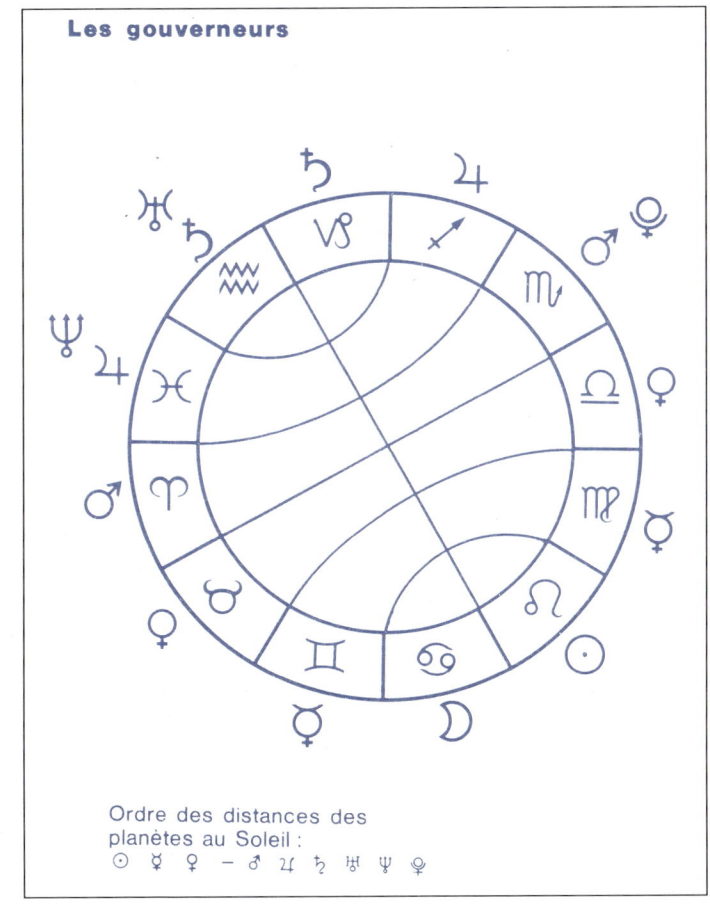

Ordre des distances des planètes au Soleil :

Dignité accidentelle — Cette expression s'emploie pour désigner une planète se trouvant dans une Maison angulaire*. La force des planètes est plus grande en Maisons 10, 1, 7 et 4 (respectivement) que dans les autres Maisons (cadentes et succédentes). Les planètes sont alors accidentellement dignifiées.

Dignité essentielle — Une planète est en dignité essentielle, ou plus simplement en dignité* (ou encore en domicile, en trône ou maîtresse), lorsque sa nature intrinsèque est essentiellement en accord avec celle du signe où elle se trouve.

Direct — Sur le zodiaque, le sens « direct » est le sens inverse des aiguilles d'une montre, c'est-à-dire Bélier, Taureau, Gémeaux, Cancer, etc. Voir le mouvement contraire à « Rétrogradation ».

Directions — Voir « Progressions ».

Dissonant — Se dit d'un aspect* qui propose des efforts à l'individu en vue de rétablir l'harmonie. Les aspects dissonants sont vécus comme « défavorables » dans la mesure où le sujet n'est pas conscient des leçons qu'ils apportent, ou les refuse.

Domicile — Une planète est dite en domicile lorsqu'elle se trouve dans un signe où elle est en dignité. (Voir ce mot).

Domification — La domification consiste à calculer et à délimiter les Maisons*.

Données géocentriques — Le premier chapitre, consacré aux sept Esprits devant le Trône, contient des données planétaires calculées en fonction du Soleil : leur distance, leur temps de rotation, leur vitesse et l'inclinaison de leur orbite (ces données sont dites « héliocentriques » de Hélios = Soleil). Il contient également des données concernant les planètes elles- mêmes : leur rotation diurne et leur inclinaison par rapport à leur orbite. Nous allons examiner, dans ce paragraphe, d'autres données planétaires telles qu'elles *apparaissent vues de la Terre* et telles qu'elles nous sont nécessaires pour l'astrologie. Ce sont les données « géocentriques » (de géo = terre).

Durée moyenne du parcours des planètes autour du zodiaque
(en jours ou années)

☉	365 j	♃	12a
☽	27j 1/3	♄	29a 1/2
☿	365j	♅	84a
♀	365j	♆	165a
♂	687j	♇	248a

Il est facile de déterminer que, si Uranus met 84 ans pour parcourir les 12 signes zodiacaux, il restera environ 7 ans dans chaque signe. Il n'est pas possible de faire un tel calcul pour Pluton, sa course étant trop irrégulière.

Durée et Distance moyenne de Rétrogradation (R) des planètes
(en jours et degrés)

☉	jamais R		♃	121j	10°
☽	jamais R		♄	138j	7°
☿	23j	14°	♅	152j	4°
♀	42j	16°	♆	159j	3°
♂	73j	16°	♇	162j	3°

Durée moyenne entre deux conjonctions successives avec le Soleil (révolution synodique)
(en jours)

		♃	399j
☽	29j 1/2[1]	♄	378j
☿	116j	♅	370j
♀	584j	♆	368j
♂	780j	♇	366j

Distance maximum de la planète au Soleil (élongation)
(en degrés)

Mercure 28°
Vénus 48°

Mercure et Vénus ne peuvent jamais être éloignés de plus de 48° du Soleil. *Ces planètes ne peuvent donc former que des conjonctions avec le Soleil.*

Latitude* maximum des planètes
(en degrés)

☉	0°	♃	1° 1/2
☽	5° 1/2	♄	3°
☿	5°	♅	1°
♀	9°	♆	2°
♂	7°	♇	17° 1/2

1   La Lune n'est jamais Rétrograde.

Les planètes se meuvent donc dans un « ruban » zodiacal, puisqu'elles ne s'éloignent jamais de plus de 9° de l'écliptique* (à l'exception de Pluton).

Dragon (Tête et Queue du) — La Tête (☊) et la Queue (☋) du Dragon correspondent aux Nœuds ascendant et descendant de la Lune (Voir à « Nœuds lunaires » pour les explications astronomiques).
Le ☊ est plus couramment appelé Nœud Nord et ☋ Nœud Sud.
Pour l'interprétation d'un thème, nous ne tenons compte de ces points que lorsqu'ils se trouvent en *conjonction* avec une planète ou avec l'Ascendant.

Lorsque le Soleil passe sur son nœud* ascendant (le point vernal), il entre en conquérant dans le signe martien du Bélier ; c'est l'équinoxe de printemps et toute la nature s'éveille à la vie. Par analogie, le point où la Lune passe sur son nœud ascendant a une influence comparable au zéro degré du Bélier. Par conséquent, on considère que la Tête du Dragon a une influence favorable et vivifiante.

La Lune, représentée par le croissant, exerce une influence fécondante sur la matière (symbolisée par la croix +). Lorsqu'elle passe « au-dessus » de l'écliptique* (par son Nœud ascendant), le croissant se trouve également au-dessus de la croix et nous retrouvons le symbole de Jupiter (♃). Lorsqu'elle passe « au-dessous » de l'écliptique (par son Nœud descendant), son influence se fait sentir à la manière de celle de Saturne (♄).

Ainsi, la Tête du Dragon favorise-t-elle et protège toute affaire d'une façon jupitérienne, comme le montrent également l'exaltation* du Soleil dans le signe du Bélier et l'exaltation de Jupiter dans le signe lunaire du Cancer.

A l'opposé, la Queue du Dragon est considérée comme ayant une influence saturnienne, ainsi que le suggèrent l'exaltation de Saturne dans le signe où le Soleil passe sur son nœud descendant, et la maîtrise de Saturne dans le signe où la Lune est en exil.

Comme dernière observation, nous pouvons noter que le mouvement des Nœuds de la Lune autour du zodiaque en 18 ans 1/2, place celui-ci entre le mouvement de Jupiter (12 ans), et celui de Saturne (29 ans 1/2).

Eclipses — Ce sont des pleines Lunes ou des lunaisons*(nouvelles Lunes) où le Soleil, la Lune et la Terre, sont approximativement alignées.

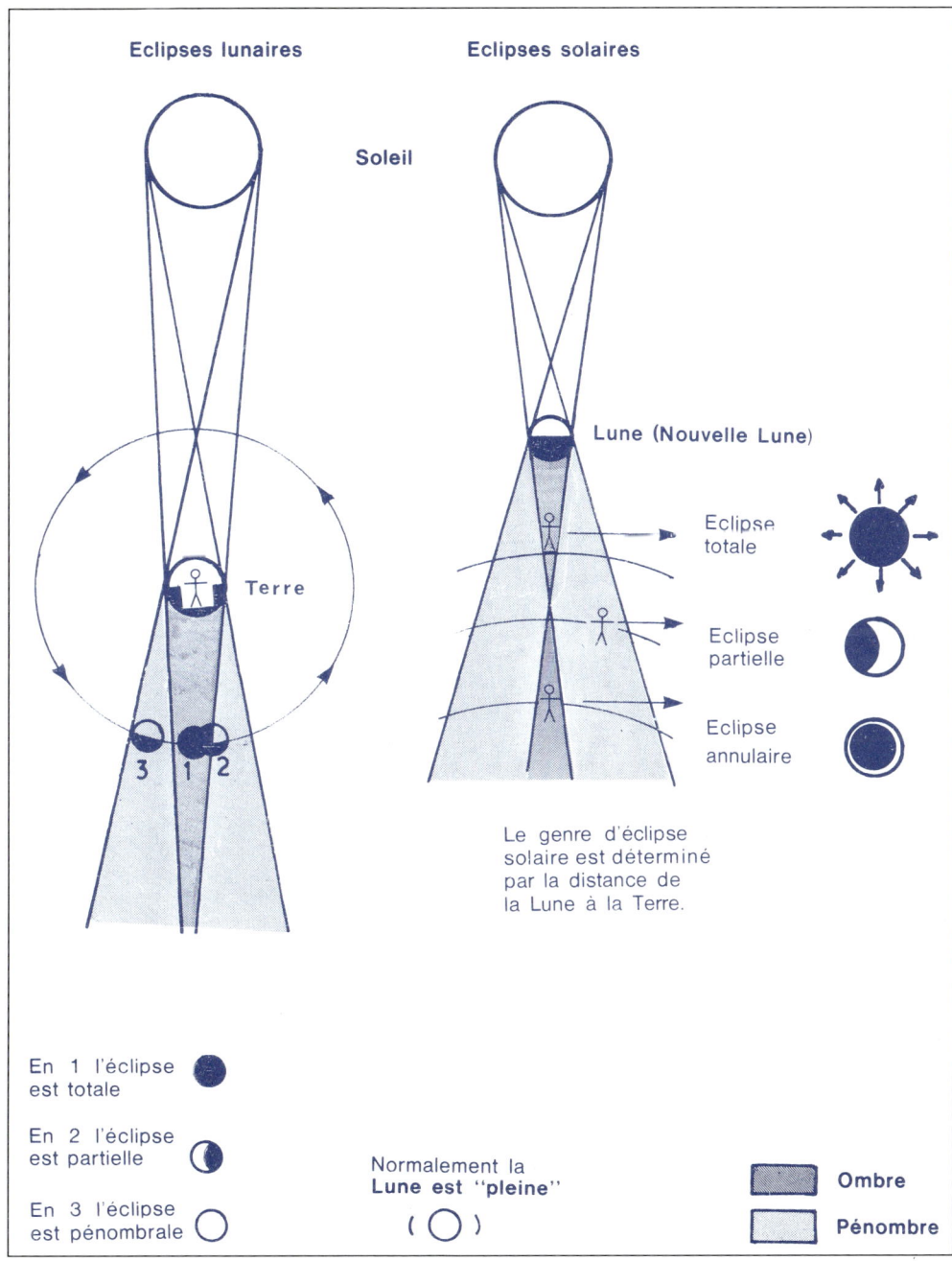

Eclipses lunaires

Eclipses solaires

Soleil

Lune (Nouvelle Lune)

Eclipse totale

Eclipse partielle

Eclipse annulaire

Terre

3 1 2

Le genre d'éclipse solaire est déterminé par la distance de la Lune à la Terre.

En 1 l'éclipse est totale

En 2 l'éclipse est partielle

En 3 l'éclipse est pénombrale

Normalement la **Lune est "pleine"**

(◯)

Ombre

Pénombre

Le cycle des éclipses le plus connu a pour valeur 18a 11j 8h, qui ramène tous les 18 ans une série de 43 éclipses environ. Pour qu'il y ait éclipse, il faut que deux conditions soient réunies :

1. La Lune doit être en conjonction* ou en opposition* avec le Soleil (c'est alors la Nouvelle Lune ou la Pleine Lune).

2. Elle doit être peu éloignée de son Nœud ascendant*ou descendant. (Cette distance est d'environ 10° pour les éclipses de Lune et 16° pour les éclipses de Soleil).

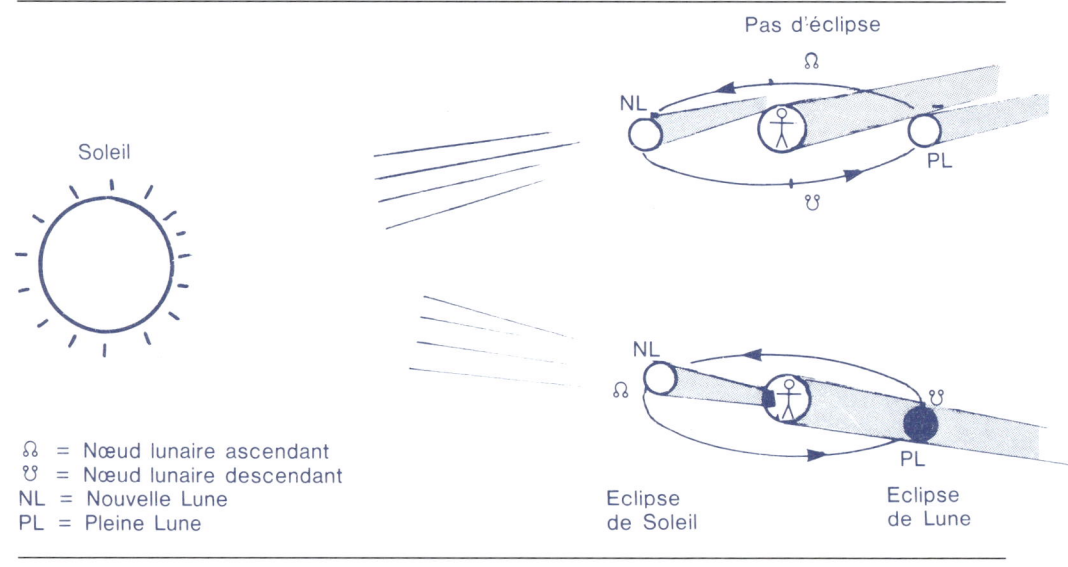

Soleil

☊ = Nœud lunaire ascendant
☋ = Nœud lunaire descendant
NL = Nouvelle Lune
PL = Pleine Lune

Pas d'éclipse

Eclipse de Soleil

Eclipse de Lune

Enfin, il n'y a jamais moins de deux éclipses solaires ni plus de sept (solaires et lunaires) pendant une année. Ces quantités sont extrêmement rares ; le nombre ordinaire des éclipses est de quatre : deux éclipses solaires et deux éclipses lunaires. Elles se produisent le plus souvent par paires, et à six mois d'intervalle. La pleine Lune précédant ou suivant une éclipse solaire est habituellement une éclipse lunaire. Si une paire d'éclipses se produit en février, on peut attendre l'autre paire en août. Dans nos éphémérides, les éclipses sont indiquées en haut de page.

Ecliptique — Chaque année, le Soleil parcourt les douze signes du zodiaque ; son chemin sur la Voûte céleste s'appelle l'écliptique. Les planètes semblent également évoluer dans une zone proche de l'écliptique.

La longitude* (céleste) est mesurée sur l'écliptique. La latitude (céleste) Nord ou Sud d'une planète, l'utilise aussi comme référence.

L'écliptique sur la sphère céleste

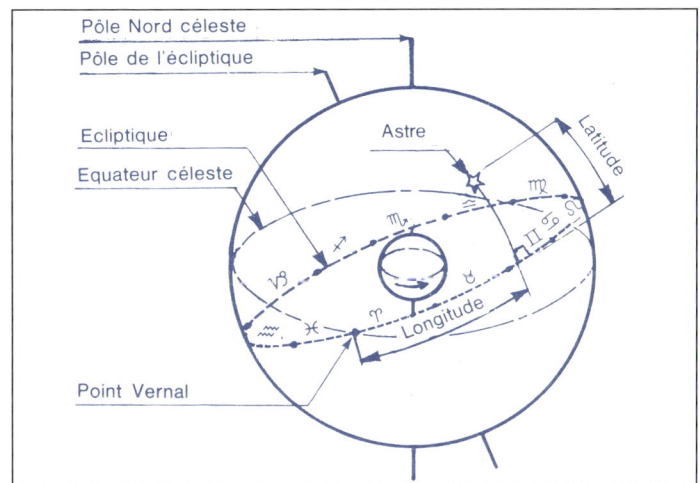

L'écliptique sur un schéma développé

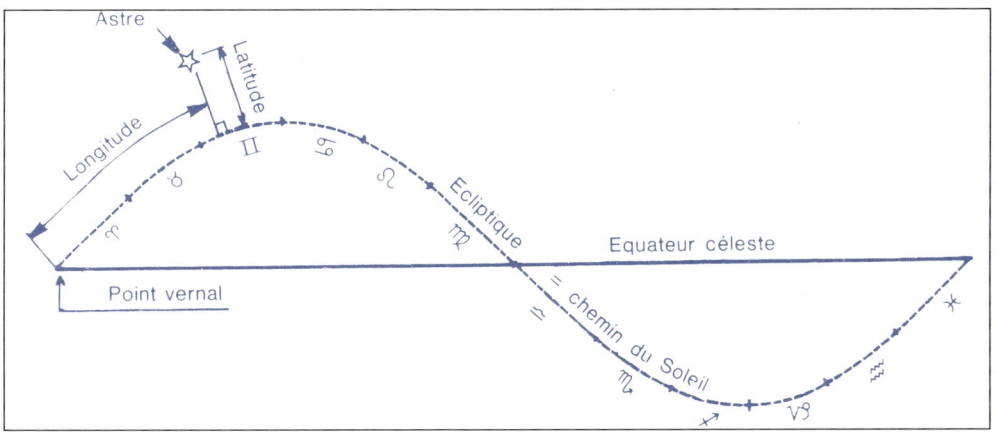

Elévation — Pour un lieu donné, le Milieu du Ciel* est le point le plus élevé de l'écliptique* par rapport à l'horizon. Plus une planète est proche du Milieu du Ciel, plus elle est *élevée*. Ainsi, une planète en Maison 11 est plus élevée qu'une planète en Maison 12 ; une planète placée en Maison 10 ou 9 est au-dessus de toutes les autres. L'élévation d'une planète est très importante car elle renforce son influence.

Si Mars, planète de l'action dynamique, est en élévation et dans son propre signe, le Bélier, elle dote la personne d'un fond d'énergie presque inépuisable et d'un courage indomptable qui lui ferait défaut si Mars était placé dans un signe et une Maison qui lui conviennent moins, comme le signe de la Vierge et la Maison 6 par exemple.

Ephémérides — Les éphémérides donnent la longitude et la déclinaison *géocentriques* des corps célestes pour chaque jour de l'année. Pour établir le thème de naissance d'une personne, nous devons avoir les éphémérides de son année de naissance, car les planètes tournent autour du Soleil à des vitesses différentes, et leurs positions relatives changent à tout instant.

Il existe des éphémérides calculées pour 0h à Greenwich — les plus courantes — et d'autres pour 12h (midi).

Equateur céleste — Imaginons une aiguille infiniment longue traversant la Terre par son centre et un point quelconque de l'Equateur terrestre*. De par la rotation de la Terre sur son axe*, l'extrémité de l'aiguille décrirait un cercle dans le firmament, la Sphère Céleste. Ce cercle imaginaire situé dans le même plan que l'équateur terrestre est appelé *Equateur céleste* ou équinoxial. Ce dernier nom lui est donné parce que, lorsque le Soleil arrive au point où l'écliptique (trajet du Soleil) croise l'Equateur céleste, les équinoxes ont lieu : le jour et la nuit ont la même durée.

Voir schéma ci-contre.

Equateur terrestre — L'équateur terrestre est une ligne imaginaire, perpendiculaire à l'axe* de la Terre, et à mi-chemin entre le Pôle Nord et le Pôle Sud. Il divise la Terre en deux hémisphères : Nord (boréal) et Sud (austral).

L'Equateur céleste sur la sphère céleste

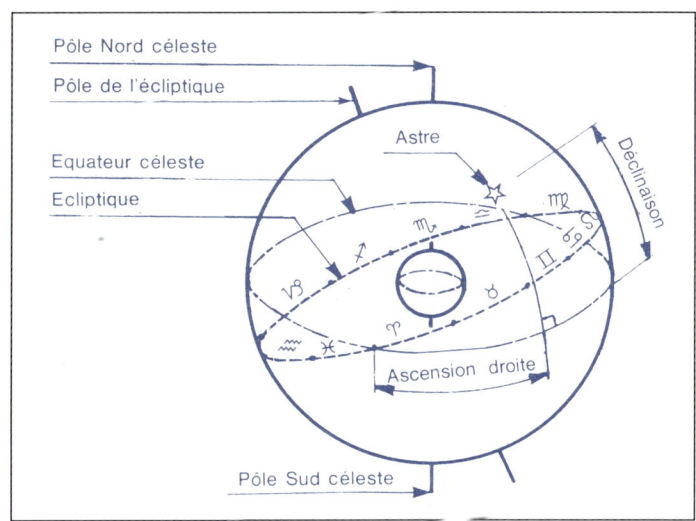

L'Equateur céleste sur un schéma développé

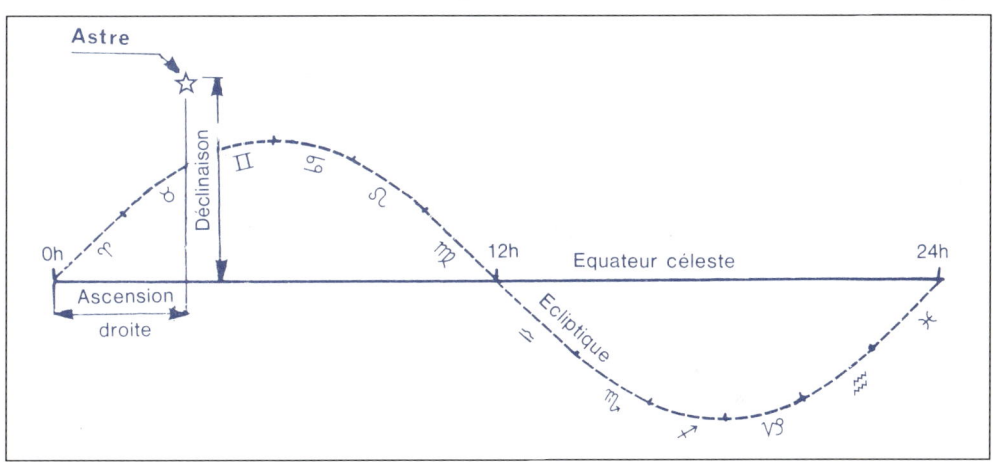

Equinoxes — Ils ont lieu vers le 21 mars, lorsque le Soleil entre dans le Bélier, et vers le 23 septembre, lorsqu'il entre dans la Balance. A ces deux époques, le jour et la nuit ont la même durée sur toute la Terre. La déclinaison du Soleil est nulle à ces deux moments de l'année. (Voir tableau du paragraphe « Zodiaque intellectuel »).

Etoiles fixes — Lorsque nous regardons le firmament, de nuit en nuit, nous pouvons observer des multitudes d'étoiles qui semblent immobiles les unes par rapport aux autres. Elles sont appelées *étoiles fixes* ; cependant, cette fixité n'est qu'apparente et est due à l'énorme distance qui nous sépare d'elles. En réalité, ces étoiles se meuvent à travers l'espace à des vitesses prodigieuses.

Les étoiles fixes ont été réunies par l'Homme, il y a de cela longtemps, en une centaine de différents groupes qui forment ce que l'on appelle les *« constellations »*.

En astrologie, nous tenons surtout compte des douze constellations d'étoiles fixes qui constituent le zodiaque naturel, à travers lequel les planètes se meuvent. Il n'y a pas de doute que d'autres étoiles exercent une influence sur les affaires humaines, mais notre intelligence est encore trop faible pour saisir toute la signification des signes zodiacaux, des planètes, des Maisons et de leurs multiples combinaisons. Si nous voulions encore y ajouter les étoiles fixes et leurs aspects, nous serions sûrement perdus dans cette complexité.

Aussi conseillons-nous à l'étudiant de ne considérer que les étoiles fixes suivantes : *les Pléiades*, 0° des Gémeaux ; *les Aselli*, 7° du Lion, et *Antarès*, 10° du Sagittaire [1]. On a remarqué que ces étoiles ont un effet préjudiciable très marqué sur les yeux. Si le Soleil ou la Lune sont dans un de ces degrés et affligés par une planète dite maléfique*, ou que cette dernière soit dans un de ces degrés et en aspect dissonant avec la Lune ou le Soleil — à n'importe quel endroit du thème natal — il peut en résulter une affection oculaire.

Exaltation, Exalté — La signification d'une planète est toujours nuancée par le signe dans lequel elle se trouve. D'une manière générale, cette nuance renforce ou entrave la manifestation de l'énergie planétaire.

1 Ces positions sont calculées pour 1984 (ajouter un degré par tranche de 72 ans).

Au paragraphe « Dignité », nous avons fait remarquer qu'une planète se trouvant dans un signe de nature compatible avec la sienne y est renforcée ou « dignifiée ».

Si une autre planète, de même nature que la première, entre dans ce signe, elle combine sa nature avec celle du gouverneur et celle du signe, et devient ainsi *exaltée*, ou puissamment renforcée, car il y a alors combinaison de *trois* natures semblables.

Par exemple, le **Soleil**, source de chaleur et de vie, est en affinité avec le Bélier, signe cardinal-feu, et son gouverneur Mars (énergie dynamique). Il est donc *exalté* dans ce signe. Le signe du Scorpion, bien qu'étant aussi le domicile de Mars, est moins en harmonie avec le Soleil, car c'est un signe d'eau, fixe. Aucun autre signe que le Bélier ne permet une expression aussi forte des attributs solaires (excepté le Lion, bien sûr, qui est déjà gouverné par le Soleil).

La stabilité des conditions matérielles, la sécurité offerte par le signe du Taureau (terre, fixe), alliée à Vénus, qui unit deux êtres d'un amour exclusif, est, sans conteste, un canal propice à l'expression des forces lunaires de fécondation. Aussi la **Lune** est-elle exaltée en Taureau. Notons que, sur le plan de l'imagination et de la réceptivité, qui sont aussi des qualités lunaires, l'affinité de la Lune avec le signe des Poissons est également forte, mais pas autant que pour le Taureau.

L'amour de **Vénus** dont nous parlions plus haut est, en fait, bien égoïste et par là même, source de déception et de chagrins si l'être aimé ne répond pas à nos sentiments comme nous le souhaiterions. Par la douleur ressentie, l'amour « terrestre » est transmué en altruisme (amour désintéressé), car la volonté de notre Père n'est pas que nous souffrions au-delà de ce que nous pouvons supporter. A chaque tentation, chaque épreuve, nous disposons de la force nécessaire pour la surmonter et croître spirituellement. La dépersonnalisation, l'abnégation du signe des Poissons et les incitations bénéfiques de Jupiter (bienveillance) sont en parfait accord avec cette transmutation. Vénus est donc considérée comme exaltée en Poissons.

L'énergie dynamique de **Mars** peut particulièrement s'exprimer dans le climat d'organisation réaliste du Capricorne, signe cardinal gouverné par la persistance et la stabilité de Saturne. Mars est donc exalté en Capricorne.

Vénus et Mars sont notamment les planètes de l'attirance sexuelle, de la relation entre deux personnes. Comme tout ce qui est terrestre doit un jour disparaître, laissant la place à d'autres manifestations (sinon l'évolution serait impossible !), il nous devient possible de comprendre la nécessité du travail de **Saturne** (le moissonneur, le faucheur de la mort), qui consiste à spécifier les énergies de Mars et de Vénus. C'est dans ce sens que mérite d'être exalté en Balance — le domicile de Vénus —, ce Saturne qui peut alors nous apparaître comme le « haut fonctionnaire » chargé de faire respecter les grandes Lois de l'équilibre de la nature basées sur la sagesse, l'intégrité profonde, le sens de la juste mesure en toutes choses, lesquels nous évitent tout excès dégénérescent, et qui doivent susciter en chacun le sens des responsabilités.

Si Saturne, en exaltation dans la Balance, se trouve justement opposé au grand vitaliseur qui est le Soleil, lui-même exalté en Bélier, ce n'est certainement pas par hasard mais bien comme un frein éventuel, comme pour nous rappeler l'aphorisme de Bossuet [1] : « Qui vit selon la règle, vit en Dieu ».

Dans l'ancien zodiaque des Egyptiens, le Cancer était représenté par un scarabée — leur symbole de l'âme — et c'est une vérité ésotérique que toutes les âmes entrent dans la vie terrestre par la sphère de la Lune, le Cancer. La conception dépend de la position de la Lune et de l'angle de ses rayons.

Le Sagittaire, ou Centaure, signe double, à la fois animal et humain, est le symbole de l'homme qui parvient à se dégager de ses pulsions inférieures, et aspire aux régions éthériques et divines vers lesquelles pointe la flèche de son arc. Ce signe est gouverné par le bienveillant **Jupiter**, planète qui est d'ores et déjà le terrain où se prépare notre future évolution. C'est là que nous résiderons lorsque nous aurons appris les leçons de la Période de la Terre et que nous serons prêts pour un travail plus avancé, celui de la Période de Jupiter, ainsi que nous l'enseigne la Cosmogonie des Rose-Croix.

Puisque, d'une part, les forces solaires réfléchies par la Lune et le signe qu'elle gouverne (le Cancer) permettent la

---

1 Ecrivain français du XVIIe siècle.

génération sur le plan physique, et que, d'autre part, les incitations spirituelles du Soleil, focalisées par Jupiter, se manifestent dans le Cancer par une puissance régénératrice qui élève la qualité de notre âme et renforce notre nature psychique, nous pouvons dire que Jupiter est exalté dans le Cancer.

Mercure est une planète de nature variable : il prend les couleurs et les caractéristiques de tout signe et planète avec lesquels il est en configuration. En conséquence, il n'a d'affinité particulière qu'avec les Gémeaux et la Vierge qu'il gouverne. La Vierge, donnant à Mercure un environnement plus stable (signe de Terre), permet au natif de focaliser ses énergies vers des réalisations plus concrètes, à travers lesquelles il peut s'analyser, mieux se connaître et s'améliorer (qualités mercuriennes). Mercure est donc exalté dans la Vierge.

En ce qui concerne **Uranus**, son côté inattendu, rénovateur, non conformiste, ingénieux, est en harmonie avec Mars, Pluton et le Scorpion (où il est exalté).

La Connaissance spirituelle de **Neptune**, qui inspire et produit l'épigénèse, est particulièrement favorisée par la réceptivité, la sensibilité et l'imagination créatrice de la Lune et du Cancer, où il est exalté.

Quant à **Pluton**, le Pouvoir spirituel acquis par la transmutation des énergies mal utilisées, il amène l'individu à maîtriser l'Univers en se gouvernant lui-même. Son Energie désintègre tout ce qui est entrave à l'évolution, et « couve » les germes du Futur. Nous pouvons considérer Pluton exalté en Bélier (certains pensent qu'il l'est en Capricorne, ce qui peut également se justifier).

Nous retiendrons, en conclusion, qu'une planète s'exprime avec plus de puissance dans son signe d'exaltation. Une méditation sur ce qui précède donnera des éléments de compréhension supplémentaires.

Exil — Une planète est dite en *exil* lorsqu'elle se trouve dans le signe opposé à celui où elle est en « dignité » (voir ce mot).

Fond du Ciel — Degré de l'écliptique opposé au Milieu du Ciel* ; il correspond à la pointe* de la Maison 4. Il indique la direction « Nord » dans l'hémisphère Nord et le « Sud » dans l'hémisphère Sud pour les lieux de latitude terrestre supérieure à 24°. Pour les latitudes intermédiaires (de 24° N à 24° S), il indique tantôt la direction

Nord, tantôt la direction Sud. C'est pour ces dernières latitudes qu'il se trouve le plus proche du Nadir*.

Fuseau horaire — Parfois appelé « Temps Standard ». La Terre est divisée en 24 fuseaux horaires. Celui qui a pour centre le méridien de Greenwich (près de Londres) sert de référence, et est noté fuseau « 0h » (voir tableau ci-dessous).

Les fuseaux horaires sont généralement comptés en *heures* à l'Ouest ou à l'Est de Greenwich. Comme une heure correspond à 15 degrés de longitude, on peut également diviser la Terre en 24 *méridiens horaires* espacés de 15 degrés.

Enfin, les fuseaux horaires sont également référencés par une *lettre* alphabétique.

Fuseau horaire	Méridien horaire	Lettre	Nom
12h W	180° W	Y	Séparation de date
11h W	165° W	X	
10h W	150° W	W	Alaska-Hawaï
9h W	135° W	V	Yukon
8h W	120° W	U	Pacifique
7h W	105° W	T	Montagnes
6h W	90° W	S	Centrale
5h W	75° W	R	Est (américain)
4h W	60° W	Q	Atlantique
3h W	45° W	P	Brésil zone 2
2h W	30° W	O	Açores
1h W	15° W	N	Afrique de l'Ouest
0h	0°	Z	Temps Universel
1h E	15° E	A	Europe Centrale
2h E	30° E	B	Europe de l'Est
3h E	45° E	C	Bagdad
4h E	60° E	D	URSS zone 3
5h E	75° E	E	URSS zone 4
6h E	90° E	F	URSS zone 5
7h E	105° E	G	Sumatra Sud
8h E	120° E	H	Côte chinoise
9h E	135° E	I	Japon
10h E	150° E	K	Guam
11h E	165° E	L	
12h E	180° E	M	Séparation de date

« E » pour Est et « W » pour Ouest

Les fuseaux horaires sont en rapport avec la géographie et la politique des Etats. Aussi, chaque pays est libre d'adopter l'heure du fuseau horaire qui lui convient le mieux. En cas de doute, l'étudiant pourra consulter un ouvrage spécialisé ou encore les autorités locales.

Gouverneur d'une nativité — Le maître* de l'Ascendant*est le gouverneur de la nativité.
Si par exemple, une personne est ascendant Bélier, Mars, qui est maître du Bélier, sera le gouverneur du thème.

Cependant, si une autre planète est plus forte, soit à cause de son élévation*, de sa dignité*, de son exaltation*, de sa position dans un angle* ou par ses aspects*, elle peut être considérée comme « co-gouverneur ». Pour cela, il faut que les aspects, harmoniques ou dissonants, soient rapprochés et puissants.
Dans notre exemple, si la Lune était conjointe au Milieu du Ciel et aspectée par d'autres planètes, elle pourrait être considérée comme co-gouverneur du thème avec Mars.

Gouverneur d'une Maison — Le gouverneur du signe se trouvant sur la pointe* d'une Maison en est le gouverneur. Il donne la tonique de celle-ci.
Par exemple, une Maison 6 ayant sa pointe* dans le signe du Sagittaire aura un certain terrain d'expérimentation. La place dans le thème du gouverneur du Sagittaire, Jupiter, qui devient de ce fait gouverneur de la Maison 6, en donnera la tonique principale. Les planètes se trouvant dans cette Maison donneront aussi des spécificités supplémentaires selon leur force et leurs aspects.

Si un signe est intercepté* dans une Maison, son gouverneur a une domination partielle sur la Maison, bien que l'influence de celui-ci soit inférieure à celle de la planète qui gouverne le signe qui est sur la pointe de la Maison. L'influence du gouverneur d'un signe intercepté est latente ; elle ne se fait sentir que lorsque, par progression*des angles, la pointe de Maison arrive sur le signe intercepté.

Gouverneur du jour, de l'heure — Voir à « Heures planétaires ».

Greenwich Mean Time (G.M.T.) — *Temps Moyen à Greenwich*, voir à « Temps solaire Moyen » ou à « Temps Universel ».
L'adoption du méridien* de Greenwich comme méridien

international date de 1884 à Washington. Les pays ont adopté progressivement cette référence. Pour les dates d'application de celle-ci, il est donc nécessaire de consulter un livre spécialisé sur les heures dans le monde.

Heures — Chaque heure (h) est subdivisée en 60 minutes (m ou min), et chaque minute, en 60 secondes (s).
En astronomie et en astrologie, les heures mesurent soit un temps*, soit un angle*.
La circonférence d'un cercle peut être divisée en 24 parties appelées heures, l'heure étant alors une unité d'angle.
La longitude*, qui est un angle, peut être donnée en heures. Pour Los Angeles, sa valeur est de 7h 52m Ouest.
L'Ascension droite*, qui donne la position des planètes sur l'Equateur céleste*, est pratiquement toujours donnée en heures. Pour le 8 août 1984, l'ascension droite du Soleil est de 9h 12m.

Les mesures d'angles se font ordinairement en heures quand les angles sont liés à la rotation de la Terre sur elle-même (il s'agit des angles mesurés sur l'équateur terrestre ou céleste). Cela permet de connaître généralement la différence de *temps* existant entre deux lieux. Par exemple, la différence de temps moyen séparant Los Angeles de Greenwich est de 7h 52m. Voir le paragraphe « Temps ».

Heure Locale — Voir « Temps Local ».

Heures planétaires — La philosophie rosicrucienne enseigne que les planètes régissent les 7 jours de la semaine, représentant les 7 jours de la Création (Périodes) [1].

Les planètes n'ont pas seulement une influence sur les jours de la semaine, mais aussi sur les heures du jour. Le système fondamental concernant l'ordre et le rapport existant entre la domination des jours et celle des heures devient logique lorsque nous remarquons que la première planète qui gouverne l'heure du lever du Soleil est aussi celle qui gouverne le jour.

1   Voir Cosmogonie des Rose-Croix, chapitre 6.

Chacune des planètes suivante gouverne un jour de la semaine, du lever du Soleil jusqu'au lever du Soleil suivant (et non pas de 0 heure au 0 heure suivant).

Jour de la semaine	Gouverneur du jour	Période
Samedi	♄	de Saturne
Dimanche . .	☉	du Soleil
Lundi	☽	de la Lune
Mardi	♂	de la Terre (1re moitié)
Mercredi . . .	☿	de la Terre (2e moitié)
Jeudi	♃	de Jupiter
Vendredi . . .	♀	de Vénus

L'heure du lever du Soleil, le dimanche, est gouvernée par le Soleil, le lundi par la Lune, le mardi par Mars, le mercredi par Mercure, le jeudi par Jupiter, le vendredi par Vénus et le samedi par Saturne.

Les cycles de 24 heures voient alors les gouverneurs des heures se succéder dans l'ordre suivant : Soleil, Vénus, Mercure, Lune, Saturne, Jupiter, Mars, Soleil. Cette succession, qui commence le dimanche au lever du Soleil par le Soleil comme gouverneur horaire, ne s'interrompt jamais puisque Mars gouverne la dernière heure du jour de Saturne.

1 – Gouverneurs des heures : suivre le **contour** du cercle.

2 – Gouverneurs des jours : suivre **l'étoile** à sept branches.

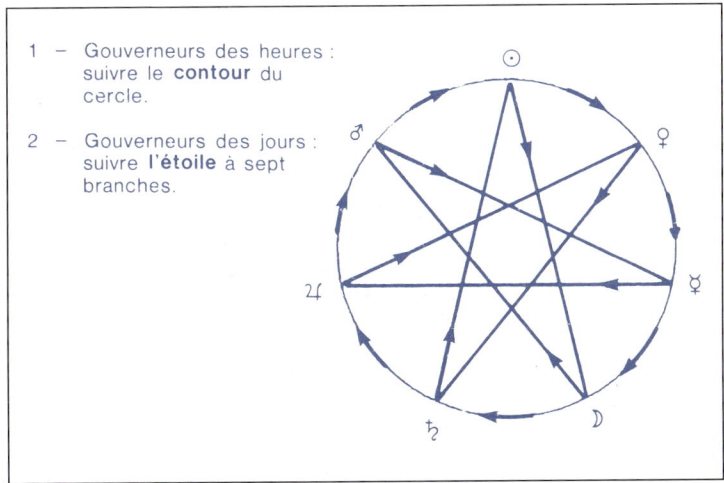

Ceci montre de quelle façon la méthode de dénomination des jours, d'après les Esprits planétaires qui les gouvernent, se combine avec celle des heures planétaires, l'une et l'autre ayant la science ésotérique pour fondement.

Par heures planétaires, nous devons entendre, *non pas des heures de soixante minutes, mais d'une durée variant avec les époques de l'année et le lieu de résidence.* A l'Equateur, cette différence est nulle ; elle augmente à mesure que nous allons vers les Pôles, car une *heure planétaire est la douzième partie du temps qui s'écoule entre le lever et le coucher du Soleil, ou la douzième partie du temps qui s'écoule entre le coucher du Soleil et le lever suivant* — voir le deuxième schéma du paragraphe « Tables des Maisons ».

Aux équinoxes, lorsque les jours et les nuits sont d'égale longueur, les heures planétaires ont soixante minutes chacune ; mais, au mois de juin, à 50° de latitude nord, par exemple, où le Soleil se lève à 4 heures du matin pour se coucher à 20 heures — donnant ainsi une journée de 16 heures et une nuit de 8 heures seulement —, les heures planétaires sont de 80 minutes le jour et de 40 minutes seulement la nuit. En décembre, au contraire, alors que, à la latitude 50° N, le Soleil ne se lève pas avant 8h pour se coucher vers 16h, les heures planétaires du jour sont de 40 minutes et les heures de la nuit de 80 minutes.

Utilisation des Tables des heures planétaires

Pour pouvoir utiliser les six tables situées en fin de volume, il faut connaître l'heure locale du lieu où l'on se trouve. L'astrologie des heures planétaires fait partie de l'Astrologie horaire* et celle-ci doit tenir compte du lieu et de l'instant, et non pas du temps légal que nous utilisons tous les jours, ni de l'heure du Temps Universel*.

Nous obtenons le Temps local* en *retranchant* au Temps Universel la valeur de la longitude du lieu considéré (en heures et minutes) si celle-ci est à *l'Ouest* de Greenwich, ou en l'*ajoutant* si elle est à *l'Est*.

Temps local = Temps Universel ± longitude en heures
(— si Ouest, + si Est)

Les six tables servent chacune pendant deux mois de l'année pour les latitudes comprises entre 55° Nord et 55° Sud (par tranches de 10° de latitude). Elles sont perpétuelles et peuvent servir toute la vie.

Planète gouvernant une heure donnée

Lorsque vous voulez connaître par quelle planète est gouvernée une certaine heure, transformez cette heure en temps local, qui servira à la consultation de la table. « Descendez » du doigt la colonne correspondant à la latitude qui vous intéresse jusqu'à ce que vous trouviez un nombre indiquant une heure plus avancée que celle que vous cherchez ; remontez alors d'une ligne : le nombre donné indique le moment où l'influence de la planète régnante commence à se faire sentir ; la ligne à laquelle vous vous étiez arrêté en premier indique l'heure à laquelle cette influence cesse. Le gouverneur de l'heure se trouve à l'intersection de la ligne qui contient l'heure à laquelle il commence à régner et la colonne propre au jour de la semaine.

Par exemple, si nous désirons trouver la planète qui règne vers midi et demi le 8 août 84 à Paris (49° N, 0h 9m E), relevons dans les éphémérides :

1°) que la journée du 8 août est un mercredi, le mercredi est indiqué par un « W » (de l'anglais Wednesday).

2°) Nous trouvons un Temps Universel de 10h 30m d'après les règles énoncées au chapitre 3 ;

3°) nous calculons alors le Temps local d'après les règles exposées précédemment. Nous trouvons ainsi :

Heure Locale 10h 30m + 9m = 10h 39m.

4°) Dans la table qui donne les heures planétaires du mois d'août, nous descendons la colonne 45°-55° (latitudes Nord) jusqu'à trouver 10h 53, qui est le premier nombre dépassant l'heure locale. Nous remontons d'une ligne, à 9h 42, et nous reculons vers la gauche jusqu'à la colonne du mercredi. Là, nous trouvons le symbole de Mars (♂), et nous en concluons que Mars gouverne le moment cherché.

Plus généralement, pour un lieu donné et un horaire (d'hiver ou d'été) donné, comment connaître les :

Heures gouvernées par une planète

Nous allons chercher quelles sont les heures gouvernées par le Soleil les jeudis d'août à Los Angeles (34° N, 7h 52m W). Pour ce lieu,

1°) nous allons établir le décalage horaire entre l'heure de la montre (qui est le Temps Légal) et le Temps Local, puis

2°) nous additionnerons cette valeur aux heures relevées sur les tables des heures planétaires.

Au chapitre 3, nous avons vu, pour les longitudes Ouest, la règle suivante :
Temps Universel = Temps Légal − heure d'été + fuseau horaire
et dans ce paragraphe, nous avons :
Temps Local (ou heure lue sur les tables) = Temps Universel − longitude
«−» car nous retranchons les longitudes si celles-ci sont Ouest (W).
Nous obtenons avec ces deux règles :
Heure lue sur les tables = Heure de la montre − heure d'été + fuseau horaire − longitude
Nous en tirons la règle générale suivante :

Heure de la montre = Heure lue sur les tables + heure d'été ± fuseau horaire ± longitude en heures

---

- Le fuseau horaire est soustrait s'il est Ouest, additionné s'il est Est.
- La longitude est additionnée si elle est Ouest, soustraite si elle est Est.
- L'heure de la montre est le Temps Légal.

Dans notre exemple, nous avons donc :
Heure de la montre = Heure lue sur les tables + 1h − 8h + 7h52 (l'heure d'été est ajoutée, le fuseau horaire *Ouest* est soustrait, et la longitude *Ouest* ajoutée).
Donc :
Heure de la montre = Heure lue sur les tables + 0h 52m.

Les heures gouvernées par le Soleil, les jeudi d'*août*, à Los Angeles, 34° Nord, sont donc :
− de   7h 43 + 0h 52m à   8h 48 + 0h 52,
− de 15h 21 + 0h 52m à 16h 26 + 0h 52,
− de 22h 15 + 0h 52m à 23h 10 + 0h 52.
Cette constante de 0h 52 est la valeur qu'il faut donc ajouter pour obtenir une table utilisable à Los Angeles durant l'usage de l'heure d'été. En hiver, cette constante sera de −0h 08.

Pour Paris (0h 9m Est), il faut rajouter + 1h 51 à l'heure locale en été, et seulement 0h 51 durant les périodes d'hiver.
En effet,   *en hiver :*
Heure de la montre = Heure lue sur les tables + 1h − 0h 9m
                en été :
Heure de la montre = Heure lue sur les tables + 1h + 1h − 0h 9m

Celui qui a étudié la nature de l'influence des planètes sur les événements divers de la vie pourra facilement comprendre l'importance des heures planétaires. L'expérience et l'observation permettront bientôt de connaître le moyen de choisir le moment le plus propice pour commencer une chose désirée. Beaucoup utilisent ces connaissances à des fins égoïstes et s'efforcent ainsi d'en obtenir un avantage indu, mais les étudiants ne doivent pas s'attendre à trouver ici des avis concernant des intentions de ce genre. Nous n'avons pas étudié la question sous cet angle, et quand bien même nous la connaîtrions, nous ne voudrions pas l'enseigner à d'autres. Mais, dans certaines occasions, les heures planétaires peuvent être employées à bon escient et avantageusement : aussi allons-nous indiquer la manière de les utiliser.

Supposons que nous désirions aider un ami, et que nous connaissions un emploi qu'il pourrait avantageusement remplir. Nous nous rappelons que le Soleil est le significateur des chefs, des supérieurs : l'utilisation des heures gouvernées par le Soleil est tout indiquée pour traiter l'affaire avec une telle personne, et une faveur aura le plus de chance d'être accordée à ce moment.

Il est important de se rappeler que la planète qui gouverne la première heure de la journée possède une influence prédominante sur toute la journée ; que les autres gouverneurs ne sont que d'importance secondaire, et sont fortifiés ou affaiblis proportionnellement à l'accord ou au désaccord de leur nature avec celle du gouverneur du jour. Ainsi, si l'on choisit une heure solaire un samedi, jour teinté de l'influence obstructive de Saturne, la chance est loin d'être aussi grande que si l'on prend une heure solaire un jeudi, jour teinté des rayons bienfaisants de Jupiter, gouverneur de ce jour.

Si vous devez discuter avec une personne irritable que vous savez capable de s'offenser promptement, voire de dire ou de faire des choses que vous aimeriez tous deux éviter, employez l'heure du froid et calme Saturne, un samedi si possible, afin de réprimer, d'éteindre l'esprit fougueux de Mars. Le danger d'une rupture sera alors réduit à son minimum, et, plus tard, en y réfléchissant, vous serez tous deux agréablement surpris de la façon dont l'affaire aura été conclue.

Ou encore, s'il s'agissait d'encourager quelqu'un dont les habitudes d'oisiveté sont une source de souffrance pour son entourage, s'il fallait, en quelque sorte, un feu ardent pour le ranimer, il conviendrait de choisir pour lui parler le jour (mardi) et l'heure de Mars, quand les énergies de cette planète sont à leur apogée. Alors, il vous écoutera, si toutefois il est possible de le faire agir.

En utilisant cette connaissance dans un but désintéressé, vous ferez descendre des bénédictions sur les autres, tout en amassant dans le ciel des trésors « que les vers ou la rouille ne peuvent corrompre ». Il est bon de se rappeler à ce sujet que tous les biens matériels : puissance, position, richesse et toutes possessions concernant ce monde, doivent être abandonnés lorsque la mort nous appelle, *et que seules nos bonnes actions nous restent à cette heure-là.* N'abusez donc jamais de ces connaissances : si vous voulez employer les influences stellaires, *faites-le en vue d'acquérir des valeurs éternelles, non pour un gain temporaire.*

Horizon — Sur le thème, l'Ascendant* et son opposé, le Descendant, marquent la ligne d'*Horizon.*
— *L'horizon objectif* est le cercle qui arrête notre vue, là où le ciel et la terre semblent se rejoindre.
— *L'horizon céleste* (rationnel) est un plan parallèle à l'horizon objectif, passant par le centre de la Terre. (Voir figures au paragraphe « Maisons ».)

Interception — Lorsque les Maisons* sont calculées et reportées sur le cercle zodiacal, certaines peuvent n'avoir que quelques degrés de longitude, tandis que d'autres occupent 2 signes et plus. Les signes qui ne comportent pas de pointes* de Maisons sont dits *« interceptés ».*

Dans le thème natal pour Paris, à 6h 30, le 8 août 1984 (chapitre 4), le Fond du ciel, ou pointe de la Maison 4, se trouve à 28° de la Balance, et la pointe de la Maison 5 se trouve au 7ᵉ degré du Sagittaire. Le signe du Scorpion, qui ne comporte pas de pointe de Maison, est dit **intercepté**, ainsi que les planètes contenues dans ce signe, à savoir Saturne et Mars.
Lorsqu'un signe est intercepté dans une Maison, le signe opposé l'est aussi ; nous trouvons donc le Taureau intercepté en Maison 11.

Lorsqu'une planète est placée dans un signe intercepté, son influence est suspendue, latente, jusqu'au moment où, par suite de sa progression, elle sera sortie du signe intercepté. Cette situation de relative faiblesse peut être modifiée quelque peu par un aspect puissant ou plusieurs aspects mineurs, mais, en tout cas, une planète dans un signe intercepté ne se manifeste pas avec autant de force dans la vie quotidienne qu'une autre planète. Par contre, elle pourra être ressentie tout aussi intensément au niveau de la vie intérieure (en rapport avec les signes).

Les interceptions sont fonction de la latitude du lieu de naissance. Plus la latitude est élevée, et plus les interceptions sont fréquentes. Ceci est dû au report des douze Maisons* sur l'écliptique* (le plan des douze signes).

Jour sidéral — Intervalle de temps qui s'écoule entre deux passages successifs d'une étoile fixe au méridien* d'un endroit donné. Par suite du mouvement de la Terre autour du Soleil, le *jour sidéral* est plus court d'environ 4 minutes que le *jour solaire*. (Voir également « Temps Sidéral »).

Le jour sidéral astronomique

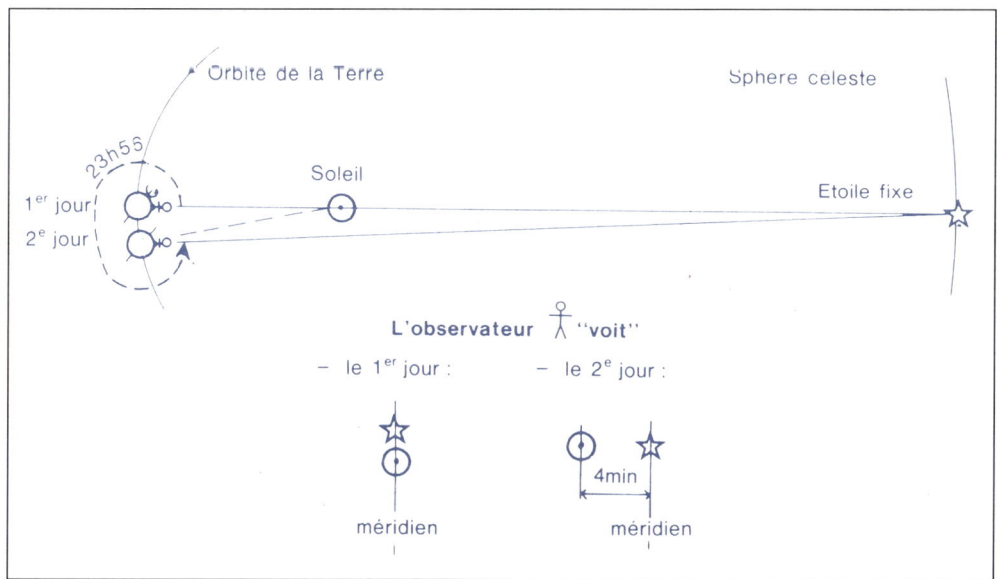

Jour solaire — Intervalle de temps entre deux passages successifs du Soleil au méridien* d'un lieu donné.

Latitude (astronomie) — Distance (en degrés) d'une planète soit au Sud, soit au Nord de l'écliptique. (Voir représentation graphique à « Ecliptique »).

Latitude (géographie) — Distance (en degrés) d'un lieu au Nord ou au Sud de l'Equateur terrestre*. (Voir l'explication plus complète du chapitre 3).

Lilith (voir Lune Noire page 181) — Dans la mythologie : première femme d'Adam qui réclamait l'égalité. C'est elle qui offrit la Pomme à Eve dans le jardin d'Eden.

Logarithmes (table de) — La Table de logarithmes permet, comme les tables des mouvements planétaires, de calculer les longitudes des planètes.

« Table de logarithmes » est l'abrégé du titre « Table de logarithmes proportionnels diurnes ».

Cette table précalculée évite les conversions fastidieuses des degrés ou des heures en minutes.

La propriété fondamentale des logarithmes, qui est utilisée ici, est celle de faire correspondre des additions et des soustractions, à des multiplications et à des divisions. Leur *proportionnalité* montre qu'elle agit comme une simple « règle de trois ».

Le fait que les logarithmes soient *diurnes*, c'est-à-dire basés sur un jour, ou 24 heures, évite la soustraction correspondant à la division par 24 dans la « règle de trois » (cf. chapitre 5).

On trouvera une *Table de Logarithmes* à la fin de nos *éphémérides*, ainsi qu'à la fin de ce livre.

En haut de cette table figure une rangée de nombres, de 0 à 23, qui représentent les heures ou les degrés (les uns et les autres divisibles en 60 minutes). Deux colonnes verticales, à gauche et à droite, représentent les minutes : de 0 à 59.

Pour calculer les positions des planètes à l'aide de ces tables, appliquer les règles suivantes :

1. Calculer le mouvement de la planète en 24 heures.
2. Trouver, dans la table, le *logarithme* de ce mouvement.
3. Trouver dans la table le *logarithme permanent*, ou logarithme de l'heure du Temps Universel.
4. Faire la *somme de ces deux logarithmes.*
5. Trouver dans la Table à quel degré et à quelle minute correspond le logarithme trouvé en 4. On a alors la *distance parcourue* pendant l'heure du Temps Universel.
6. Ajouter cette distance à la position de la planète pour

0 heure le jour même, lorsque celle-ci est Directe, soustraire lorsqu'elle est Rétrograde.

1. Par exemple, le « pas journalier » du Soleil dans le thème n° 1 est 0° 57' (Chapitre 5).

2. Pour trouver le logarithme de ce mouvement, nous plaçons notre index sur la colonne ayant comme en-tête 0, et nous descendons le doigt le long de cette colonne jusqu'à ce que nous rencontrions la ligne contenant le nombre 57, dans la colonne des minutes (à gauche). Là où cette ligne croise la colonne 0, se trouve le nombre 1.4025, qui est le logarithme du « pas » solaire du 8 août 1984.

3. Nous trouvons de la même manière le logarithme permanent. 10h 30 étant l'heure du Temps Universel, nous en cherchons le logarithme correspondant. En descendant la colonne marquée 10, nous voyons le nombre 0.3590 sur la ligne du nombre 30, dans la colonne des minutes.

4. Nous additionnons alors ces deux logarithmes :

Logarithme du mouvement du Soleil en 24h (8/8/84) 1.4025
Logarithme permanent (10h 30) . . . . + 0.3590
Logarithme de la distance parcourue par le Soleil = 1.7615

5. Sur la table, le logarithme se rapprochant le plus de cette somme est 1.7604. Ce nombre est dans la colonne au sommet de laquelle se trouve le chiffre 0 (degrés), et sur la ligne du nombre 25, dans la colonne de gauche qui indique les minutes.

6. Nous ajoutons donc à la position du Soleil, pour la date du Temps Universel, la distance parcourue relevée sur la table, ici 0° 25'.

Longitude du Soleil pour la date du Temps Universel   15° 38' ♌
Distance parcourue durant l'heure du Temps Univer-
sel . . . . + 0° 25'
Longitude du Soleil pour le Temps Universel . . . . = 16° 03' ♌

Voici les positions planétaires du thème numéro 1 (Los Angeles 3h 30 le 8/8/1984, Temps Universel 10h 30 le 8/8/1984) calculées à l'aide de la Table de logarithmes :

Calcul des positions planétaires

	☉	☽	☿	♀	♂
1. Position de la planète pour le jour suivant la date du Temps Universel (9/8)	16° 35'	16° 13'	11° 58'	01° 27'	25° 32'
2. Position de la planète pour le jour même (8/8/1984)	15° 38'	3° 31'	11° 27'	00° 13'	25° 04'
3. Mouvement de la planète en 24h	0° 57'	12° 42'	0° 31'	1° 14'	0° 28'
4. Logarithme de ce mouvement	1.4025	0.2764	1.6670	1.2891	1.7112
5. Logarithme permanent (10h 30)	0.3590	0.3590	0.3590	0.3590	0.3590
6. Somme des 2 logarithmes (4. + 5.)	1.7615	0.6354	2.0260	1.6481	2.0702
7. Mouvement de la planète (durant 10h 30)	0° 25'	5° 33'	0° 14'	0° 32'	0° 12'
8. Positions des planètes : ajouter à 2., si Directe, soustraire de 2. si Rétrograde	(15° 38') 16° 03'	(3° 31') 9° 04'	(11° 27') 11° 41'	(0° 13') 0° 45'	(25° 04') 25° 16'
Signe zodiacal et Rétrogradation	♌	♑	♍	♍	♏

Longitude (astronomie) — La longitude astronomique (ou longitude céleste) se mesure sur l'écliptique* en partant du Point Vernal* (degré zéro du signe du Bélier). Les éphémérides donnent toujours la longitude des planètes, car c'est elle qui sert à dresser la « carte du ciel ». (Voir représentation graphique à « Ecliptique ».)

Longitude (géographie) — La longitude géographique se mesure en heures* ou en degrés* et à l'Est ou à l'Ouest du méridien* de Greenwich.
C'est l'écart angulaire entre le méridien de Greenwich et le méridien du lieu. (Voir également, au chapitre 3, le paragraphe « Lieu »).

Luminaires — Le Soleil et la Lune.

Lunaisons — Une lunaison est une conjonction* du Soleil et de la Lune (Nouvelle Lune).

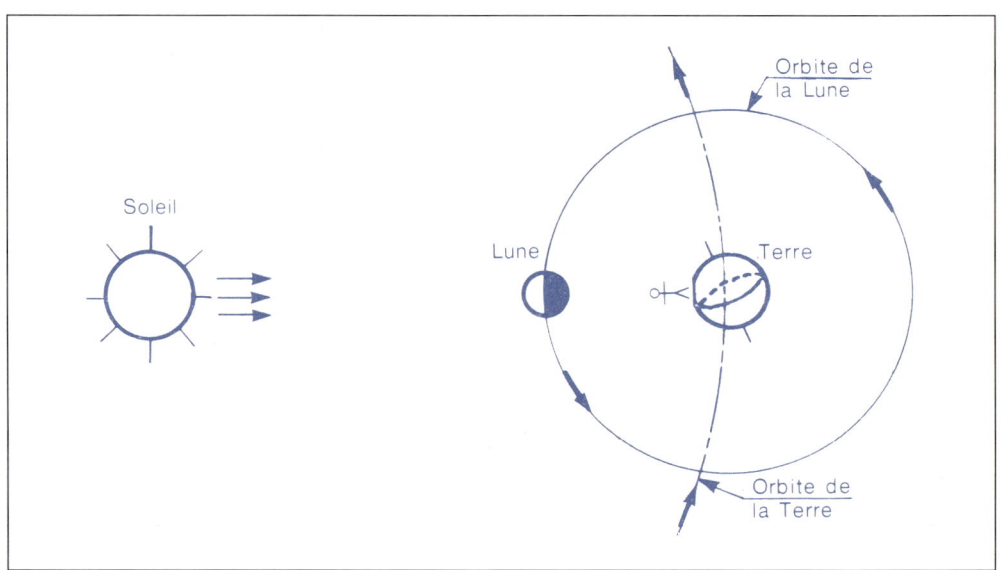

Position relative du Soleil, de la Lune et de la Terre au moment d'une Nouvelle Lune

Le cycle des lunaisons est, pour un même degré du zodiaque, de 19 années.
Par exemple, le 28 juillet 1965, la lunaison a eu lieu à 5° du Lion ; une autre lunaison se produira le 28 juillet 1984 à 5° du Lion.

Lorsqu'une *lunaison* est à moins de 3 degrés d'un aspect à une planète ou autre point important du thème natal, elle a un effet marqué sur ce point ou sur cette planète pendant le mois en cours. Elle peut avoir autant d'influence qu'un aspect de la Lune progressée*, nécessaire pour faire fructifier les indications planétaires alors en force. Même en dehors de ces *progressions*, si une Nouvelle Lune est en proche conjonction avec Saturne, Uranus, Neptune ou Pluton, elle signifiera d'éventuels ennuis mineurs. Inversement, si une lunaison se produit à l'endroit occupé par Jupiter ou Vénus dans le thème natal, des choses agréables pourraient advenir.

Lorsqu'une Nouvelle Lune est une *éclipse* de Soleil*, elle produira :

1. L'effet habituel d'une lunaison pendant le mois courant, si elle est en aspect avec une des planètes du thème natal ;

2. Des effets semblables pendant tous les mois de l'année suivante lorsque des aspects de même nature se formeront avec le point où l'éclipse a eu lieu.

Par exemple, si l'éclipse tombe en Maison 12 et dans le Lion, en quadrature avec Mars dans le Scorpion et en Maison 3, elle peut produire des disharmonies dans les affaires gouvernées par cette Maison pendant le mois où l'éclipse a eu lieu — disons août. En novembre, quand la lunaison tombera dans le Scorpion, le feu de la discorde sera de nouveau alimenté par la quadrature avec l'éclipse. En février, quand le Soleil sera en opposition avec le point de l'éclipse, le problème indiqué se manifestera à nouveau avec intensité ; enfin en mai, quand la dernière quadrature se produira, il en sera de même. Inversement, si l'aspect original de l'éclipse est bénéfique, de grands avantages se présenteront pendant les mois où les sextiles et les trigones se formeront.

Pendant sa course mensuelle, la Lune traverse deux fois le plan de l'écliptique*. Au moment des conjonctions avec le Soleil, ou Nouvelles Lunes, elle est généralement éloignée de l'écliptique d'un certain nombre de degrés. Dans ces conditions, nous avons une Nouvelle Lune ordinaire. Pour avoir une éclipse* solaire totale, la Lune, vue de la Terre, doit se trouver directement dans l'orbite du Soleil, et les déclinaisons du Soleil et de la Lune doivent être pratiquement les mêmes. (Voir « éclipse »).

Lune noire — Deuxième foyer de l'orbite de la Lune. C'est un point fictif. Elle indique un lieu d'exagération, de sacrifice (caractérisé par le signe où elle se trouve) où, dans un premier temps, on refuse de se soumettre.

Maisons — Ce sont des divisions du ciel par rapport à un *lieu* et un *instant* donné (rappelons que les signes* sont des divisions de l'écliptique* à partir du point vernal*). En moyenne, leurs cuspides — ou pointes — progressent sur le zodiaque à raison d'un degré toutes les 4 minutes de temps. Ainsi, en 24 heures environ, elles effectuent une rotation complète. Ce mouvement des Maisons traduit le mouvement de rotation de la Terre sur elle-même.

Lorsque nous regardons le ciel, le Soleil se lève à l'Est et se couche à l'Ouest. De même, les signes zodiacaux se « lèvent » à l'Est ; dès qu'ils dépassent la ligne d'horizon*, ils « montent » dans le ciel puis redescendent dans la direction du Soleil couchant : l'Ouest.

Pour un lieu donné, l'Ascendant est le point du zodiaque qui se lève à l'Est et le Descendant le degré du zodiaque qui se couche à l'Ouest. Entre les deux se trouve le Milieu du Ciel, qui correspond au point du zodiaque le plus haut dans le ciel.

Trajectoire apparente du Soleil au cours de la journée (écliptique)

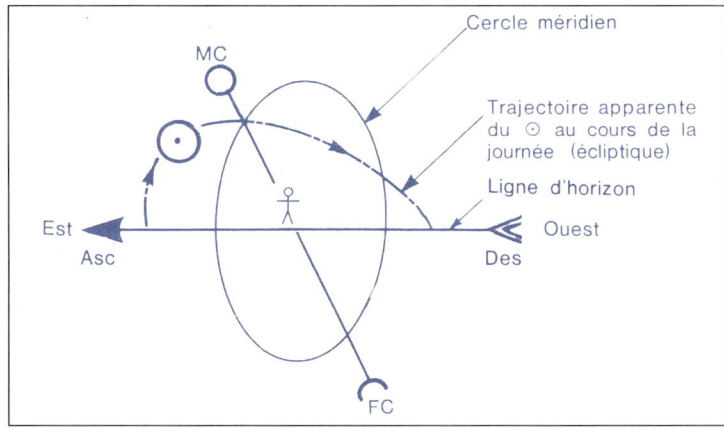

Sur le schéma ci-dessus, nous pouvons observer que :
— L'intersection entre le méridien* du lieu (arc de cercle passant par le lieu, le Pôle Nord et le Pôle Sud) et l'écliptique* est appelée Milieu du Ciel (MC). Son opposé sur la sphère céleste* (voir ce paragraphe) est appelé Fond du Ciel (FC).

De la Sphère céleste à la « carte du ciel »

L'écliptique sur la sphère céleste :

Les signes sont délimités sur l'écliptique.
Ils sont indépendants du lieu.

Le découpage de la Sphère céleste en « Maisons » :

Les Maisons dépendent du lieu et du temps sidéral.

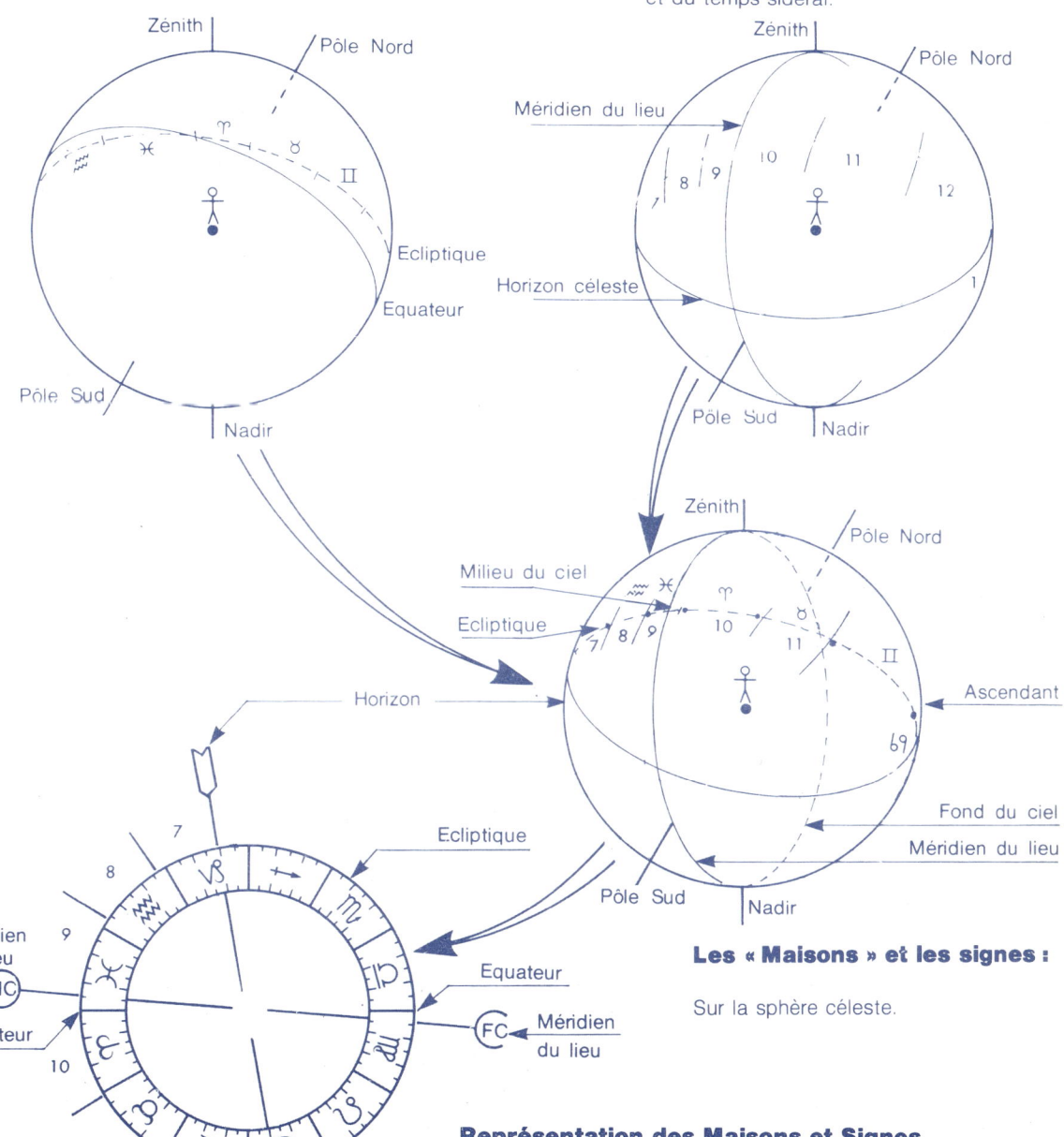

Les « Maisons » et les signes :

Sur la sphère céleste.

Représentation des Maisons et Signes sur la carte du ciel. (Thème n° 1)

— L'intersection entre l'Horizon céleste* et l'écliptique, vers l'Est, est appelée Ascendant (Asc). A l'opposé, à l'Ouest, se trouve le Descendant (Des).

Chaque quart d'espace délimité par les axes Asc-Des et MC-FC est partagé en trois parties. Ainsi sont obtenues les douze Maisons. La méthode de calcul des divisions intermédiaires est indiquée au paragraphe « Tables des Maisons ».

Sur un thème astrologique, les Maisons paraissent inégales, car la carte du ciel est représentée dans le plan de l'écliptique. L'écliptique a une inclinaison qui varie par rapport à l'horizon (selon le moment de l'année, le lieu et l'heure de naissance). Cette inclinaison est définie par le Temps Sidéral de naissance et la latitude du lieu.

Maisons (signification) — Voir les paragraphes « Mots-clés », « Triplicités » et « Quadruplicités ».

Maisons angulaires, succédentes, cadentes — Voir à « Triplicités » et « Quadruplicités ».

Maître, Maîtresse — Une planète est maîtresse du signe qu'elle gouverne. Ainsi, Mars est le maître du Bélier et du Scorpion ; Vénus est maîtresse du Taureau et de la Balance. (Voir « Dignités »).

Mauvais — Voir « Bons et mauvais ».

Méridien — Arc de cercle imaginaire qui réunit les deux Pôles en suivant la surface de la Terre. Tous les endroits placés sur le même méridien ont le même Temps local*. On désigne parfois par « méridien horaire », le méridien qui sert de référence horaire pour un fuseau horaire*.

Milieu du Ciel — Pour un lieu donné, et *à tout moment*, c'est l'intersection du méridien du lieu avec le cercle zodiacal (l'écliptique). C'est le point du zodiaque le plus haut dans le ciel. Il correspond à la pointe* de la Maison 10 et est couramment nommé « MC ».

Le Milieu du ciel indique la direction Sud pour les lieux

de latitude supérieure à 24° Nord (environ), et le Nord pour les lieux de latitude supérieure à 24° Sud. Pour les latitudes intermédiaires (de 24° N à 24° S), il indique tantôt la direction Nord, tantôt la direction Sud. C'est pour ces dernières latitudes qu'il se trouve le plus proche du zénith* avec lequel il ne doit pas être confondu.

Le signe du Milieu du Ciel et les planètes qui s'y trouvent montrent les moyens par lesquels nous nous élevons dans la vie.

Les aspects* au Milieu du Ciel indiquent la nature des occasions de développement spirituel.

Mots-clés — Les mots-clés représentent, en quelque sorte, la « quintessence » des signes*, des planètes* ou des Maisons*. Ils sont d'une grande aide pour l'étudiant qui débute dans l'étude de l'Astrologie, car ils lui permettent d'approfondir la nature intime de chacun des éléments du thème. Ils permettent de donner une bonne description de chaque aspect*, de chaque planète en signe ou en Maison, et d'interpréter un thème complet. Nous indiquons ci-après une liste non exhaustive des mots-clés. Nous conseillons vivement à l'étudiant *d'apprendre lui-même à définir ces mots-clés*. Les éléments de base qui suivent pourront l'aider dans ce travail.

Les signes zodiacaux sont masculins* ou féminins* ; cardinaux*, fixes* ou mutables* ; de Feu*, de Terre*, d'Air* ou d'Eau*. Un signe représente un animal, un humain, les deux, ou un principe. Il a une symbolique*, une mythologie, une étymologie qui lui sont propres. Il correspond à une Hiérarchie créatrice. La place que chaque signe occupe dans le zodiaque, par rapport à tel ou tel autre, correspond à une construction rigoureusement logique. Un signe peut être austral* ou boréal*, et chaque saison correspond à trois signes exactement.

Les planètes sont en dignité* dans certains signes, en exaltation*, en exil* ou en chute* dans d'autres. Elles ont également une symbolique*, une mythologie et une étymologie qui leur sont propres. Certaines correspondent à des cycles qui ont été, ou seront, les périodes de l'évolution de la Terre et de notre humanité. Les 7 planètes les plus rapprochées régissent chacune un jour de la semaine et la succession des heures. Elles peuvent être complémentaires ou « octaves » d'une autre planète pour l'expression de certaines qualités. Elles correspondent à une couleur et ont des caractéristiques physiques, comme, par exemple, leur distance par rapport au Soleil.

Les Maisons sont la contrepartie des signes dans le domaine du vécu quotidien. Elles forment les douze départements de la vie. Elles sont angulaires, succédentes ou cadentes (quadruplicités*) ; personnelles, matérielles, sociales ou mystiques (triplicités*). La ligne d'Horizon* — représentée par l'Ascendant et son opposé, le Descendant — les divise en deux groupes, de même que la ligne Milieu du Ciel - Fond du Ciel. Elles portent un numéro et correspondent à certaines périodes de la vie.

Les Mots-clés

Nous proposons à l'étudiant de déterminer lui-même l'influence des divers éléments donnés ci-après, en fonction des aspects, harmoniques ou dissonants, au travers desquels ils se manifestent.

Signes

+ Signes Masculins	— Emissif.
— Signes Féminins	— Réceptif.
Signes Cardinaux	— Activité, initiative, engagement dans le monde physique.
Signes Fixes	— Stabilité, continuité, expression de la nature émotionnelle.
Signes Mutables	— Adaptabilité, flexibilité, éveil de la nature mentale et spirituelle.
Signes de Feu	— Spirituel, domaine de l'énergie.
Signes de Terre	— Matière, domaine du concret.
Signes d'Air	— Mental, domaine des échanges.
Signes d'Eau	— Emotionnel, domaine du psychisme.
♈ Bélier	— Elan vital, besoin de manifestation.
♉ Taureau	— Détermination, besoin de concrétisation.
♊ Gémeaux	— Pluralité des échanges, contacts.
♋ Cancer	— Sensitivité, vie subjective.
♌ Lion	— Energie canalisée, conscience de soi.
♍ Vierge	Purification, service à autrui.
♎ Balance	— Relations, recherche de l'équilibre.
♏ Scorpion	— Travail sur la nature émotionnelle.
♐ Sagittaire	— Aspiration, idéalisme.
♑ Capricorne	— Réalisation, organisation.
♒ Verseau	Recherches, humanisme.
♓ Poissons	Sens de l'unité, mysticisme.

Planètes

⊙	Soleil	— Vie, individualité, vitalité, ambition, ceux qui commandent, les hommes.
☽	Lune	— Fécondité, personnalité, imagination, changements, le public, les femmes.
☿	Mercure	— Raison, intellect, communication.
♀	Vénus	— Amour, affection, harmonie, attraction.
♂	Mars	— Energie dynamique, action, passions.
♃	Jupiter	— Expansion, optimisme, philanthropie, formation des idées, la loi.
♄	Saturne	— Contraction, sagesse, prudence, persistance, rigueur.
♅	Uranus	— Altruisme, intuition, originalité, action soudaine.
♆	Neptune	— Inspiration, attrait des mondes spirituels.
♇	Pluton	— Régénération, transformation, pouvoirs.

Maisons

1ʳᵉ	Maison	— Forme et constitution du corps, premier milieu et foyer de l'enfant.
2ᵉ	Maison	— Finances, acquisitions personnelles, les possessions.
3ᵉ	Maison	— Pensée pratique, littérature, petits voyages, frères et sœurs, voisinage.
4ᵉ	Maison	— Foyer, vie familiale, situation dans la vieillesse, hérédité.
5ᵉ	Maison	— Loisirs, amours, enfants, enseignement.
6ᵉ	Maison	— Services concrets, hygiène, santé, contingences.
7ᵉ	Maison	— Sens des relations, associations, mariage.
8ᵉ	Maison	— Héritages, mort, pouvoirs occultes, dépossessions.
9ᵉ	Maison	— Religion, philosophie, pensées élevées, longs voyages.
10ᵉ	Maison	— Responsabilités, position sociale, honneurs, ambition, profession.
11ᵉ	Maison	— Amis, espérances, souhaits.
12ᵉ	Maison	— Destinée mûre, restrictions, don de soi, prisons, hôpitaux.

Nadir — Opposé au zénith*, ce point de la sphère céleste qui est situé « au-dessous de nos pieds » est déterminé par une droite imaginaire passant par nos pieds et le centre de la Terre, et allant jusqu'à la Sphère céleste.

Nativité — A la même signification que thème astrologique de naissance, thème radical, horoscope. C'est la carte du ciel dressée pour le moment et le lieu de la naissance.

Nœuds planétaires — Les deux points où l'orbite* d'une planète croise le plan de l'écliptique* sont appelés *nœuds*. Le nœud est dit *ascendant* lorsque la planète passe d'une latitude Sud à une latitude Nord, et *descendant* dans le cas inverse.

Par extension, en ce qui concerne le Soleil, le « point vernal* » est le nœud ascendant du Soleil. Le Soleil passe alors d'une déclinaison Sud à une déclinaison Nord.

Nœuds lunaires

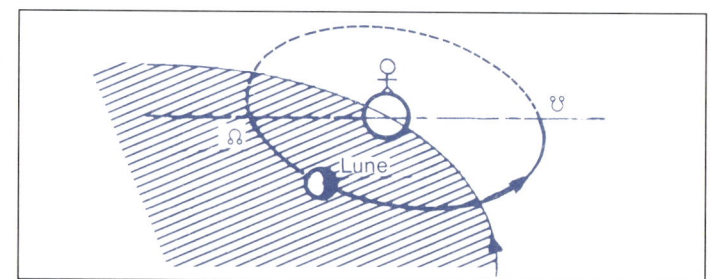

La Terre se déplace dans le plan de « l'écliptique » (en hachuré sur le schéma).

Le trajet de la Lune au-dessus de ce plan — représenté par un trait plein — débute par le *nœud lunaire ascendant* (Ω) et se termine par le *nœud lunaire descendant* ( ). La Lune a alors une latitude* Nord.

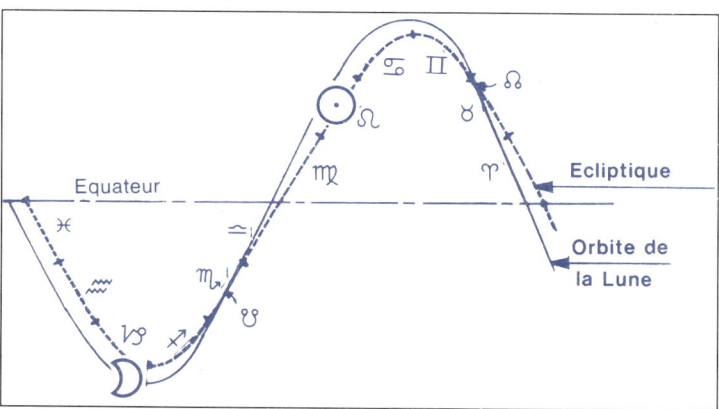

Sur ce schéma développé de la sphère céleste suivant l'équateur, nous pouvons observer que le nœud lunaire ascendant (Ω) est situé à l'intersection de l'écliptique et de l'orbite de la Lune. Le nœud lunaire descendant ( ) est le point où l'orbite de la Lune passe « en-dessous » de l'écliptique. La Lune est toujours très peu éloignée de l'écliptique (± 5°).

Les deux nœuds* lunaires sont appelés « *Tête du Dragon* » (nœud Nord) et « *Queue du Dragon* » (nœud Sud). Les éphémérides donnent seulement le nœud Nord ascendant (☊), puisque le nœud Sud descendant (☋) se trouve en y ajoutant ou soustrayant 180°, autrement dit, en reportant dans le signe opposé le même nombre de degrés que le nœud ascendant.

Par exemple, si le Nœud Nord se trouve à 3° des Gémeaux, le Nœud Sud sera dans le signe opposé, au même degré, soit au 3e degré du Sagittaire.

Ces nœuds parcourent les douze signes du zodiaque, de façon rétrograde*, en 18 ans et 7 mois environ. Le *nœud lunaire moyen* (☊) est la position moyenne de ce point, qui ne considère pas l'attraction des autres astres sur la Lune ; il semble donc *reculer* à travers les signes du zodiaque à la vitesse constante de 3' 11" par jour.

Le *nœud lunaire vrai* (☊T, T pour True = vrai) est la position réelle de ce point, qui varie avec toutes les fluctuations que subit la Lune en raison de l'attraction des autres corps célestes. Ce nœud peut ainsi devenir direct* certains jours.

L'influence des nœuds est intimement liée, sur le plan physique, au phénomène appelé « nutation »*, par lequel l'axe* de la Terre oscille avec une période de 18 ans et sept mois.

Pour l'interprétation des nœuds lunaires, se reporter à « Dragon ».

Nutation — Mouvement vibratoire de l'axe* de la Terre dont la période est d'environ 18 ans et 7 mois. Il est intimement lié au déplacement des nœuds lunaires*.

Obliquité de l'écliptique — Angle que forme l'équateur céleste- avec l'écliptique*. Pour l'année 2000, cette inclinaison sera de 23° 26'. Elle varie très lentement (actuellement de 48" par siècle).

L'obliquité de l'écliptique est la cause des saisons et de l'inégalité des jours et des nuits.

Occidental, Oriental (Ouest, Est) — Les planètes en Maisons 4 à 9 sont dites occidentales, car elles sont situées de part et d'autre du Descendant*, qui indique l'Ouest. Les planètes en Maisons 10 à 12 et 1 à 3 sont dites orientales, car elles sont situées de part et d'autre de l'Ascendant qui indique l'Est. Elles sont séparées par la ligne formée par le Milieu du ciel et le Fond du ciel.

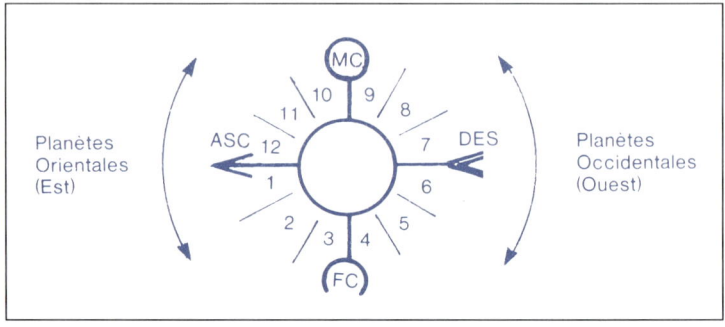

Opposition (☍) — Si deux planètes se trouvent distantes de 180° (6 signes), elles sont dites en *opposition*. Cet aspect fait ressortir la nature des signes qui sont opposés sur le cercle zodiacal. Après un effort d'harmonisation de la part du natif, deux signes, de nature « opposée », peuvent devenir « complémentaires ». Le natif alliera ainsi les qualités du Feu avec celles de l'Air ou les qualités de l'Eau avec celles de la Terre. (Voir « Aspect » et « Orbe »).

Orbe — Selon leurs positions relatives, les planètes peuvent être en aspect*. Comme une planète est entourée d'une sphère subtile, l'effet de cet aspect se fera sentir bien avant qu'il ne soit exact. De même, cet effet durera un certain temps après sa culmination. Cette zone d'influence, de part et d'autre de l'aspect exact, est appelée *orbe*. Nous admettons les orbes suivants :

Tableau des Orbes en longitude
(pour les aspects ☌, ✶, □, △, ☍) :

— 8°	Luminaires (Soleil et Lune).
— 6°	Planètes.
— 6°	Part de fortune, Ascendant, Milieu du Ciel.
— 2 à 3°	Tête et Queue du Dragon (en conjonction).
— 1 à 1° 30'	Etoiles fixes (en conjonction).
— 1 à 1° 30'	Planète progressée et en transit.

Tableau des Orbes en déclinaison*
(pour les aspects ‖, ⊞) :

— 1 à 1° 30'	Planètes et points particuliers du thème en parallèle.

Les indications des tableaux ci-dessus peuvent être modulées en fonction des qualités mutuelles des éléments en aspect, en fonction de la position de ces éléments en signes et Maisons, et suivant qu'ils « appliquent »* ou « se séparent »*.

Orbite — Courbe décrite par une planète dans son mouvement autour du Soleil, ou d'un satellite* autour de sa planète « mère ». (Voir chapitre 1).

Parallèle, Contre-parallèle — Aspect* formé entre deux planètes lorsqu'elles ont même valeur de déclinaison*, soit du même côté de l'Equateur céleste*, soit de part et d'autre de celui-ci.

Le *parallèle* amène deux planètes de déclinaison Nord à emprunter le même chemin sur la sphère céleste lors de la rotation diurne de la Terre ; ce chemin est parallèle à l'équateur. Il en est de même si les deux planètes ont une déclinaison Sud.

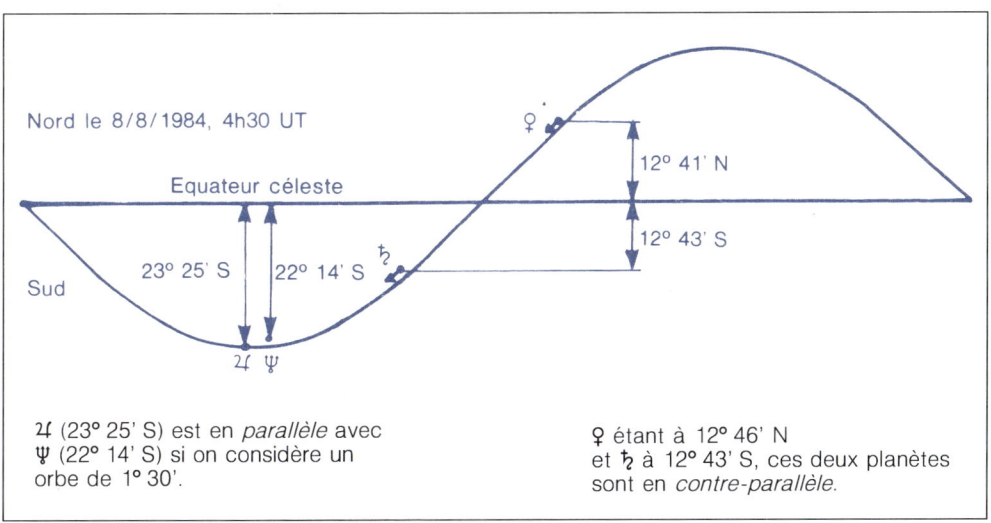

Nord le 8/8/1984, 4h30 UT

Equateur céleste

12° 41' N

12° 43' S

23° 25' S   22° 14' S

Sud

♃ ♆

♃ (23° 25' S) est en *parallèle* avec ♆ (22° 14' S) si on considère un orbe de 1° 30'.

♀ étant à 12° 46' N et ♄ à 12° 43' S, ces deux planètes sont en *contre-parallèle*.

Lorsqu'une planète a une déclinaison Nord et l'autre, une déclinaison Sud, le chemin emprunté sur la sphère céleste n'est plus identique, mais symétrique par rapport à l'équateur. Ces deux planètes sont alors à égale distance de « l'axe » des équinoxes, formé par les 0° ♈ - 0° ♎, où l'écliptique* croise l'équateur. Les deux chemins diurnes ainsi formés sont parallèles à l'équateur, de part et d'autre de celui-ci. Ces planètes sont donc aussi dites en *parallèle*, bien qu'une expression plus précise définisse leur rapport : le *contre-parallèle*.

L'orbe* admis pour les parallèles est de 1°, et au plus de 1° 30'.

Part de fortune ⊗ — Comme son nom l'indique, la Part de fortune est un point qui s'oppose ou favorise la fortune matérielle selon les aspects* qu'elle reçoit des planètes.

Par son symbolisme* — le cercle de l'Esprit contenant la croix de la matière (⊗) — la Part de fortune représente aussi les acquisitions spirituelles qu'un individu peut tirer des conditions matérielles.

C'est un point déterminé par la position du Soleil, de la Lune et de l'Ascendant. La distance Soleil/Lune est la même que la distance Ascendant/Part de fortune. Donc :

Long. Asc + Long. ☽ — Long. ☉ = Long. ⊗

Les signes du zodiaque sont comptés en allant du Bélier, 1 S (premier Signe), aux Poissons, 12 S (douzième Signe).

Pour trouver la Part de Fortune :
1. A la longitude de l'Ascendant :   signe degré minute
2. ajouter la longitude de la Lune : signe degré minute
3. Du total,
4. soustraire la longitude du Soleil : signe degré minute
5. Le résultat est la longitude de la Part de Fortune (⊗).

Exemple :
Soit une personne ayant le Soleil à 29° 55' ♑ (dixième Signe), la Lune à 25° 50' ♈ et l'Ascendant à 25° 55' ♈

1. Longitude de l'Ascendant, Bélier		1S 25° 55'
2. Longitude de la Lune, Bélier		+ 1S 25° 50'
		= 2S 50° 105'
	(Comme 60' = 1°)	2S 51° 45'
3. Total	(Comme 30° = 1S)	3S 21° 45'

Le Soleil a comme longitude 10S 29° 55'. Nous ne pouvons soustraire directement 10S 29° 55' de 3S 21° 45'. Nous faisons donc les conversions suivantes :

3.	3S 21° 45'
Comme 1 rotation = 12 signes	+ 12S 0° 0'
	15S 21° 45'
Comme 30° = 1 signe	14S 51° 45'
Comme 60' = 1°	14S 50° 105'
4. Longitude du Soleil, Capricorne	– 10S 29° 55'
5. Longitude de la Part de Fortune	= 4S 21° 50'

La Part de Fortune est donc dans le Cancer (quatrième Signe) à 21° 50'.

Il faut effectuer toutes les transformations nécessaires pour pouvoir effectuer correctement les calculs. Outre les conversions (1° = 60', 1 signe = 30°), il ne faut pas hésiter à employer, si nécessaire, la relation : 1 rotation zodiacale = 12 signes.

Note importante : Le signe « 0 » est également le signe « 12 », le signe des Poissons, puisque 0S + 12S = ♓.

Physique (apparence) — Elle dépend principalement de quatre facteurs qui sont :

— *l'Ascendant*, qui représente la constitution physique du natif,
— *le Maître de l'Ascendant*,
— *les planètes dites « à l'Ascendant »* c'est-à-dire celles qui se trouvent dans la première Maison, particulièrement lorsqu'elles sont en conjonction avec la pointe de l'Ascendant,
— *le signe qui contient le Soleil*. Il est à noter toutefois que le Soleil doit avoir une certaine force, soit par position, soit par la façon dont il est aspecté, pour manifester les caractéristiques physiques du signe qui le contient.

Les éléments précédents sont cités par ordre d'importance. Leur combinaison indique si la personne sera grande ou petite, brune ou blonde, et autres particularités physiques (dans le cadre des lois de l'hérédité).

Planètes — Corps célestes des ambassadeurs de Dieu gravitant autour du Soleil.

(☉) L'homme étant fait à l'image de Dieu, dont la manifestation est triple, le Moi Supérieur de l'homme est représenté astrologiquement par un cercle dont le point central figure l'aspect spirituel le plus élevé, *l'Esprit Divin, dont la Volonté est le principe essentiel.* C'est pourquoi le **Soleil** représente, dans un thème astrologique, la plus haute expression du Moi. Il marque l'influence positive émanant de l'homme, celle qui le caractérise au sens le plus élevé.

(♀) Le symbole de la planète **Vénus** est un cercle au-dessus de la croix (voir « Symboles »). Il exprime une sagesse qui n'est pas issue du raisonnement, mais de l'harmonisation de l'esprit et de la matière. La nature essentielle de Vénus est donc l'amour, l'influence qui, dans la vie, nous attire les uns vers les autres pour un bénéfice mutuel, bien que Vénus, en elle-même, ne soit pas intéressée. Sa nature est d'attirer et le bien qui en résulte n'est pas sa préoccupation première. Elle est en relation avec l'*Esprit Vital, principe d'Amour-Sagesse.*

(♃) **Jupiter** est symbolisé par un demi-cercle au-dessus de la croix. Il désigne l'*Esprit Humain, dont la plus haute faculté est la pensée abstraite.* Aussi Jupiter signifie-t-il la haute intellectualité qui est indifférente aux choses matérielles et s'exprime en pensée abstraite telle que la religion, la philosophie et la science.

(♂) **Mars** est l'opposé de Vénus. Il est symbolisé par la croix au-dessus du cercle, ce qui indique que, tandis que la nature de Vénus est don et amour, celle de Mars est égoïsme. Il révèle donc l'expression de l'énergie du *corps du désir* dans son aspect passionnel et émotionnel qui nous pousse à travailler dans le monde pour en vaincre les obstacles et acquérir de l'expérience. Il montre comment l'homme se projette à l'extérieur de soi dans le monde concret.

(♄) **Saturne** est le complémentaire de Jupiter ; c'est la croix de la matière au-dessus du demi-cercle représentant l'intelligence. Il donne de la persistance aux impulsions de Mars et symbolise la partie relativement permanente de la nature inférieure — ce qui a été pesé et jugé utile. C'est par conséquent le *symbole des atomes-germes* des véhicules inférieurs de l'homme, où sont emmagasinées les expériences de toutes les vies passées. Saturne dénote l'habileté manuelle, la chasteté, la sagesse, la persévérance ainsi que les talents matériels transmués en vertus sous son influence expiatoire. Il est le « moissonneur » des choses semées et le goût de la récolte peut nous paraître souvent amer. La « leçon » ne nous est pas donnée par esprit de vengeance, mais pour nous apprendre à agir avec droiture.

(☽) La **Lune** reflète les vibrations du Soleil ; elle indique, avec l'Ascendant, ce qui constitue le *corps physique*, la Lune étant plus particulièrement le symbole du *corps vital* et l'Ascendant le significateur du *corps dense*. A eux deux, ils représentent l'instrument dont se sert l'homme, partie la plus perfectionnée de sa nature, mais aussi la plus éphémère. La Lune est donc l'antithèse du Soleil, ce dernier étant une étoile fixe, tandis que la Lune est le plus nomade des corps célestes.

Des six planètes précitées, la Lune, Saturne et Mars sont les significatrices de la *personnalité*, instrument de *l'individualité* représentée par le Soleil, Vénus et Jupiter.

(☿) Ces deux triangles sont réunis par la planète significatrice de la *pensée concrète*, **Mercure.**

Individualité :	☉ .... Esprit Divin [1]	
	♀ ...... Esprit Vital [1]	
	♃ .... Esprit Humain [1]	
	☿ . Pensée concrète [1] (Intellect)	
	♂ .... Corps du désir [1]	
	☽ ...... Corps vital [1]	Atomes —
Personnalité :	Asc .... Corps dense [1]	germes [1]=♄

Le symbole de Mercure (☿) se compose des trois constituants des symboles planétaires : le cercle, le demi-cercle et la croix. Il ne possède point de nature qui lui soit propre, mais il est le véhicule de l'expression des autres planètes.

> Lorsque Mercure est bien placé par rapport à Vénus, il donne des dispositions artistiques, musicales, littéraires. Car c'est de Vénus qu'émanent les vibrations qui se manifestent dans tous les arts.
> Mercure, bien placé par rapport à Jupiter, donne une tournure d'esprit scientifique et philosophique : il fait le dirigeant, le législateur travaillant dans le domaine laïc ou religieux pour le bien de tous.

1   Voir « Cosmogonie des Rose-Croix » : La constitution septuple de l'homme, chapitre 3.

> Mercure en bonne position avec Mars indique l'homme d'action qui vise au développement des ressources matérielles du monde, sur une petite ou une grande échelle, comme commerçant, marchand ou autre profession ayant pour but de réaliser un bénéfice personnel, car, ainsi que nous l'avons dit, Mars est l'opposé de Vénus, et la personnification de désirs égoïstes.
>
> Mercure en aspect avec la Lune n'a pas de signification, car la Lune est elle-même un réflecteur ; toutefois, lorsqu'ils forment un aspect dissonant, le mental est souvent instable.

Dans ce qui précède, seule la nature essentielle des planètes a été décrite. Dans l'interprétation, il faudra tenir compte de leurs positions, des aspects (harmoniques ou dissonants) qu'elles reçoivent des autres planètes, etc., ce qui nuancera leur expression.

> Ainsi la nature de **Vénus**, qui est sagesse, amour et rythme, peut devenir dérèglement et paresse si elle est mal aspectée ; la philosophie, le respect des lois, la miséricorde et les aspirations élevées de **Jupiter**, peuvent se changer en licence, malveillance, extravagance ; la haute spiritualité du **Soleil** peut se manifester tout au plus en esprit animal et santé physique. En ce qui concerne les planètes de la personnalité, les aspects harmoniques de **Mars** incitent à tourner ses désirs vers des objets de nature constructive, vers une activité bien réglée, tandis que les aspects dissonants peuvent être à l'origine de l'expression de désirs de nature destructive.
>
> **Saturne** en aspect harmonique donne de l'habileté technique et une puissance d'exécution capable de résister aux obstacles matériels et de les vaincre. Il fait l'homme de réflexion, l'organisateur, le chercheur scientifique dans des voies matérielles. **Jupiter**, bien aspecté, dénote le profond philosophe, le législateur estimé, le prêtre ardent et sincère : en fait, tous ceux qui ont des aspirations nobles, élevées.
>
> Par contre, **Saturne** en aspect dissonant peut indiquer l'homme à l'esprit étroit, le sectaire religieux, le matérialiste, l'ennemi de la société dans l'Eglise ou l'Etat. **Jupiter**, mal aspecté, peut donner un esprit extravagant, indolent, présomptueux.

En plus des sept planètes précitées, trois autres sont comprises dans notre système solaire : Uranus, Neptune et Pluton.

(♅) **Uranus** peut être considéré comme l'octave de Vénus, c'est-à-dire possédant la même nature mais à un degré plus subtil : l'altruisme. Ses vibrations sont tellement spirituelles que l'homme ordinaire les ressent très peu. *Uranus gouverne les éthers* [1], et, s'il se trouve en aspect avec Mercure, l'Ascendant ou la Lune, il met le sujet en rapport avec le

> 1 Les éthers sont le support de l'expression des formes matérielles. Ils permettent notamment chez l'homme l'assimilation, la reproduction, la vision et la mémoire. L'électricité est une manifestation de ces éthers.

domaine de l'électricité. Les manifestations de cette planète sont toujours soudaines et les personnes qui ne sont pas sensibles à ses plus hautes possibilités les perçoivent souvent sous la forme de désastres.

(♆) **Neptune** est l'octave de Mercure : de même que Mercure est le porte-flambeau du Soleil physique, *Neptune est le porte-flambeau du Soleil Spirituel*, appelé Vulcain par les occultistes, et qu'on perçoit « derrière » le Soleil visible. Peu d'humains sont capables d'être sensibles à cette planète, sauf quand elle a des aspects dissonants ; elle produit alors un état mental incohérent. Lorsqu'elle est placée dans les angles*, et surtout si elle est en élévation*, près du Milieu du Ciel*, elle produit des occultistes et des mystiques de la plus haute volée ; mais si elle est placée en Maison cadente, elle peut causer la médiumnité et, parfois, l'aliénation mentale. Neptune est l'une des cordes les plus élevées de la lyre de l'âme de Dieu, et, par conséquent, l'une des moins employées. Ceux qui ressentent le plus son influence sont les astrologues et les musiciens.

(♇) **Pluton** est l'octave de Mars. Lorsque l'énergie de la nature inférieure cesse d'être employée égoïstement, elle peut être utilisée pour la *régénération du corps et de l'esprit*. De même que pour Uranus et Neptune, rares sont les personnes capables de vibrer aux plus hautes possibilités signifiées par Pluton. C'est pourquoi cette planète, si elle reçoit des aspects dissonants, peut s'exprimer de façon brusque et destructrice par une utilisation corrompue de la matière. Les personnes qui travaillent à la limite de l'énergie et de la matière (comme la constitution de l'atome), sont sous son influence, de même que ceux qui transmuent leur force créatrice (qui se manifeste d'ordinaire par la force sexuelle). Cette force, transmuée en élan mystique, peut alors se transformer en un pouvoir spirituel puissant.

Planètes inférieures (intérieures) — *Vénus et Mercure* ; ainsi désignées parce qu'elles se trouvent toujours près du Soleil : leurs orbites* sont à l'*intérieur* de celle de la Terre. La raison ésotérique de leur proximité du Soleil est donnée au chapitre 1.
Ces planètes s'éloignent au maximum de 48° du Soleil et ne sont donc jamais visibles dans la partie des cieux opposée au Soleil.

Planètes supérieures (extérieures) — *Mars, Jupiter, Saturne, Uranus, Neptune et Pluton* ; ainsi appelées parce qu'elles se meuvent suivant des orbites* plus éloignées du Soleil que celle de la Terre.

Pléïades (Les) — Voir « Etoiles fixes ».

Point Vernal — Point très important en Astrologie et en Astronomie.

Il est défini par l'intersection du plan de l'écliptique* avec le plan de l'Equateur céleste.

C'est le point de la Sphère céleste où nous voyons le Soleil à l'Equinoxe du 21 mars (début du printemps dans l'hémisphère Nord), lorsque le jour et la nuit ont même durée.

Le Soleil semble alors traverser l'Equateur céleste, passant d'une déclinaison* Sud à une déclinaison Nord. Le point vernal correspond au Nœud ascendant* du Soleil.

Ce point est le début du zodiaque intellectuel* ; c'est aussi à partir de lui que sont comptées les longitudes célestes* servant à repérer la position des astres.

Voir aussi « Précession (des équinoxes) ».

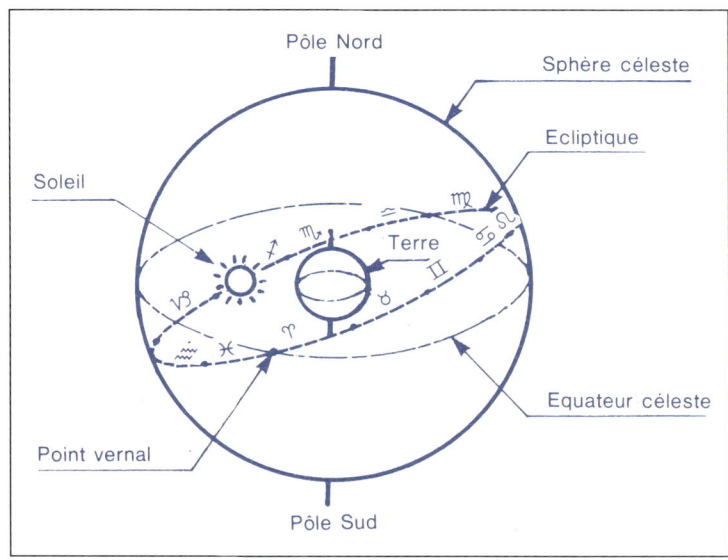

Le Point Vernal sur la sphère céleste

Pointe ou cuspide — Premier degré d'une Maison ou d'un signe.

Lorsque le Soleil quitte le signe du Cancer (29 degrés 59 minutes ♋), il arrive au 0° du ♌. On dit alors qu'il est sur la pointe du Lion ; il en est de même pour les autres signes.

La pointe ou cuspide d'une Maison est le début de cette Maison. Ainsi, l'étendue d'une Maison va de sa pointe jusqu'à celle de la Maison suivante.

L'Ascendant* est la pointe ou cuspide de la Maison 1, le Milieu du Ciel* marque le début de la Maison 10, le Descendant commence la Maison 7, et le Fond du ciel la Maison 4.

Précession (des équinoxes) — Mouvement rétrograde du Point vernal* à travers les constellations zodiacales. Cette « précession » se fait actuellement en 25 800 années environ. Ce mouvement est dû principalement à l'attraction de la Lune et du Soleil sur la Terre. La précession des équinoxes est un facteur important dans l'évolution de l'humanité. (Voir aussi le chapitre 2 et le paragraphe « Zodiaque naturel »).

Prédictions — Beaucoup de personnes se tournent vers l'Astrologie pour connaître leur avenir, ou l'opportunité d'une décision. Lorsque des astrologues font croire, par leurs réponses, à un destin inexorable, ils peuvent enlever au consultant son esprit d'initiative et l'empêcher de prendre ses responsabilités. Aussi, il est important que *l'étudiant apprenne à toujours respecter la nature spirituelle du consultant* pour permettre à celui-ci de pouvoir *mettre en œuvre ses plus hautes facultés*, particulièrement celle de créer des causes nouvelles.

Si les prédictions se réalisaient toujours, cela voudrait dire que l'homme ne jouirait d'aucune liberté ; il ne saurait alors être un créateur potentiel « créé à l'Image de Dieu ».

L'objet de l'Astrologie n'est pas de prédire, mais d'aider l'Homme à prendre conscience des forces qui l'entourent afin qu'il apprenne à les maîtriser conformément à la nature divine qui est en lui.

Progressions — Lorsqu'un enfant naît, il est plongé dans une atmosphère chargée de vibrations stellaires, particulières à ce moment, qui s'impriment sur chaque atome de l'organisme sensible du nouveau-né par l'intermédiaire de l'air inhalé à sa première inspiration. De ce baptême planétaire résultent les traits caractéristiques et le tempérament de l'enfant dans cette présente incarnation. Il lui donne certaines tendances qui persisteront toute la vie et qui seront le point de départ de son évolution spirituelle. C'est le *Radix* — la racine — ou *thème radical* que nous portons dans notre corps ; c'est la base de tous les événements de la vie.

Mais les planètes ne restent pas immobiles ; leur progression est éternelle et, avec le temps, elles forment des aspects autres que ceux qu'elles présentaient à la naissance.

Ces configurations progressées s'appellent aussi **directions secondaires** ; elles marquent dans la vie le moment où certains événements seront susceptibles de se produire.

Le système de mesure du temps des progressions, généralement adopté, définit qu'un jour après la naissance compte pour une année de la vie. Ainsi, les données nécessaires aux calculs relatifs à ces progressions se trouvent dans les éphémérides aux jours suivant celui de la naissance.

Aspects entre les planètes progressées et leurs positions à la naissance

Si, par exemple, le Soleil se trouvait à 0° du Bélier et Jupiter au 25ᵉ degré du Lion, comme le Soleil avance dans le zodiaque à raison d'environ un degré par jour, il sera en trigone* avec Jupiter natal 25 jours environ après la naissance.
La personne rencontrera ainsi des circonstances fortunées dans sa 25ᵉ année.

Un aspect peut aussi se former entre deux planètes progressées, mais son effet n'est pas aussi fort que celui qui a lieu entre une planète progressée et une planète radicale.
Pour compléter l'exemple donné ci-dessus, Jupiter, pendant ces 25 jours, aura progressé d'un ou deux degrés. Il sera alors au 26ᵉ ou au 27ᵉ degré du Lion. Lorsque le Soleil aura dépassé le trigone avec le Jupiter *radical* (ou natal), il viendra à un autre trigone avec le Jupiter *progressé*, et ceci prolongera l'influence bénéfique de plusieurs années.

Aspects de la Lune progressée avec les autres planètes du thème natal

Ces aspects lunaires sont de la plus grande importance car, pour se réaliser, *les progressions entre planètes doivent être confirmées par des aspects de même nature de la Lune progressée.*

Reprenons notre exemple du Soleil progressé en trigone avec Jupiter natal. Si, au moment où cet aspect culminait, la Lune avait été au 26ᵉ degré des Gémeaux, en sextile avec le Soleil et Jupiter, cet aspect aurait donné une impulsion merveilleusement favorable à l'événement signifié par la progression ; mais, si la Lune avait été au 25ᵉ degré du Taureau, en quadrature avec Jupiter, elle aurait empêché l'événement de se réaliser et, à sa place, aurait amené des ennuis. S'il n'y avait pas eu de progression de la Lune à ce moment, *l'événement serait resté latent*, jusqu'au moment où l'aspect lunaire suivant l'aurait soit vivifié, soit fait avorter.

Voir à « Date de Lecture des Progressions » pour les méthodes de calcul des progressions.
L'orbe* accordé aux planètes progressées, pour le calcul de leurs aspects avec les planètes du thème natal, est de 1° à 1° 30'.
Les lunaisons* (Nouvelles Lunes) sont aussi de puissants facteurs pour faire fructifier les progressions, particulièrement lorsque ce sont des éclipses. Voir à « Lunaisons ».

Progressions des angles — La progression* des angles* est la progression du Milieu du Ciel* et de l'Ascendant*. Elle est basée sur l'avance du Temps Sidéral* entre le temps de naissance et le temps correspondant à l'année pour laquelle on désire progresser le thème astrologique. Comme pour les planètes, il y a correspondance entre les jours qui suivent la naissance et les années de la vie de la personne.

Après avoir calculé la « Date de Lecture des Progressions (DLP) », si l'on veut calculer le « Temps Sidéral progressé », il faut ajouter, au temps sidéral du jour correspondant à l'année pour laquelle on désire progresser le thème, l'heure de naissance à Greenwich et la longitude du lieu de naissance (*en heures*).

Deux possibilités se présentent :

● Calcul du Temps Sidéral* progressé pour la **Date de Lecture des Progressions*** :

Ephémérides pour 0 heure :	*Ephémérides pour midi :*
Au ST 0h du jour progressé, ajouter l'heure UT, ajouter la longitude si Est (la retrancher si Ouest)	Au ST 12h du jour progressé, ajouter l'heure MT, ajouter la longitude si Est (la retrancher si Ouest)

(UT est l'abréviation officielle de Temps Universel).
(MT est employé comme abréviation de Temps Moyen à Greenwich).

● Calcul du Temps Sidéral progressé pour la **date anniversaire :**

Pour calculer la progression des angles pour la date anniversaire, il est nécessaire de rajouter aux calculs ci-dessus, une correction de 10 secondes par heure d'intervalle entre le « 0h » (ou le « midi ») précédent et l'heure de naissance à Greenwich.

Ephémérides pour 0 heure :	*Ephémérides pour midi :*
Au ST 0h du jour progressé, ajouter l'heure UT, ajouter 10s par heure UT, ajouter la longitude si Est (la retrancher si Ouest)	Au ST 12h du jour progressé, ajouter l'heure MT, ajouter 10s par heure MT, ajouter la longitude si Est (la retrancher si Ouest)

Avec le Temps Sidéral progressé, trouvé à l'aide d'une des formules énoncées ci-dessus, et avec la *latitude du lieu où la personne réside à l'âge correspondant*, on cherche dans les « Tables des Maisons » le Milieu du Ciel et l'Ascendant progressés, qu'on inscrira, au crayon de préférence, sur le thème natal.

Prenons un exemple. Soit une naissance le 8 août 1984 à 6h 15, Temps Universel, et un lieu situé à 49° N et 9min E (Paris). Avec les éphémérides à midi, le Temps Moyen de naissance (voir chapitre 7) sera 12 heures plus tôt, soit le 7 août 1984 à 18h 15. Si on cherche la progression des angles pour sa 21ᵉ année, et que son lieu de résidence à cet âge-là soit Los Angeles, nous aurons :

Progressions des Angles	pour la D.L.P.		pour la date anniversaire	
	Eph. 0h	Eph. 12h	Eph. 0h	Eph. 12h
Heure à Greenwich Date à Greenwich	6h 15m 8/8/84 UT	18h 15m 7/8/84 MT	6h 15m 8/8/84 UT	18h 15m 7/8/84 MT
Date de 21e année	29/8/84	28/8/84	29/8/84	28/8/84
ST de cette date Heure à Greenwich Correction 10s/h Longitude ST des 21 ans	22h 29m 32s + 6h 15m + 9m = 4h 53m 32s	10h 27m 33s +18h 15m + 9m = 4h 51m 33s	22h 29m 32s + 6h 15m 1m 02s + 9m = 4h 54m 34s	10h 27m 33s +18h 15m 3m 02s + 9m = 4h 54m 35s
Temps sidéral (le plus proche) Latitude de Asc Los Angeles MC	4h 54m 53s 16° ♍ 15° ♊	4h 50m 34s 15° ♍ 14° ♊	4h 54m 53s 16° ♍ 15° ♊	4h 54m 53s 16° ♍ 15° ♊

A titre de comparaison, le thème de naissance pour le 8 août 1984 à 6h 15, UT, donne :
Temps Sidéral de naissance : 21h 06m 44s + 6h 15 + 62s + 9m = 3h 31m 46s.
Temps sidéral le plus proche : 3h 30m 36s. Pour la latitude de Paris, nous avons donc un Asc à 3° ♍ et un MC à 25° ♉ .
L'avance de l'Ascendant en 21 ans est donc d'environ 13° (16° ♍ -3° ♍).
L'avance du Milieu du ciel est d'environ 20° (15° ♊ - 25° ♉). Le Milieu du ciel a donc progressé plus rapidement que l'Ascendant.

Lorsque l'Ascendant passe sur les signes de longue ascension*, il prend du retard sur le Milieu du Ciel, parce qu'il parcourt lentement ces signes. Inversement, il prend de l'avance sur le Milieu du Ciel lorsqu'il parcourt les signes de courte ascension.

Signification de la progression des angles

Lorsque l'Ascendant progresse plus vite que le Milieu du Ciel, les opportunités de développement se feront davantage à travers la personnalité dans la maîtrise des affaires matérielles.
Lorsque le Milieu du Ciel progresse plus vite que l'Ascendant, les opportunités de développement seront plus grandes dans une recherche spécifiquement spirituelle.

Méthode rapide de détermination de la vitesse relative des angles

Pour les cas où la personne naît et vit à une latitude éloignée de l'équateur et lorsque l'Ascendant ne passe pas sur l'un des points solsticiaux*, alors la vitesse relative des angles se voit d'un simple coup d'œil sur le thème. Comme les signes de longue ascension et de courte ascension sont de part et d'autre de l'axe des solstices (allant du 0° ♑ au 0° ♋), cette progression peut être visualisée directement sur le thème natal.

Pour l'exemple ci-dessus, l'Ascendant étant dans le signe de la Vierge, qui est un signe de longue ascension* dans l'hémisphère Nord, il est clair que l'Ascendant mettra beaucoup de temps à parcourir ce signe. Comme le Milieu du ciel est à peu près régulier dans sa course autour des signes du zodiaque, il avancera plus vite que l'Ascendant et les opportunités de développement spirituel seront plus nombreuses.

Nous vous conseillons toutefois, après le premier regard jeté sur une nativité, de procéder au calcul comme indiqué en début de cette rubrique, puis de calculer les aspects formés par l'Ascendant progressé et le thème natal, ainsi que ceux formés par le Milieu du Ciel progressé et le thème natal.

Quadrature (□) — Lorsque deux planètes sont éloignées de 90 degrés, elles sont dites en *quadrature*, car cet angle représente un quart de cercle. Cet aspect*, communément appelé « carré », est dissonant*.

Lorsque deux planètes sont en quadrature, elles se trouvent ordinairement dans deux signes de nature opposée (l'une en signe de feu ou air et l'autre dans un signe d'eau ou terre). Leurs effets ont tendance à se contrarier mutuellement.

Par exemple, une planète à 5° du Bélier (feu et cardinal) se trouve en quadrature avec une autre à 5° du Cancer (eau et cardinal). La synthèse entre les éléments feu et eau est difficile à réaliser.

Quadruplicités — Afin d'indiquer certaines de leurs caractéristiques communes, les signes du zodiaque ont été groupés de diverses manières. L'une d'elles les répartit en trois groupes de quatre signes chacun : ce sont les quadruplicités.

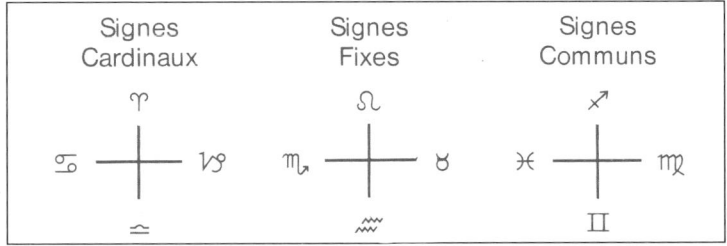

Signes Cardinaux	Signes Fixes	Signes Communs

Lorsque le Soleil marque le début d'une saison, il entre dans un **signe Cardinal** (Bélier, Cancer, Balance et Capricorne). Aux *équinoxes*, le Soleil passe d'une déclinaison* sud à une déclinaison nord, ou vice-versa. Aux *solstices*, il a atteint son maximum de déclinaison nord ou sud et il se dirige à nouveau vers l'équateur ; ses rayons ont alors leur maximum d'inclinaison, c'est le moment où les jours ou les nuits sont les plus longs.

L'effet des **angles*** — Maisons 1, 4, 7 et 10 — est similaire à celui des signes cardinaux. Chaque Maison angulaire étant placée immédiatement après une direction fondamentale du thème (l'Ascendant, le Milieu du Ciel, le Fond du ciel et le Descendant), son influence est comparable aux équinoxes et aux solstices. C'est pourquoi les planètes placées dans les signes cardinaux ou dans les angles donnent l'initiative et l'impulsion nécessaires au corps dense pour de nouvelles activités.

Les **signes fixes** viennent poursuivre l'impulsion générée par les signes précédents en apportant la stabilité et la continuité, sans lesquelles rien ne pourrait aboutir. La persévérance dans l'action est elle-même générée par le rapport de ces signes avec le monde émotionnel.

Les **Maisons succédentes** — Maisons 2, 5, 8 et 11 — « succèdent » aux Maisons angulaires, avec une influence comparable aux signes fixes. Elles se rapportent, notamment, aux finances qui viennent concrétiser les initiatives des Maisons angulaires.

Enfin, les **signes communs ou mutables** préparent les nouvelles directions que vont prendre les signes cardinaux qui les suivent en apportant adaptabilité et souplesse. Les signes mutables sont en harmonie avec le monde de la pensée et les mondes spirituels. Ils donnent un but à l'action et un mobile aux nobles aspirations de la vie.

Les **Maisons cadentes** — Maisons 3, 6, 9 et 12 — ont une signification similaire aux signes mutables.

Radical ou Natal (thème) — Concerne le thème astrologique de naissance.

Réception — Les planètes sont en « réception mutuelle » lorsque chacune occupe le signe gouverné par l'autre. L'effet dépend de l'accord entre la nature des planètes. Par exemple, Vénus dans le Bélier et Mars dans le Taureau sont en **réception mutuelle.**
Lorsque Mars est dans un signe mercurien (Gémeaux ou Vierge), et Mercure dans un signe martien (Bélier ou Scorpion), l'énergie dynamique de Mars « s'infuse » dans l'intelligence de la personne qui, de ce fait, devient plus vive. Que cette vivacité mentale se manifeste dans des directions harmonieuses ou discordantes dépend de l'aspect que forment les planètes. Le propre des « réceptions mutuelles » est de donner de l'énergie.
Lorsque Saturne se trouve dans un signe mercurien (Gémeaux ou Vierge) et Mercure dans un signe saturnien (Capricorne ou Verseau), l'esprit gagne en profondeur, en puissance de concentration ; mais que ces capacités soient utilisées pour le bien ou pour le mal dépend, comme pour Mars, de la nature de l'aspect.
Si Vénus et Jupiter sont en réception mutuelle, et bien aspectés, le chemin de la vie en est considérablement aplani. L'individu qui a cette configuration trouvera partout des gens prêts à l'aider et se fera beaucoup d'amis. Inversement, celui qui a Saturne et Mars en réception mutuelle, en aspect dissonant, rencontrera échecs et hostilités sur son chemin.

Il ne faut cependant pas perdre de vue que *le thème de naissance montre la destinée que nous nous sommes modelée dans nos existences passées.* Celui qui, dans les vies antérieures, s'est efforcé d'être bon et obligeant, ne possèdera pas la même configuration stellaire que celui qui n'a vécu que pour lui-même et avec malveillance pour les autres. Si ce dernier s'efforce de changer d'attitude et use de charité envers autrui, il vaincra alors, avec le temps, ses aspects indésirables. Les épreuves ne nous adviennent pas inutilement, elles sont autant d'occasions mises sur notre chemin, par les Anges de Justice, pour nous permettre de corriger nos défauts et améliorer notre caractère. Il viendra un temps où nous serons tous aimables et dignes d'être aimés : il n'y aura plus alors de « mauvaises influences » pour nous.

Rétrogradation (mouvement Rétrograde) — Une planète est dite « directe » lorsqu'elle avance dans l'ordre des signes du zodiaque (du Bélier vers le Taureau, etc.). Elle est dite *« rétrograde »* lorsqu'elle recule dans les signes (du Bélier vers les Poissons, etc.).

Dans les Ephémérides, le mouvement rétrograde est indiqué par un « R » accompagnant la longitude de la planète le premier jour où elle devient rétrograde, ainsi qu'au début et à la fin de chaque page, tant que dure la rétrogradation. La reprise de la marche *directe* est indiquée par un « D ».

Les durées et distances moyennes de rétrogradation des planètes sont indiquées au paragraphe « Données géocentriques ».

Les luminaires (Soleil et Lune) sont toujours directs.

La rétrogradation est différente s'il s'agit d'une planète dite inférieure* ou d'une planète supérieure*. Les planètes Inférieures (Mercure et Vénus) sont plus proches du Soleil que la Terre. Nous les trouvons toujours à peu de distance du Soleil et ne peuvent former que des *conjonctions* avec celui-ci. Ces conjonctions sont *alternativement directes et rétrogrades.*

Par contre, si nous regardons dans les éphémérides le déplacement des planètes « supérieures » (Mars, Jupiter, Saturne, Uranus, Neptune et Pluton), nous voyons que leur parcours dans les signes est indépendant du Soleil. Néanmoins, *une planète supérieure est toujours rétrograde lorsqu'elle est en opposition* au Soleil. Lorsqu'elle se trouve en conjonction*, sextile* ou quadrature* avec le Soleil, elle est toujours directe.*

Il n'y a pas de règle aussi générale pour le trigone*.

Par conséquent, la rétrogradation d'une planète dépend de sa position par rapport au Soleil et par rapport au centre de la Terre (qui est représenté par le centre de la carte du ciel).

Boucle rétrograde de Mercure, planète « inférieure »

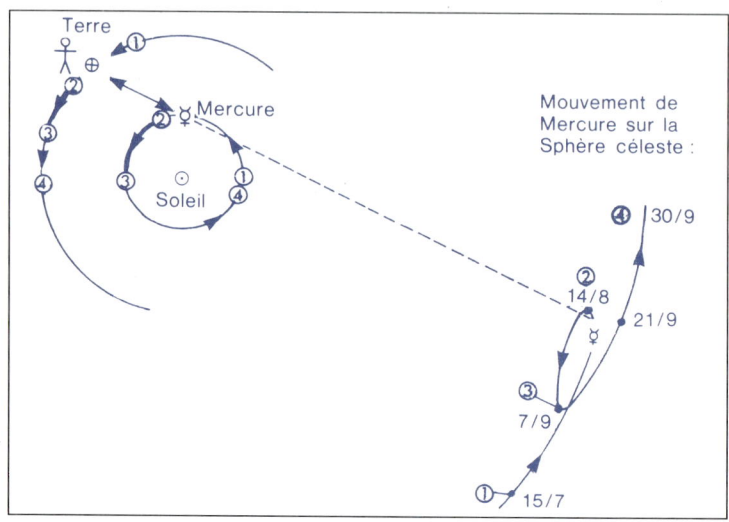

Rétrogradation de Jupiter, planète « supérieure »

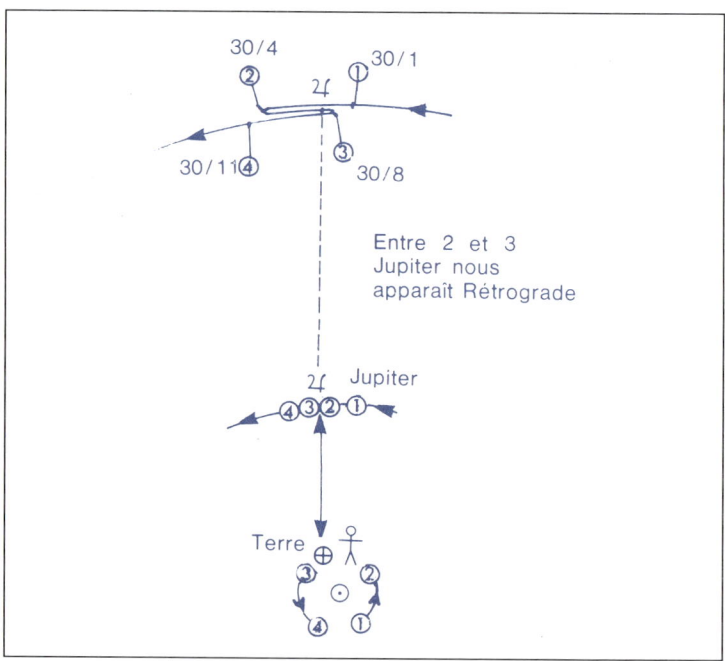

Révolution — Marche circulaire des corps célestes dans l'espace. Temps mis par une planète pour parcourir son orbite*.

La **révolution sidérale** se mesure entre deux conjonctions consécutives au même point du *zodiaque des constellations*.

La **révolution tropique** se mesure entre deux conjonctions consécutives au même point du *zodiaque des signes* (parmi les révolutions tropiques, la « révolution solaire » est la plus connue).

La **révolution synodique** se mesure entre deux conjonctions consécutives avec le *Soleil* (parmi les révolutions synodiques, la « lunaison » est la plus connue).

Rotation axiale — Comme la Terre, toutes les planètes tournent autour de leur axe, mais à des vitesses différentes. (Voir chapitre 1).

Satellites — Certaines planètes ont un certain nombre de satellites, c'est-à-dire des corps célestes qui gravitent autour d'elles :

Mercure	0	Saturne	17
Vénus	0	Uranus	5
La Terre	1	Neptune	2
Mars	2	Pluton	1
Jupiter	16		

Les nombres indiqués ci-dessus sont sujets à révision, car les explorations spatiales nous font découvrir fréquemment de nouveaux satellites de taille réduite.

La raison spirituelle de leur existence est qu'ils servent en général de champ d'évolution à des êtres qui ne supportaient plus les conditions vibratoires existant sur la planète « mère » et en ont été littéralement expulsés afin de poursuivre leur développement dans une ambiance adaptée à leurs besoins. Leur influence sur le comportement humain étant très secondaire, nous n'en tenons pas compte — sauf pour la Lune, bien sûr, qui est directement rattachée à notre environnement.

Séparation — Se dit d'une planète qui s'éloigne d'une autre avec laquelle elle était en aspect. L'aspect se défait. Voir le mot « Application » pour le cas inverse.

Sextile (∗) — Distance de 60 degrés entre deux planètes ; il est ainsi appelé parce qu'il correspond à la sixième partie du cercle. Voir « Aspect ».

Un sextile a lieu ordinairement entre deux *signes masculins* ou entre *deux signes féminins*. Il y a complémentarité entre Feu et Air ou entre Eau et Terre. Les oppositions* comportent également cette complémentarité, mais le sextile ne relie pas entre eux des signes de nature « opposée ». Le sextile est considéré comme « harmonique ».

Signes — Les signes du zodiaque sont des divisions du ciel, le long de l'écliptique*, commençant au Point Vernal*. Les 30 premiers degrés se nomment le Bélier, les 30 suivants le Taureau ; puis viennent les Gémeaux, le Cancer, le Lion, la Vierge, la Balance, le Scorpion, le Sagittaire, le Capricorne, le Verseau et les Poissons.

Cette division égale du zodiaque est appelée Zodiaque intellectuel*, à ne pas confondre avec le Zodiaque naturel*. (Voir chapitre 2).

C'est en relation avec ces signes du zodiaque que sont données les positions planétaires, les pointes des Maisons et les positions des étoiles fixes.

Les 12 Signes

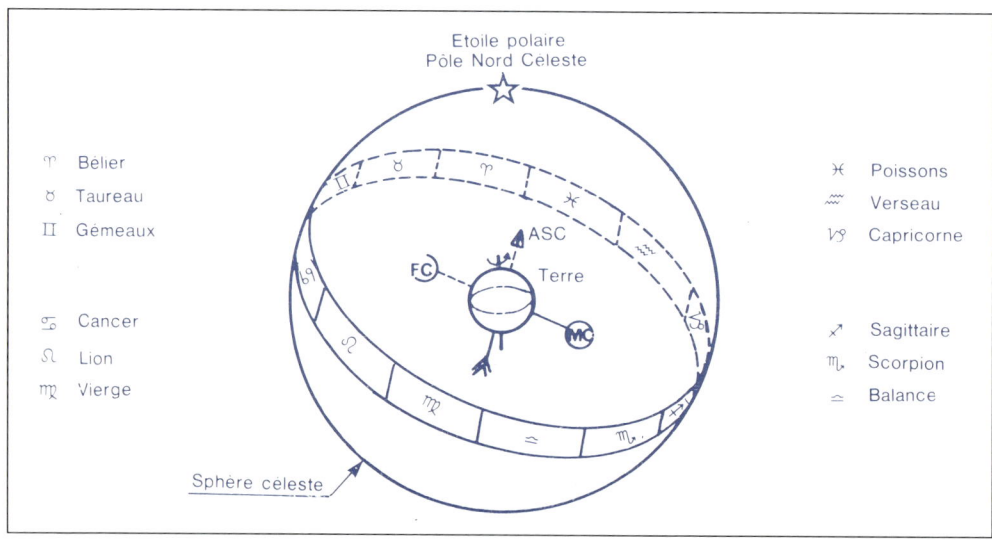

♈ Bélier
♉ Taureau
♊ Gémeaux

♋ Cancer
♌ Lion
♍ Vierge

♓ Poissons
♒ Verseau
♑ Capricorne

♐ Sagittaire
♏ Scorpion
♎ Balance

Principales divisions des signes

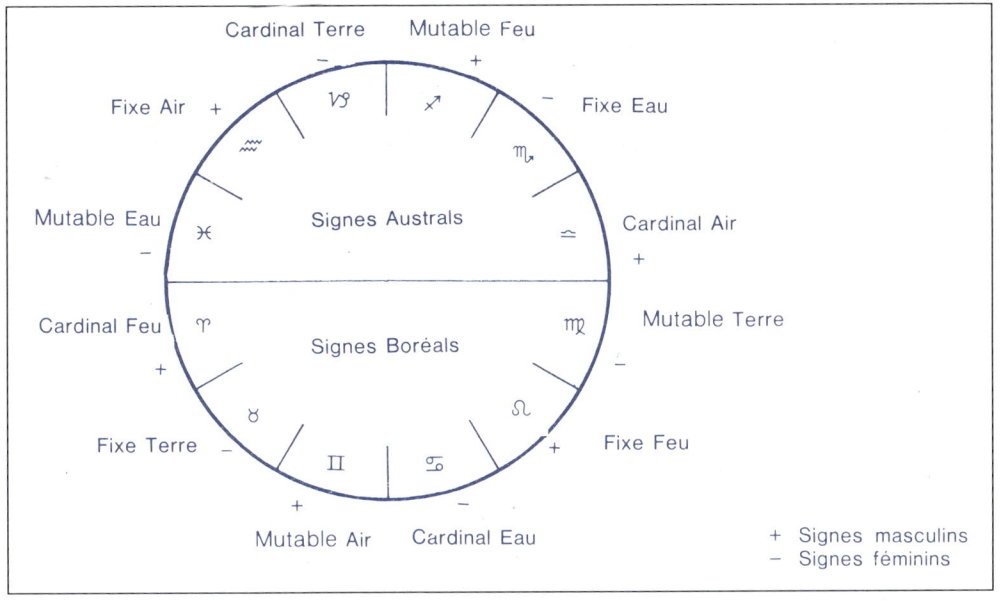

Signes d'Air — Les Gémeaux, la Balance, le Verseau. Leur influence est essentiellement mentale et relationnelle. (Voir triplicités*).

Signes australs — La Balance, le Scorpion, le Sagittaire, le Capricorne, le Verseau et les Poissons sont dits australs parce que, lorsque le Soleil est dans ces signes, il se trouve au Sud de l'équateur céleste (déclinaison Sud). C'est alors l'été pour les habitants de l'hémisphère austral et l'hiver pour ceux de l'hémisphère boréal.

Signes boréals — Le Bélier, le Taureau, les Gémeaux, le Cancer, le Lion et la Vierge. Ainsi appelés parce que, lorsque le Soleil est dans ces signes, il a une déclinaison*Nord.

Signes cardinaux — Le Bélier, le Cancer, la Balance et le Capricorne. Les signes cardinaux (du latin cardo, cardinis = pivot) débutent tous aux équinoxes et aux solstices. A l'équinoxe de mars, le Soleil entre dans le signe du Bélier et, à l'équinoxe de septembre, il entre dans le signe de la Balance. Il atteint sa déclinaison Nord la plus élevée lorsqu'il entre dans le signe du Cancer et sa plus grande déclinaison Sud dans celui du Capricorne (voir le tableau inclus dans le paragraphe « Zodiaque intellectuel »).

Les signes cardinaux favorisent l'activité et l'esprit d'entreprise.

Signes communs (mutables) — Les Gémeaux, la Vierge, le Sagittaire et les Poissons. Ils sont adaptables et leur nature est changeante. Ils sont en relation avec le monde de la pensée et les mondes spirituels.

Signes doubles — Les Gémeaux, les Poissons. Ainsi appelés parce que, dans le zodiaque, les Gémeaux sont représentés comme deux jumeaux ; les Poissons, par deux poissons.

Tous les signes mutables sont de nature double, changeante. Ils sont doubles car charnières entre les signes fixes qui les précèdent et les signes cardinaux qui les suivent. Cette situation leur propose un double choix.

Signes d'Eau — Le Cancer, le Scorpion et les Poissons constituent l'une des quatre « triplicités* » (voir ce mot).

L'eau est le dissolvant et le liant universels dans le laboratoire alchimique de la Nature. Le Soleil de la vie, l'Ego, passe à travers les eaux de la parturition en trois phases définies, symbolisées par les signes d'eau.

Lorsque le Soleil est à son plus haut point de déclinaison, dans le signe d'Eau psychique du Cancer, désigné par les anciens Egyptiens comme *la sphère des âmes en instance de réincarnation*, il est au trône du Père, Source de Vie. Là, il tire de cette source inépuisable une nouvelle provision d'élixir de vie pour l'année à venir, et aussitôt commence sa descente pour apporter ce trésor au monde matériel.

Pour accomplir sa tâche, il doit passer par le Feu de son propre signe, le Lion, et unir le Feu à l'Eau : de la réussite de cet exploit alchimique dépend toute la vie manifestée.

En octobre, le Soleil entre dans le deuxième signe d'Eau, le Scorpion, où les énergiques esprits lucifériens s'efforcent d'amalgamer les deux éléments antagonistes, mais sans y parvenir complètement, car le Feu des passions et l'Eau des émotions bouillonnent et écument en proie à la guerre et à la lutte. Ainsi, la pure essence de vie, reçue de notre Père Céleste, est souvent ternie par les passions lorsque la nature inférieure du Scorpion s'exprime. Pour se purifier, il est trempé dans le feu des aspirations du signe du Sagittaire, avant d'arriver à Noël.

En mars, le passage du Soleil à travers le dernier des signes d'Eau, les Poissons, permet au Sauveur de se libérer des entraves matérielles et de remonter au trône du Père pour y chercher les forces nécessaires pour aborder l'année suivante. Lorsque le Soleil croise l'équateur, il est crucifié sur sa Croix et peut alors s'écrier : « Consummatum est » — Tout est accompli !

Signes féminins — Ils comprennent les six signes pairs : le Taureau, le Cancer, la Vierge, le Scorpion, le Capricorne et les Poissons, c'est-à-dire les signes de Terre* et les signes d'Eau*. Or, Terre et Eau sont les deux attributs de Mère Nature, et c'est au moyen de ces deux éléments qu'elle a la possibilité de créer. Aussi, les signes qui ont une affinité pour ces éléments peuvent-ils être appelés féminins. Même la Vierge — qui est dite parfois signe « stérile » — est probablement le signe le plus important des signes féminins car, pendant le mois de septembre, alors que le Soleil est dans ce signe, l'onde spirituelle de la vie génératrice commence sa descente vers la Terre. Elle s'y concentre à Noël pour irradier la vie germinative qui se manifeste et s'épanouit à Pâques. Puis, le Sauveur ayant encore une fois donné sa vie pour tous, remonte vers le Père.

Ces signes féminins donnent une nuance réceptive et réalisatrice aux énergies planétaires qui s'y trouvent.

Signes fertiles — Le Cancer, le Scorpion et les Poissons — signes constituant la triplicité d'Eau — sont les véhicules particuliers de la fonction créatrice de la nature. Lorsque la Lune est dans ces signes, elle verse abondamment l'Eau de la Vie, principe fécondant, et il a été observé que les semences plantées alors que la Lune est dans un de ces signes produisent davantage que lorsqu'elles le sont dans un autre signe.

Signes de Feu — Le Bélier, le Lion et le Sagittaire : la première des quatre triplicités* (voir ce mot). Ces signes donnent le « feu intérieur », l'énergie nécessaire à toute Vie.

Signes fixes — Le Taureau, le Lion, le Scorpion et le Verseau. Lorsque les angles* d'une nativité sont situés dans ces signes, et que plusieurs planètes s'y trouvent placées, ils donnent au sujet un esprit très « fixe » et une persévérance extraordinaire, de sorte qu'il réussit presque toujours dans tout ce qu'il entreprend.

Signes masculins — Les signes impairs : le Bélier, les Gémeaux, le Lion, la Balance, le Sagittaire et le Verseau. Ils comprennent la triplicité des *signes de Feu** et celle des *signes d'Air**.

La terre et l'eau sont des substances inertes, mais elles réagissent sous l'influence des autres éléments moins passifs : le vent agite l'eau de l'Océan et le feu des volcans secoue la Terre. Cette image explique la raison pour laquelle les signes de feu et d'air sont dits masculins ou actifs.

Signes mutables — Voir « Signes communs ».

Signes de Terre — Ce sont le Taureau, la Vierge et le Capricorne. Voir « Triplicités ».

Significateurs — Les planètes, l'Ascendant, le Milieu du Ciel, la Part de Fortune, la Tête et la Queue du Dragon. Ils sont ainsi appelés parce que leurs places et aspects donnent la base de l'interprétation d'un thème.

Solstice — Ce mot est composé de « sol », Soleil, et de « stare », s'arrêter. Il décrit donc fort bien ce qui se passe au solstice, qui est le point où le Soleil est à sa plus haute déclinaison* (Nord ou Sud) et le plus loin de l'Equateur céleste*. Là, il « s'arrête » et reste pendant trois jours dans le 23ᵉ degré de déclinaison avant de commencer à redescendre (ou remonter) vers l'Equateur céleste.
Il y a deux solstices, l'un vers le 21 juin, l'autre vers le 22 décembre. Ils correspondent au solstice d'été ou d'hiver suivant que l'on se trouve dans l'hémisphère Nord ou Sud. C'est à ces solstices que, respectivement, la durée des jours et des nuits est la plus longue.

Sphère céleste — Sphère imaginaire entourant la Terre et sur laquelle sont reportées les étoiles « fixes », les mouvements des planètes et les cercles délimitant les Maisons. La sphère céleste permet de décrire le mouvement des corps célestes.

Définition de quelques points importants de la sphère céleste

Le *zénith** se trouve à tout instant à la verticale du lieu, c'est-à-dire au-dessus de notre tête. A l'opposé, en passant par le centre de la Terre, se trouve le *nadir**.
L'*horizon céleste** est un plan perpendiculaire à la ligne Zénith/Nadir et qui passe par le centre de la Terre.
Le *Pôle Nord céleste* se trouve à la verticale du pôle Nord, le *Pôle Sud céleste* se trouve à la verticale du pôle Sud. A égale distance de ces deux pôles, une ligne imaginaire partage la sphère céleste en deux : c'est l'*Equateur céleste.*

La Sphère céleste

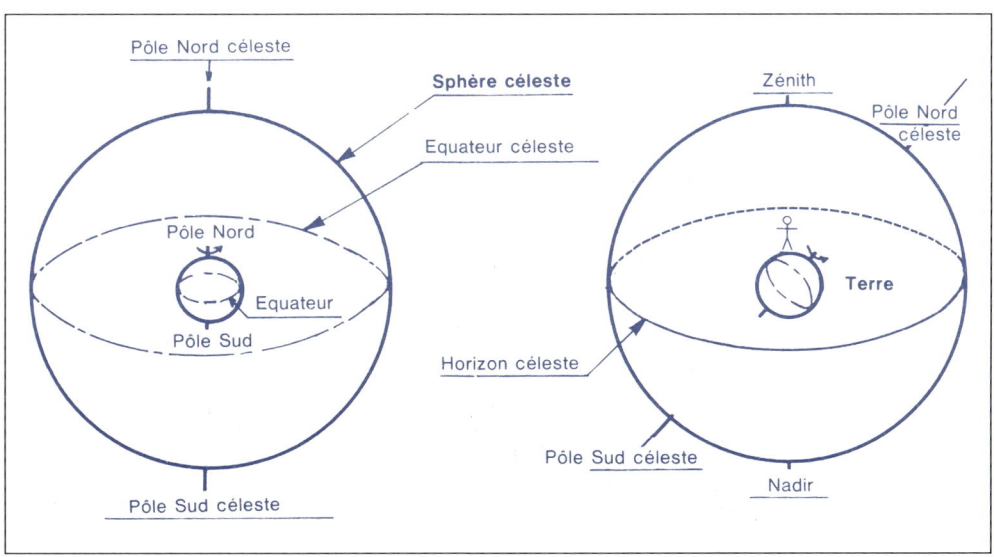

Stationnaire — Se dit d'une planète qui reste quelque temps au même degré du zodiaque. Cela se produit quand son mouvement passe de Direct à Rétrograde* ou inversement.

Symboles — Les symboles des planètes sont composés de cercles, de demi-cercles et de croix. *Le cercle est le symbole de l'Esprit, le demi-cercle, celui de l'Ame, tandis que la croix représente la matière, le Corps physique.*

Ainsi, les éléments constitutifs de l'être humain : *l'Esprit, l'Ame et le Corps* sont figurés dans les éléments des symboles planétaires pour montrer aux mystiques leur mission dans l'humanité. Ces éléments sont groupés de façon à indiquer la nature de la planète qu'ils représentent et l'office qu'elle remplit dans la Grande Ecole de la Vie où Dieu nous a placés, sous la garde des Esprits planétaires qui s'efforcent de nous enseigner la sagesse divine.

☉ — Le **Soleil**, comme le montre son symbole, est le centre de toutes les facultés spirituelles, la source de toute vie ; c'est l'alpha et l'omega. Dans un thème, il représente la tonique de l'Ego pour cette incarnation.

☽ — La **Lune** a pour symbole un demi-cercle qui montre que nous avons complété l'arc de l'involution pendant laquelle nos corps ont été construits et que, maintenant, l'essence extraite des expériences de ces véhicules doit être transmuée en qualités spirituelles par l'alchimie de la croissance de l'Ame, de façon à pouvoir nous élever sur la courbe de l'évolution.

♂ — Le symbole de **Mars** est une « croix » *au-dessus* d'un cercle, la croix (ou flèche) représente l'homme non régénéré chez qui les désirs inférieurs dominent encore le cercle de l'Esprit. Mais, en piétinant la nature spirituelle, le caractère de Mars engendre guerre et lutte qui le font souffrir, même s'il est victorieux. C'est par des échecs répétés que notre nature s'adoucit graduellement.

♀ — **Vénus** : Quand la nature martienne a suffisamment souffert, le cercle de l'Esprit monte graduellement au-dessus de la croix de la Personnalité et devient ainsi le symbole de Vénus, planète de l'amour et de l'harmonie.

Saturne et Jupiter ont des symboles qui indiquent également de quelle manière s'accomplit la *croissance de l'Ame*.

♄ — Dans le symbole de **Saturne**, la croix de la Personnalité est élevée au-dessus de la signature de l'Ame, le demi-cercle. La croissance de l'Ame s'accomplit par le service, mais le symbole de Saturne montre clairement que la personne placée sous sa domination est plutôt disposée à se laisser servir qu'à servir les autres et, par son égoïsme, met obstacle au bien commun. Evidemment, d'autres s'offensent de ce comportement et Saturne provoque ainsi, en retour, chagrin, tracas, ennuis, désappointements. C'est ainsi que nous apprenons qu'il nous est impossible de nous aider nous-mêmes en étant égoïstes, mais que nous y arrivons en nous oubliant.

♃ — **Jupiter** : Lorsqu'après avoir beaucoup souffert, nous comprenons enfin que l'égoïsme est une coque qui nous sépare de nos semblables, nous commençons lentement à cultiver la vertu de bienveillance et, graduellement, le demi-cercle de l'Ame monte au-dessus de la croix de la matière. Il devient alors le symbole de Jupiter, philanthrope et ami des hommes. Il représente un être qui aime tout le monde et qui est également aimé des dieux et des hommes.

☿ — **Mercure** : Dernier né dans le Royaume de Dieu — le système solaire — il est de la plus grande importance en raison de son influence sur le Corps, l'Ame et l'Esprit ; celle-ci est révélée par son symbole qui contient tous les éléments : le cercle, le demi-cercle et la croix. Ceci parce que l'Intellect unit l'entité physico-spirituelle toute entière qu'on appelle *l'Homme*. Sans Mercure, ce serait impossible. Néanmoins, Mercure est neutre. Il dépend de l'Ego, représenté par le cercle central, d'employer ses attributs divins de choix et de libre arbitre pour aspirer au développement de l'Ame, ainsi que le suggère la signature de l'Ame, le demi-cercle placé au-dessus du cercle de l'Esprit. Il est libre également de s'abaisser vers la croix de la Personnalité, au-dessous du cercle, et de se complaire dans la matérialité. Aucune créature terrestre ne possède des possibilités aussi divines que celles de l'Homme, aucune ne saurait aspirer plus haut, mais aucune non plus ne pourrait tomber plus bas.
Ce combat de la nature supérieure pour maîtriser la nature inférieure — symbolisé par le demi-cercle et la croix qui sont placés au-dessus et au-dessous du cercle dans le symbole de Mercure — a été évoqué par Gœthe, dans son immortel *Faust*, lorsque son héros dit :

Tu n'as vraiment connu qu'une seule impulsion ;
Puisses-tu ne jamais connaître la seconde !
Car deux âmes hélas ! habitent dans mon cœur
Et luttent pour la suprématie.
L'une, de toutes ses fibres, s'attache à la terre
Et s'y cramponne avec passion.
L'autre, pleine d'une ardeur sacrée, aspire
A s'élever dans des sphères plus pures.

⛢ — Dans le symbole d'**Uranus**, nous retrouvons le cercle de l'Esprit surmonté de la croix de la Personnalité. Celle-ci n'est plus dirigée comme dans la flèche de Mars, mais ouverte sur l'Univers entier par l'intermédiaire de deux demi-cercles représentant deux aspects de l'Ame. L'expression des désirs que Vénus a exprimé sous forme d'amour avec ses proches, se manifeste, pour Uranus (par l'intermédiaire de l'Ame qui passe au-delà des limitations de la Personnalité), par l'amour altruiste.

La Personnalité essayera d'utiliser, tout d'abord, cette conscience de l'universalité des choses pour ses propres besoins, en oubliant qu'elle doit se conformer aux lois matérielles pour pouvoir exprimer les principes spirituels. En apprenant à mettre ses efforts au service de l'Ame, elle pourra commencer à exprimer un amour qui n'est plus limité aux proches, mais un amour universel, désintéressé, tel que le Christ le ressentait.

♆ — Le symbole de **Neptune** se compose de plusieurs éléments, dont le plus caractéristique est la partie supérieure du symbole, qui évoque le trident du Dieu des océans. Ce trident peut être vu de différentes façons.

En examinant le demi-cercle de l'Ame tourné vers le haut, nous pouvons le comparer à celui de Mercure. L'aspiration au développement de l'Ame, dans le symbole de Neptune, est toutefois sous-tendue par l'aspiration des trois corps qui constituent les trois véhicules de la Personnalité, représentés par les trois croix en forme de flèche. Ces trois branches se réunissent avec la racine de l'Esprit, pour former la croix de la Personnalité. Fondue avec le demi-cercle de l'Ame, elle représente la fusion de ces deux éléments en un seul principe.

La haute aspiration indiquée par le trident sensibilisera la Personnalité aux entités vivant dans l'océan spirituel de la Vie et lui permettra d'entrer en contact avec elles, à son avantage ou à son détriment.

♀ — Le symbolisme de **Pluton** comprend également les trois éléments de base qui représentent les trois aspects de l'Homme, l'Ame servant d'intermédiaire entre l'Esprit et la Personnalité. Pluton est actuellement surtout vécu comme négation des principes divins de l'Ame et de l'Esprit. La matière utilisée ainsi à des fins égoïstes devient corrompue et viciée. Lorsque Pluton se régénère sous la direction de l'Esprit, la matière est transmuée, la mort devient Vie, la lumière luit dans les ténèbres.

Dans le symbole de Pluton, le cercle ne touche ni le demi-cercle, ni la croix, indiquant que son pouvoir spirituel doit libérer l'Esprit de sa prison temporelle, en terminant le cycle de ses incarnations terrestres et le conduire à la Vie éternelle dont nous parle le Christ.

Le symbolisme de Pluton résume les étapes qu'il faut franchir pour accéder à un plan supérieur de conscience : crucifier sa Personnalité sur la croix de la matière, et en recueillir le sang, véhicule de l'Ego, dans la coupe de l'Ame.

Tables des Maisons — Tables indiquant les positions des pointes (ou cuspides) des Maisons* dans les signes zodiacaux en fonction de la latitude du lieu et du Temps Sidéral* de naissance.

Ces tables sont utilisables pour n'importe quel jour d'un siècle proche du XXe. Elles sont calculées par rapport au Point vernal* et restent pour ainsi dire invariables.

Toutes les Tables des Maisons donnent le même Ascendant et le même Milieu du Ciel (pour une même latitude et un même Temps Sidéral), mais certaines diffèrent dans leurs méthodes de calcul des pointes des Maisons succédentes* et cadentes*. Nos Tables des Maisons sont calculées d'après la méthode que *Placide* a remis en honneur et qui tient compte de « la vitesse d'ascension des signes pour la déclinaison de la pointe de la Maison elle-même ». Nous utilisons uniquement cette méthode, en conformité avec les « heures planétaires »*. Celles-ci permettent aussi de mieux comprendre « pratiquement » la méthode de Placide :

Ainsi lorsque le Soleil se lève à l'Horizon Est, il est à l'Ascendant et la première « heure planétaire » de la journée commence. Le moment où où le Soleil passe sur la pointe* de la Maison 12 correspond au début de la troisième « heure planétaire ». Lorsque le Soleil passe sur la pointe de la Maison 11, la « cinquième heure » planétaire commence, etc… De façon plus précise, un degré du zodiaque met un temps identique pour parcourir chaque Maison diurne (12, 11, 10, 9, 8 et 7), ou chaque Maison nocturne (6, 5, 4, 3, 2 et 1).

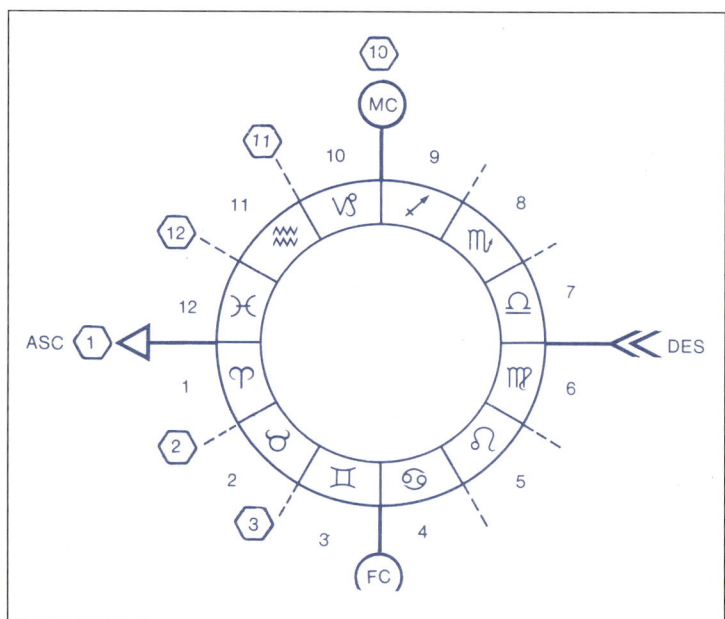

Pointes ou cuspides des Maisons

Pointes des Maisons sur les signes zodiacaux pour un Temps Sidéral de 18h et une latitude de 0°.

Heures du passage du degré « 15° 38' ♌ » sur les différentes pointes de Maisons (en temps local)

(15° 38' ♌ est la position du Soleil le mercredi 8/8/1984 à 0h UT).

Les planètes représentées à l'extérieur du cercle sont les Gouverneurs des heures planétaires pour le jour considéré. Leur « fonction » commence en concordance avec le découpage en « Maisons ».

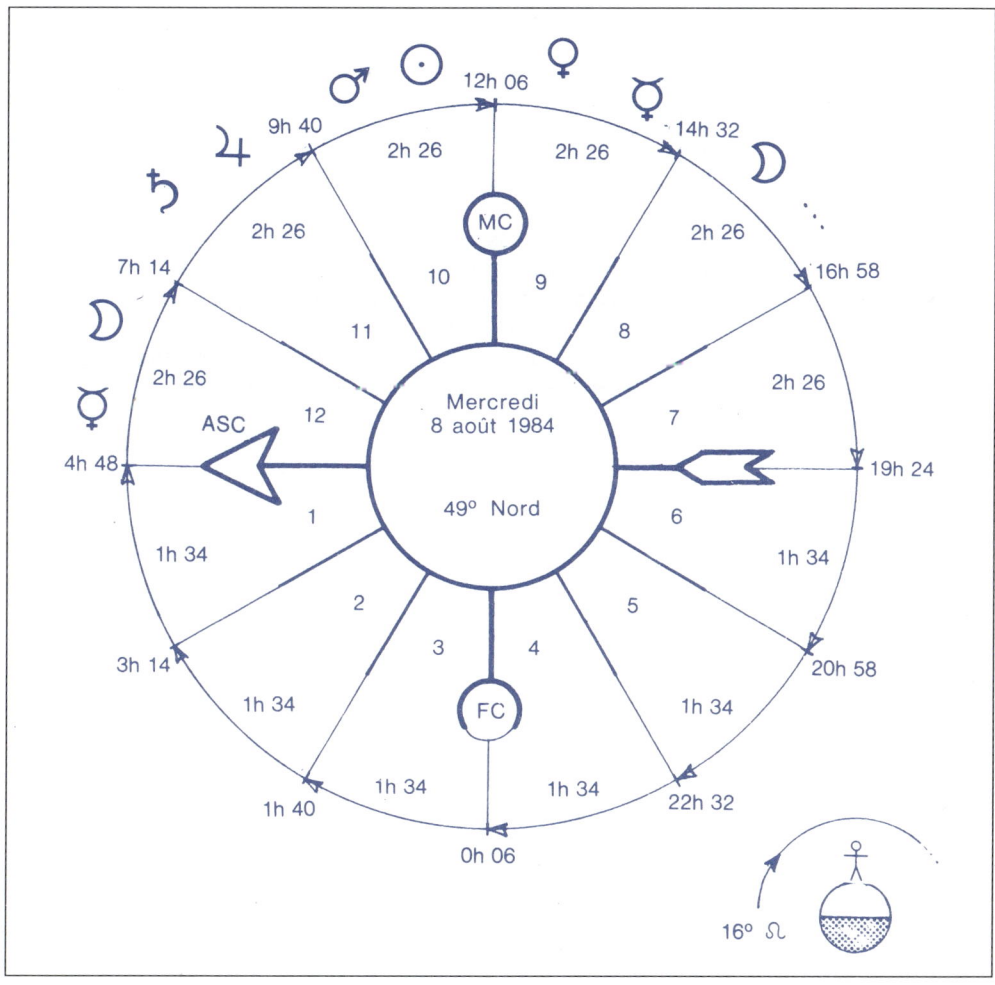

Tables des Maisons, hémisphère Sud — Les Tables des Maisons combinent les pointes des Maisons pour des lieux de latitude Nord et Sud. Les pointes des Maisons sont inscrites en haut de page pour les latitudes Nord, et en bas de page pour les latitudes Sud.

10	11	12	ASC	2	3
. .	. .	. .	. .	. .	. .
4	5	6	7	8	9

Avant de lire les pointes des Maisons d'une latitude Sud, on aura pris soin d'ajouter 12 heures au Temps Sidéral de naissance pour trouver le temps sidéral à utiliser pour les latitudes Sud (ST « + 12h »).

Les schémas 1 et 2 ci-dessous permettront de bien comprendre la raison de ces opérations.

Schéma 1

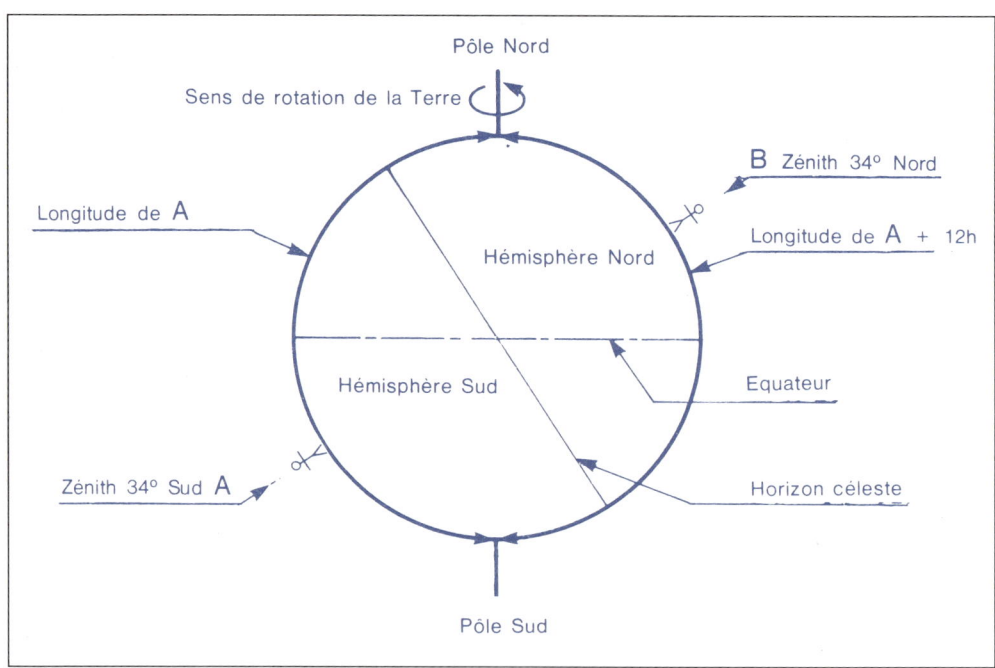

Nous constatons, sur le schéma 1, que l'horizon céleste (en trait plein) d'un lieu de latitude Sud est le même que celui d'un lieu de même degré de latitude Nord, *mais de longitude décalée de 12h* (le Zénith* de B est le Nadir*de A et vice-versa).

Schéma 2 (correspond au thème numéro 2)

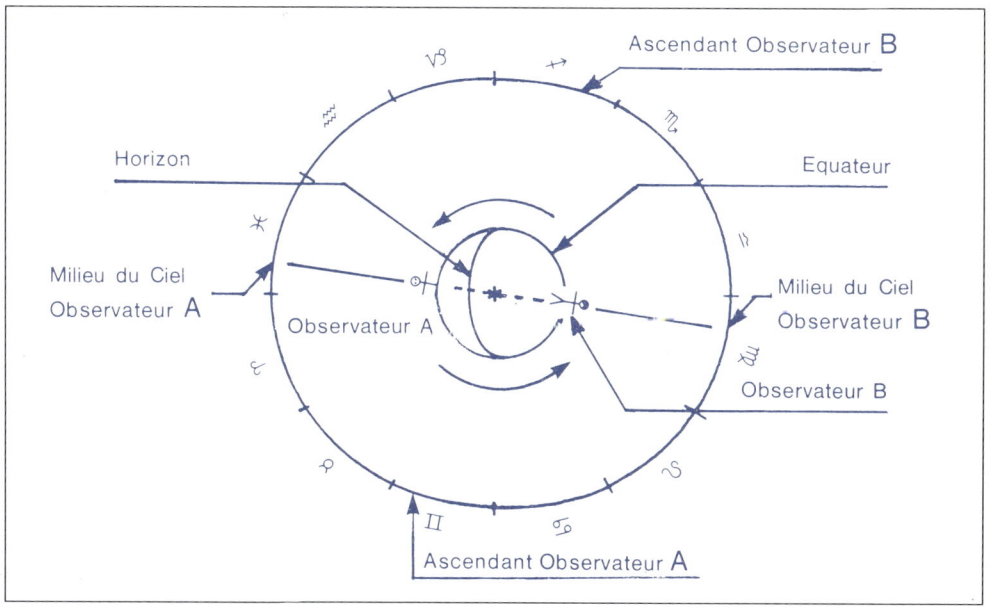

Nous constatons sur le schéma 2 que, compte tenu du sens de rotation de la Terre, le degré du zodiaque (12° des Gémeaux) qui se lève pour l'observateur A (hémisphère Sud), se couche pour l'observateur B (hémisphère Nord).

Ainsi, le point du zodiaque qui est à l'Ascendant pour le premier est au Descendant pour le second.

De même, le degré du zodiaque qui est le Milieu du Ciel pour l'observateur A (26° ♓) sera le Fond du Ciel pour l'observateur B.

Comparaison d'un thème Nord et Sud

**Thème numéro 1
(34° Nord)**

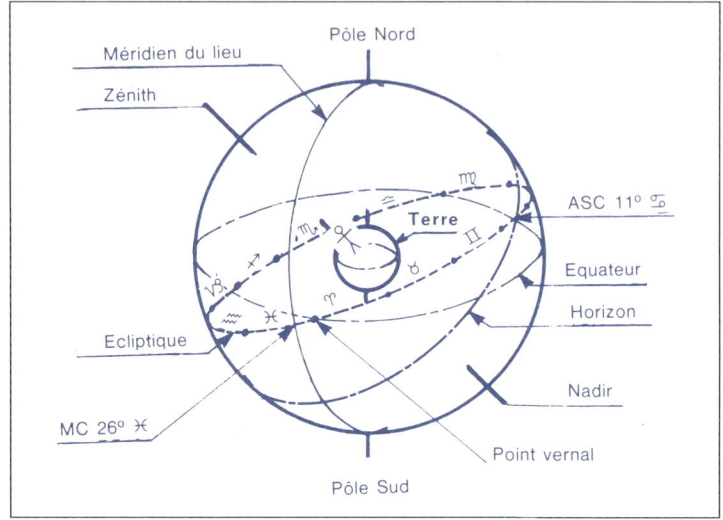

**Thème numéro 2
(34° Sud)**

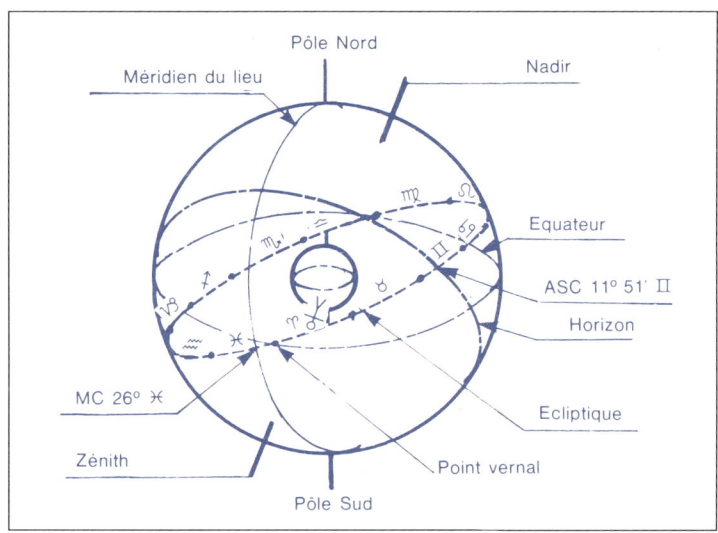

Dans les deux schémas ci-dessus, nous représentons schématiquement, sur la Sphère céleste* cette fois-ci, les deux thèmes numéro 1 et numéro 2 de la *fin du chapitre 4.*

Le Temps Sidéral étant identique, le Milieu du Ciel sera le même. Par contre, *les Ascendants seront différents en raison de l'orientation différente de l'horizon par rapport à l'écliptique.*

Temps — Le *Temps* présente des aspects variables et est fonction de différents critères. Il sert à mesurer la durée de phénomènes, et est exprimé en années, mois, jours, heures, minutes et secondes.

Il existe différents temps, qui varient selon ce qu'ils mesurent. (Voir les diverses rubriques « Temps » ci-après.)

Le temps peut par exemple servir à mesurer des angles sur l'équateur* terrestre ou céleste.

Le Temps Sidéral*, qui est mesuré sur l'équateur céleste, est le temps nécessaire au point vernal* pour arriver au méridien* d'un lieu. C'est aussi l'*angle* entre le point vernal et ce méridien (ce qui nous permet de connaître, à partir du Temps Sidéral, sur quel degré du zodiaque il faut placer le Milieu du Ciel*).

La longitude* d'un lieu, qui est une mesure d'angle sur l'équateur, va de 12 heures — Ouest — à 12 heures —Est — par rapport au méridien de Greenwich. Approximative-ment, c'est aussi le temps nécessaire pour qu'un point du zodiaque passe, en raison de la rotation de la Terre, du méridien d'un lieu à celui de Greenwich, ou inversement.

Par exemple, si 3h 53 Ouest est la mesure d'angle entre le méridien de Buenos-Aires et le méridien de Greenwich, alors le temps néces-saire à la Terre, pour amener le méridien de Buenos-Aires à la place qu'occupait initialement celui de Greenwich, sera également de 3h 53.

Temps Dynamique Terrestre ou Temps des Ephémé-rides — Le Temps Dynamique Terrestre (TDT) est le temps utilisé pour le calcul des éphémérides. Il fait abstraction des petites variations non prévisibles que subit le mouvement de la Terre. La différence, nommée « **Delta T (ΔT)** », entre ce temps et le Temps Universel* utilisé pour le calcul du thème, peut être négligée dans les calculs présentés dans ce livre.

Si l'on utilise le Temps Universel au lieu du Temps Dynamique Terres-tre (pour 1984), le Soleil ne présente qu'une différence de l'ordre de 2", et la Lune, qui est l'astre le plus rapide, présente une différence de l'ordre de 31".

Comme nous arrondissons les positions des luminaires à la minute près, en faisant les calculs du thème natal, ce qui est largement suffisant pour nos besoins, nous pouvons nous passer de cette correction « Delta T ».

Le « Temps Dynamique Terrestre » remplace le « Temps des Ephémérides » depuis 1984.

Temps Légal (civil) — *C'est le temps civil, parfois appelé « temps officiel ». Nos montres sont réglées ordinairement sur ce Temps Légal,* qui est adopté par le pays entier ou seulement une région.

Temps Local — Le *temps local moyen* est utilisé généralement pour les heures de naissance du XIXᵉ siècle. Pour monter la carte du ciel d'une naissance donnée en « heure locale », on prendra la longitude du lieu de référence (exprimée en heures) comme « fuseau horaire ».

Le Temps Universel* est alors égal au temps local de naissance plus la longitude (en heures) si celle-ci est Ouest, moins si elle est Est.

> Temps Universel = Temps Local $\pm$ longitude en heures
> (+ si Ouest, − si Est)

Notons que la longitude du lieu de référence à considérer ici peut être différente de celle du lieu de naissance.

Par exemple, pour Marseille, la longitude de référence était 21 min Est en 1850 (soit celle de la ville), et 9 min Est en 1900 (soit celle de la capitale de la France) car :

● Avant le 15/3/1891, le Temps légal de Marseille était le Temps local de la ville même.

● Du 15/3/1891 au 11/3/1911, la longitude de Paris a été adoptée comme longitude de référence pour l'ensemble du territoire français (le Temps local de Paris était alors le Temps légal sur tout le territoire français).

● A partir du 11/3/1911 et jusqu'au 16/9/1945, le Temps local de Greenwich a été adopté comme référence.

● Depuis le 16/9/1945, la France a adopté le fuseau horaire 1h E et est donc constamment en avance d'au moins une heure sur l'heure de Greenwich.

Les ouvrages spécialisés sur les heures dans le monde donnent les dates où le temps local de la capitale a commencé à être appliqué sur toute l'étendue du pays.

Avant le XIXᵉ siècle, le temps utilisé pour donner les heures de naissance était généralement le *temps local vrai*. Il diffère du précédent en suivant une variation saisonnière qui peut avoisiner 17 min (le 4 novembre de chaque année). Pratiquement, ce Temps local vrai est très peu utilisé, car pour ces périodes, il s'ajoute généralement une imprécision sur les heures de naissance beaucoup plus grande. C'est pourquoi l'étudiant pourra se contenter, dans ces cas-là, de l'heure locale moyenne et suivre les calculs proposés ci-dessus.

Le Temps local est de moins en moins utilisé.

Dans ce livre, seules les « Tables des gouverneurs des heures planétaires » utilisent le Temps local. Comme elles sont calculées en Temps local moyen, elles tiennent compte de la variation saisonnière, il est donc inutile de la rajouter.

Temps Moyen à Greenwich (G.M.T.) — Voir Temps solaire moyen.

Temps solaire Moyen — Le Temps solaire moyen est utilisé pour compter les heures de « midi à midi », car c'est un temps basé sur la position moyenne du Soleil chaque midi. Zéro heure en Temps Moyen signifie qu'il est **midi**, le Soleil est alors haut dans le ciel. Douze heures en Temps Moyen signifie qu'il est minuit.

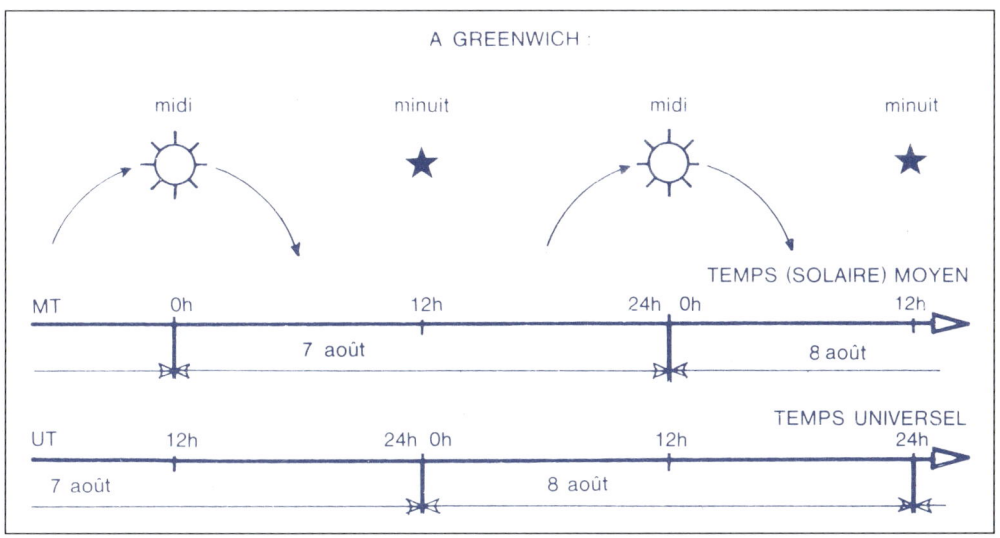

Lorsque nous utilisons le Temps Moyen (MT) dans le chapitre 7 de ce livre, nous le comprenons comme Temps solaire Moyen *à Greenwich*.
Nous attirons l'attention de l'étudiant sur le point suivant : lorsqu'il rencontre, dans certains ouvrages, l'expression « Temps Moyen à Greenwich » (GMT), celle-ci désigne souvent improprement le « Temps Universel »*.

Temps Sidéral — Le Temps sidéral permet, à tout instant, de situer le méridien* d'un lieu par rapport à l'origine des signes du zodiaque (le point vernal). Avec la latitude d'un lieu de naissance, il permet de déterminer l'Ascendant et les pointes des Maisons.

Plus précisément, c'est l'angle (exprimé en heures) entre la direction du point vernal* et le méridien du lieu.

A cause du mouvement de la Terre autour du Soleil, le *jour sidéral** est plus court d'environ 4 minutes que le *jour solaire**. Ces 4 minutes de différence par jour sont à l'origine de la « Correction de 10 secondes par heure d'intervalle » dans le calcul du Temps Sidéral. En effet, 4 minutes de différence en 24 heures donnent bien 10 secondes de différence en 1 heure.

En une année, la différence entre jour sidéral et jour solaire sera d'un jour.

Temps sidéral aux Solstices et aux Equinoxes

On prend pour référence l'équinoxe de septembre et le méridien de Greenwich à 0h, Temps Universel (il est alors minuit).

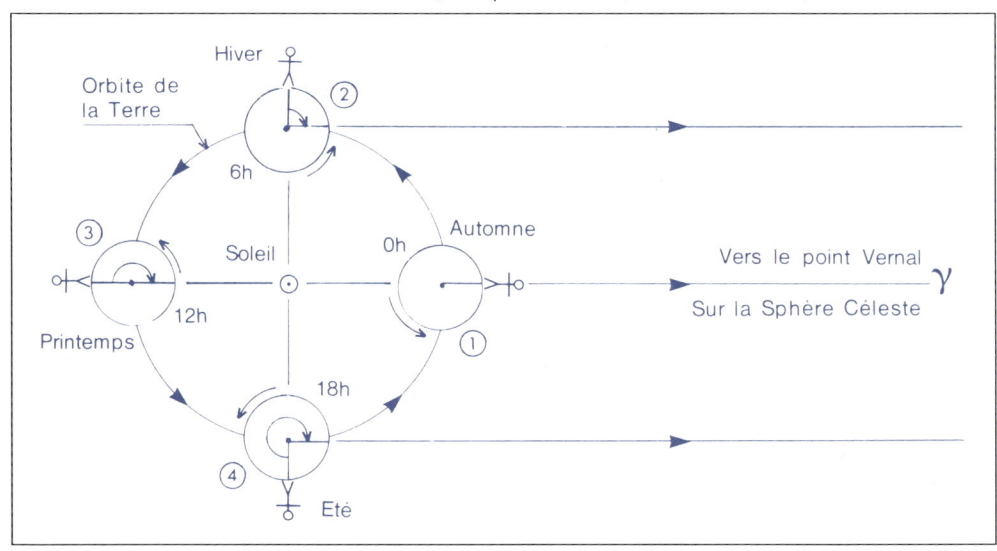

En (1), 0h Temps Universel correspond à 0h sidérale. Le point vernal est alors au méridien du lieu.

En (2), en observant la différence d'angle, on s'aperçoit qu'il faut, au bout de 3 mois, 6h ou 1/4 de jour de plus à la Terre pour passer de 0h

sidérale à 0h Temps Universel. Donc, lorsqu'il sera 0h au solstice de décembre, il sera 6h en Temps sidéral.
En (3), au bout de 6 mois, il y a 12h de décalage.
En (4), au bout de 9 mois, 18h.
Au bout d'un an, on revient à 0h (à peu près) mais « l'année sidérale » ainsi comptée comporte un jour de moins par rapport à l'année solaire.

Temps Universel — C'est l'heure légale à Greenwich, qui est également l'heure du Fuseau horaire* zéro. Il sert de référence internationale et permet, en suivant les explications données aux chapitres 4 et 5, de calculer les pointes des Maisons et les positions des planètes.
Le Temps Universel est le Temps solaire moyen* à Greenwich augmenté de 12 heures.
En fait, ce que nous appelons « Temps Universel » cache plusieurs autres dénominations. Nous pouvons citer notamment (avec une différence de quelques secondes, négligeable pour nos calculs), le Temps Dynamique Terrestre*, aussi appelé Temps des Ephémérides dans les anciennes éphémérides.
L'usage confond souvent le Temps Moyen à Greenwich (GMT, Greenwich Mean Time) avec le Temps Universel.

Thème astrologique — Ou thème natal, ou nativité. Carte du ciel, parfois appelée « horoscope », dressée en vue de l'interprétation astrologique. Il représente les positions des planètes et des Maisons pour le moment et le lieu de la naissance.

Transits — Au moment de la naissance d'un enfant, les positions des planètes indiquent les tendances de la vie. Ces positions constituent le « Radix », et tout ce qui se rapporte à cette « racine » de tous les événements est appelé « radical » ou « natal ». Ainsi, le « Jupiter radical » désigne la position de Jupiter à la naissance d'une personne.

Les planètes, au cours de leur rotation, forment des aspects passagers, mais non négligeables, avec celles du *thème radical*. Ces mouvements des planètes sont appelés *« Transits »*.
Certains aspects formés par les planètes en transit peuvent vivifier des points sensibles du thème natal, un peu comme un diapason réglé sur une certaine note peut être stimulé par une vibration en accord avec la sienne.

Il ne faut pas les confondre avec les progressions*, qui sont fondées sur l'analogie selon laquelle 1 jour après la naissance correspond à 1 an de la vie, et qui marquent les événements les plus importants.

Les transits se trouvent dans les éphémérides de l'année considérée. Si vous désirez par exemple connaître quelles sont les planètes qui transitent dans vos Maisons ou aspectent des planètes de votre thème natal pendant l'année 1997, vous devez lire leurs positions dans les éphémérides de cette année-là. Ce n'est pas le cas pour les positions des planètes natales et des planètes progressées, qui se trouvent dans les éphémérides de l'année de votre naissance.

La dixième Maison est celle de la position sociale. Au moment où Jupiter la transite, tous les douze ans, des occasions se présentent pour l'avancement social du natif. Lorsque Saturne traverse cette Maison, tous les trente ans environ, des obstacles peuvent se présenter nous incitant à une maturation plus grande. Faisons notre possible pour les éviter en prenant conscience de leurs causes. Il en va de même pour les autres planètes et Maisons.

Les *lunaisons*, ou « nouvelles lunes », et les *éclipses* sont les plus importants des transits. Leurs effets sont décrits à la rubrique « lunaison ». Viennent ensuite les transits des planètes supérieures* à travers les signes et Maisons.

Trigone (△) — Lorsque deux planètes sont distantes de 120°, on dit qu'elles sont en *trigone*. Il faut trois trigones de 120° pour former un triangle équilatéral à l'intérieur d'un cercle. Cet aspect* est considéré comme le plus harmonieux de tous. Les planètes en aspect sont alors dans deux signes de même élément (entre deux signes de Feu, deux signes d'Eau, etc.).

Triplicités — Les quatre saisons rythment le déroulement d'une année. Elles commencent aux équinoxes et aux solstices. De même, les quatre *triplicités des signes* commencent leur cycle avec ces quatre moments principaux de l'année.

Une journée a également quatre instants privilégiés : le lever du Soleil, midi, le coucher du Soleil et minuit. Les triplicités des Maisons commencent avec ceux-ci. Nous retrouvons

Triplicités des signes

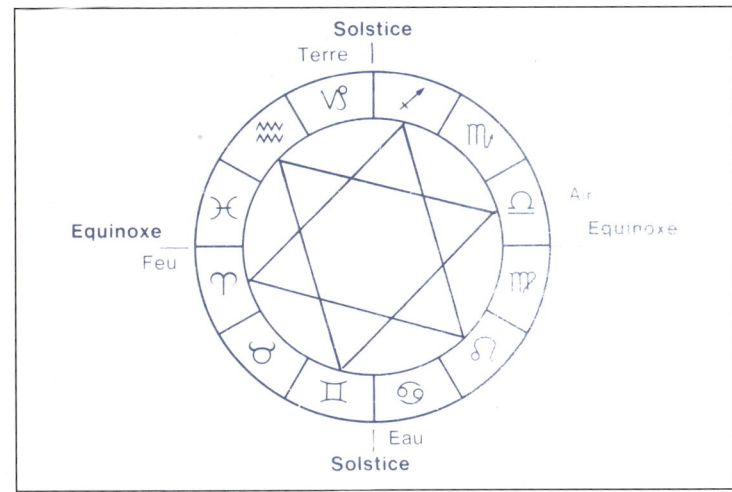

Triplicités des Maisons

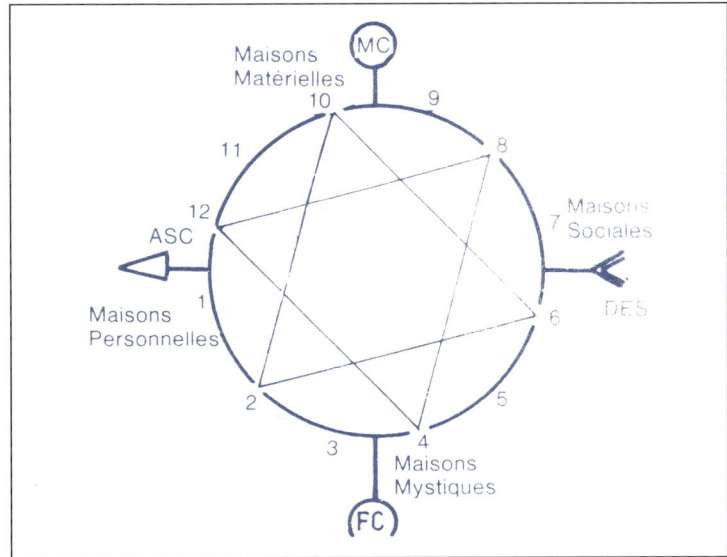

pareillement ces points cardinaux dans les quatre orientations : l'Est, le Nord, l'Ouest et le Sud.

Notre environnement immédiat est constitué de quatre éléments : l'état solide pour l'élément Terre, l'état liquide pour l'élément Eau, l'état gazeux pour l'élément Air et enfin l'état éthérique pour l'élément Feu, auquel se rattachent tous les phénomènes de radiance et de lumière. Mais ces états observables dans la nature ne doivent pas faire perdre de vue que l'homme n'est pas constitué uniquement de matière. Il est un Esprit qui brille comme la flamme du *feu*, il a des pensées qui changent comme les mouvements de l'*air*, des sentiments et des désirs qui le baignent dans un certain climat psychique *(eau)* et un corps physique pour se mouvoir dans le monde physique *(terre)*.

Voici les quatre triplicités des signes :

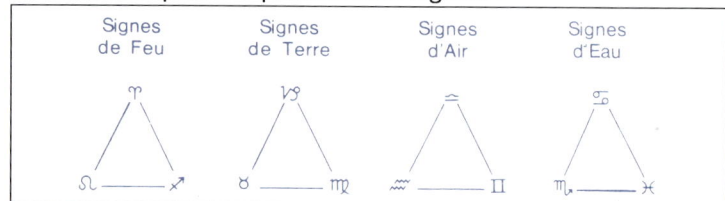

En correspondance avec les trinités des signes, les Maisons constituent également des triplicités :

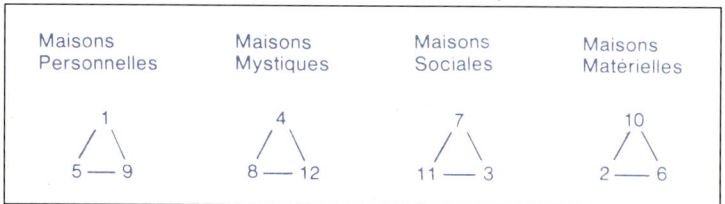

Chaque triplicité est composée de trois signes, ou de trois Maisons, appartenant à des quadruplicités* différentes :

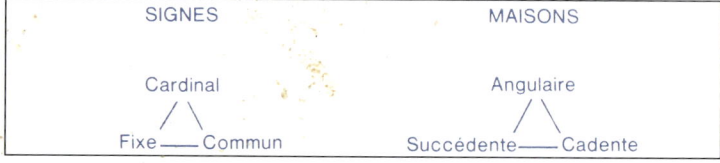

Les quadruplicités sont en analogie avec la Trinité chrétienne (Père, Fils et Saint-Esprit) et agissent, respectivement, en poussant à l'action (cardinal), en éveillant la nature-désir pour la poursuite de l'action (fixe) et en donnant un but à l'action (commun).

Mais revenons à la triplicité des signes :

Feu

● Le *feu* nous apporte lumière et chaleur, il nous guide dans les ténèbres et nous réconforte. Le Bélier, qui est le sommet de la **triplicité de Feu** et le premier signe du zodiaque, guide le troupeau. Il agit pour rendre la réalité conforme à la perception qu'il a des desseins divins.

● Le Lion forme le deuxième angle de la triplicité de Feu. Par sa vigueur, son courage et sa fierté, il est le roi des animaux. Il gouverne avec la conscience qu'il a de son « droit divin ». Sa noblesse, teintée de sentiment, révèle l'influence de l'Esprit.

● Enfin, le troisième angle montre la direction à employer pour guider cette énergie engendrée par le « feu créateur » : le Sagittaire, centaure mi-homme mi-cheval, qui bande son arc pour tirer sa flèche en direction des étoiles. Il exprime parfaitement l'idéal à atteindre, mais n'étant pas encore parfait, il doit souvent retomber dans les passions instinctives avant de pouvoir utiliser la force créatrice qui lui permettra de répondre aux impulsions de l'Esprit.

— Aux trois signes de Feu, correspondent les trois **Maisons personnelles.** La pointe Est ou orientale, l'Ascendant, qui est la manifestation tangible de l'Esprit, marque le début de la première Maison. Le corps physique, qui est indispensable à l'expression de l'Esprit dans ce monde dense, est représenté par la Maison 1. L'énergie créatrice s'est manifestée sous forme concrète.

— La cinquième Maison indique comment la force créatrice sera employée dans le plan physique. C'est la Maison des enfants, des plaisirs et des créations.

— La ligne de force qui se dirige vers le troisième angle montre à quel usage servira la force créatrice. La neuvième Maison indique les possibilités d'expression de l'Esprit par l'intellect supérieur et les aspirations spirituelles.

Eau

Comme le feu, l'*eau* est un agent purifiant. Il nettoie notre corps ou nos vêtements et nous nous « lavons » intérieurement lorsque nous purifions nos désirs.

● Le signe cardinal du Cancer est situé sur le sommet de la **triplicité d'Eau.** L'écrevisse qu'il représente cherche un milieu propice à son développement, tel que les étangs. Elle se construit une carapace pour se protéger de l'extérieur et préfère chasser de nuit. Ceci décrit parfaitement le développement de la vie intérieure qui se fait dans un milieu propice, à l'abri de l'agitation extérieure.

● Le Scorpion a comme l'écrevisse, une carapace et une paire de grosses pinces pour saisir, mais l'aiguillon venimeux qui termine son abdomen le rend plus dangereux. La sensibilité du signe d'Eau, renforcée par la nature-désir des signes fixes, le met, plus que tout autre signe, en contact avec le monde du désir, ce qui lui permet d'en étudier les forces.

● Les Poissons sont des animaux aquatiques par excellence. Les deux poissons expriment la nature double de l'homme qui achève sa course dans le zodiaque, et qui a donc à parfaire une autre évolution sur les plans invisibles. La carapace extérieure s'est assouplie pour ne plus comporter que des écailles. Le germe déposé dans le Cancer s'est développé dans le Scorpion et arrive à maturité dans les Poissons, où il peut être utilisé dans le grand océan de la Vie.

— Les **Maisons mystiques** correspondent aux signes d'Eau. Lorsque minuit approche, le Soleil est dans la mystérieuse Maison 4, symbole du foyer, à l'abri du monde. Elle indique aussi la dernière partie de la vie, le point où l'Esprit se prépare à abandonner les activités terrestres pour celles des mondes spirituels.

— Elle est reliée à la huitième Maison, qui est la Maison la plus en affinité avec les recherches sur le Monde Emotionnel. C'est dans ce Monde qu'évoluent les désincarnés après leur mort dans le Monde Physique. La huitième Maison est le domaine de la mort à un monde, mais aussi celle de la naissance à une « nouvelle » vie.

— Le dernier angle qui compose cette triplicité est occupé par la douzième Maison. Arrivé en fin de parcours, on prend conscience des limitations de la vie et, avant d'aborder un nouveau cycle, il faut « payer les dettes » contractées au long de l'étape qui s'achève. La douzième Maison indique les chagrins éprouvés, la déchéance morale amenée par nos erreurs. Cette Maison montre aussi de quelle manière nous pouvons « donner notre vie » pour les autres.

Air

L'homme tire son oxygène de l'*air* et non pas de l'eau comme les poissons. L'air est le fluide gazeux que nous respirons, mais c'est aussi le milieu dans lequel nous nous mouvons et qui transmet les sons par lesquels nous communiquons.

● Le sommet de la **triplicité d'Air** se trouve dans l'angle occupé par le signe cardinal de la Balance, symbolisé par le seul instrument du zodiaque. Elle pèse et compare les valeurs, et cherche à atteindre l'équilibre si elle se meut librement dans l'air.

● Le Verseau, le verseur « d'eau » ou « d'ondes » (fluide éthérique), est un homme qui répand, sans compter son temps, les forces et les idées contenues dans sa jarre afin d'œuvrer pour la fraternité universelle.

● Les Gémeaux, deuxième signe humain de la triplicité d'Air, expriment la communauté d'idées qui existe entre deux jumeaux. Ils transmettent et échangent les concepts, et montrent l'idéal de fraternité humaine, la plus noble des obligations sociales, que doivent atteindre les signes d'Air lorsqu'ils vont au-delà de la simple « entente ».

Les signes d'Air ne sont pas représentés par des animaux, qui sont mus en général par leurs instincts, car l'élément Air permet à l'humanité de penser, et de penser juste, ce qui est le difficile équilibre auquel elle doit parvenir.

— La triplicité d'Air est en relation avec les **Maisons sociales.** La septième Maison, avec la pointe occidentale, le Descendant, où cette triplicité se lève, est relative aux associations et notamment à la plus intime : le mariage. L'action de participer à un but commun est un fait social et requiert de la part des participants l'établissement d'un certain équilibre dans leurs relations.

— La onzième Maison, en rapport avec le signe de l'homme, le Verseau, est le domaine des échanges d'idées ou d'objectifs, notamment avec les amis.

— La troisième Maison constitue le troisième angle des Maisons sociales. En correspondance avec les Gémeaux, elle indique les frères et sœurs, les voisins, et de façon plus générale, les contacts sociaux rapprochés.

La semence déposée par les signes de Feu a pu germer dans les signes d'Eau. Les principes et idées se sont dégagés dans les signes d'Air et sont mis à l'épreuve par leur concrétisation dans la matière à travers les signes de Terre.

Terre

La *terre* est, de tous les éléments, le plus dense. C'est le nom de notre globe, de ses constituants et de la surface sur laquelle nous marchons.

● La **triplicité de Terre**, lorsqu'elle se lève, a son sommet dans le signe cardinal du Capricorne, tout en haut du zodiaque. Les caprinés comprennent la famille des chèvres qui aiment, elles aussi, grimper sur les sommets des montagnes et symbolisent ainsi l'ambition.

● Le Taureau, situé sur le deuxième angle, est un autre ruminant un peu plus paisible, qui aime examiner tous les détails pratiques avant d'entreprendre quelque chose. « Les pieds sur terre », il était autrefois utilisé comme animal de labour pour le travail de la terre.

● La Vierge, signe humain et de Terre, est rationnelle. Elle cache sa pureté sous un voile et prépare, par l'alchimie intérieure, la transformation de la personnalité. Elle montre la perfection de l'homme dans la matière.

— La triplicité de Terre est en correspondance avec les **Maisons matérielles.** Lorsque midi approche, le Soleil est dans la dixième Maison. En rapport avec le Capricorne, elle montre « l'élévation » du natif dans la vie, sa position sociale et sa profession. Elle se rapporte aux affaires matérielles.

— Une ligne de force se dirige vers la deuxième Maison. Dans cette Maison, « toute peine mérite salaire », et les efforts sont rétribués en échange des services et travaux rendus. C'est la Maison des gains, des biens acquis par les efforts.

— La dixième Maison indique la situation, la deuxième la rémunération et la sixième, qui est située sur le troisième angle, l'emploi lui-même, la condition lors de la réalisation du travail. De façon plus générale, elle indique les services et les travaux à rendre. Comme ces services dépendent autant de la santé corporelle que de la capacité mentale, la sixième Maison est aussi en rapport avec l'état de santé.

Vide d'aspect — Si la Lune est placée de telle façon qu'elle ne fasse aucun aspect avec une planète avant qu'elle ait quitté le signe où elle se trouve à la naissance, elle est dite *« vide d'aspect »*.

Comme la Lune est la planète de la fécondation qui nourrit et concrétise les virtualités latentes, cette condition est désavantageuse, car son énergie ne peut s'exprimer facilement, surtout si la Lune, vide d'aspect à la naissance, se trouve au début d'un signe.

Dans nos éphémérides pour zéro heure, l'étudiant trouvera dans la section « Last Aspect ☽ Ingress » de chaque mois, l'heure du dernier aspect formé par la Lune avant d'entrer dans le signe suivant ainsi que l'heure d'entrée de la Lune dans chaque signe.

Zénith — Point le plus élevé au-dessus du lieu de la naissance. C'est en fait le point de la voûte céleste qui est situé « au-dessus de notre tête », à la verticale du lieu (voir à « Maisons »).

Zodiaque — Ceinture étroite dans les cieux, s'étendant à environ huit degrés et demi de part et d'autre de l'écliptique (parcours apparent du Soleil). (Voir Zodiaque naturel et Zodiaque intellectuel).

Zodiaque intellectuel (ou tropical) — Tous les ans, à l'équinoxe de mars, le Soleil traverse l'Equateur céleste et définit ainsi le zéro degré du Bélier du zodiaque intellectuel. Ce point est également appelé « point vernal ». A partir de celui-ci, les 360° du cercle zodiacal sont divisés en douze signes de 30° chacun.

Rapport des solstices et équinoxes avec les 12 signes du zodiaque intellectuel

Le zodiaque intellectuel est en rapport avec le cycle annuel du Soleil.

SOLEIL	Longitude*	Déclinaison	Date (environ)
- Equinoxe	0° ♈	0° 0'	20-21 mars
	0° ♉	11° 28' Nord	19-21 avril
	0° ♊	20° 9' Nord	20-22 mai
- Solstice	0° ♋	23° 26' Nord	21-22 juin
	0° ♌	20° 9' Nord	22-24 juillet
	0° ♍	11° 28' Nord	22-24 août
- Equinoxe	0° ♎	0° 0'	22-23 septembre
	0° ♏	11° 28' Sud	23-24 octobre
	0° ♐	20° 9' Sud	22-23 novembre
- Solstice	0° ♑	23° 26' Sud	21-23 décembre
	0° ♒	20° 9' Sud	19-21 janvier
	0° ♓	11° 28' Sud	18-20 février

Zodiaque naturel (ou sidéral) — Le Soleil et les planètes parcourent des chemins déterminés sur la Sphère céleste*. L'ensemble de ces trajectoires nous apparaît comme une ceinture céleste. Celle-ci contient des « étoiles fixes » qui ont été groupées sous forme de **constellations zodiacales**, non parce qu'elles ressemblent aux animaux ou êtres qu'elles sont supposées représenter, mais parce que leur influence a développé et continue de développer en nous les traits caractéristiques résumés dans ces symboles imagés. L'énergie, le courage, mais aussi l'arrogance vaine, qui peuvent procéder du Bélier ne sauraient mieux être représentés que par cette figure ; la force prodigieuse et calme, la persistance obstinée qui nous viennent de la constellation du Taureau, ne peuvent être mieux décrites que par son symbole. Les traits caractéristiques des autres constellations doivent être interprétés de la même façon, car **le zodiaque est la matrice du système solaire.** Dans un avenir lointain, lorsque nous-mêmes et les myriades d'êtres en évolution dans notre système solaire aurons appris les leçons de cette phase de l'existence, *nous formerons aussi un zodiaque* et nous rendrons à d'autres êtres le service que nous rendent maintenant les douze grandes Hiérarchies créatrices [1].

Ces douze constellations sont appelées *« zodiaque naturel »* ou encore *« zodiaque sidéral »*. Les étoiles fixes qui les constituent restent dans la même position relative les unes par rapport aux autres, ou, du moins, leur mouvement apparent est tellement lent que des millénaires s'écoulent sans apporter de changement appréciable dans leurs positions.

Si nous regardons la position du Soleil au moment de l'équinoxe de mars (c'est-à-dire lorsqu'il passe sur le point vernal*), nous le voyons évoluer lentement dans les constellations d'une année à l'autre. Ce lent mouvement rétrograde du point vernal est appelé *« précession des équinoxes »*.

S'il n'y avait pas cette précession, le Soleil de l'équinoxe de mars serait toujours dans la même constellation ; mais, en raison de ce mouvement d'un degré en 72 ans environ, le Soleil de cet équinoxe apparaît actuellement dans la constellation des Poissons ; plus tard, il apparaîtra dans la constellation du Verseau, et ainsi de suite, à travers les 12 constellations, en 25 800 ans environ.

1   Voir « Cosmogonie des Rose-Croix », page 221.

Au temps où le Soleil de l'équinoxe de mars était dans la constellation du Taureau, les anciens Egyptiens honoraient le bœuf sacré « Apis », et leurs prêtres portaient l'Uraeus, ou symbole du serpent, assimilé au Scorpion, signe opposé au Taureau, afin d'indiquer qu'ils étaient en possession de la science ésotérique. Lorsque, par suite de la précession des équinoxes, le Soleil entra dans le Bélier, l'adoration du Taureau, du « Veau d'Or », devint idolâtrie pour le « peuple élu ». Il quitta l'« Egypte », mit sa confiance en « l'agneau », ou Bélier, qui fut alors « immolé ». Mais, en concordance avec le symbole ésotérique du signe opposé, la *Balance*, balance de la *justice*, il reviendra comme juge.

Selon Max Heindel, le Soleil était au degré zéro de la constellation du Bélier à l'équinoxe de mars de l'an 498 de notre ère, et il sera à la pointe du Verseau dans sept siècles environ. Pendant les deux mille ans qui se sont écoulés depuis que l'équinoxe est arrivé en orbe avec la constellation des Poissons, des rites religieux ont exigé de leurs fidèles, à l'entrée des églises, l'usage d'eau bénite, suivi du signe de la croix. Le service a été célébré par un prêtre portant une mitre en forme de *tête de poisson*, et il a été interdit, certains jours, de manger de la viande, laquelle fut remplacée par du *poisson*. On a aussi enseigné aux fidèles à honorer *une Vierge immaculée,* parce que la Vierge est le signe opposé aux Poissons. Cette religion subsistera, bien qu'en s'affaiblissant, jusqu'au moment où un nouvel idéal, exprimé par le signe du Verseau et son opposé, le Lion, aura remplacé le christianisme traditionnel, comme celui-ci a pris la place des religions précédentes.

Depuis le milieu du siècle dernier, l'influence du Verseau se fait sentir, car l'orbe* du Soleil est tellement étendu qu'il a touché la pointe du Verseau et qu'en conséquence, nous traversons une période sans précédent d'éveil de la pensée et sommes témoins d'une multitude d'inventions extraordinaires. A mesure que le temps avancera, le Soleil équinoxial illuminera les esprits d'une façon telle que nos petits-enfants parleront de notre époque comme de « l'âge de l'obscurantisme ». Lorsque, dans sept siècles, le Soleil au point vernal entrera dans la constellation du Verseau et annoncera une ère nouvelle, ils seront en droit de parler de celle des Poissons comme nous parlons maintenant des temps qui ont précédé Jésus-Christ.

Zodiaque Naturel et Zodiaque Intellectuel

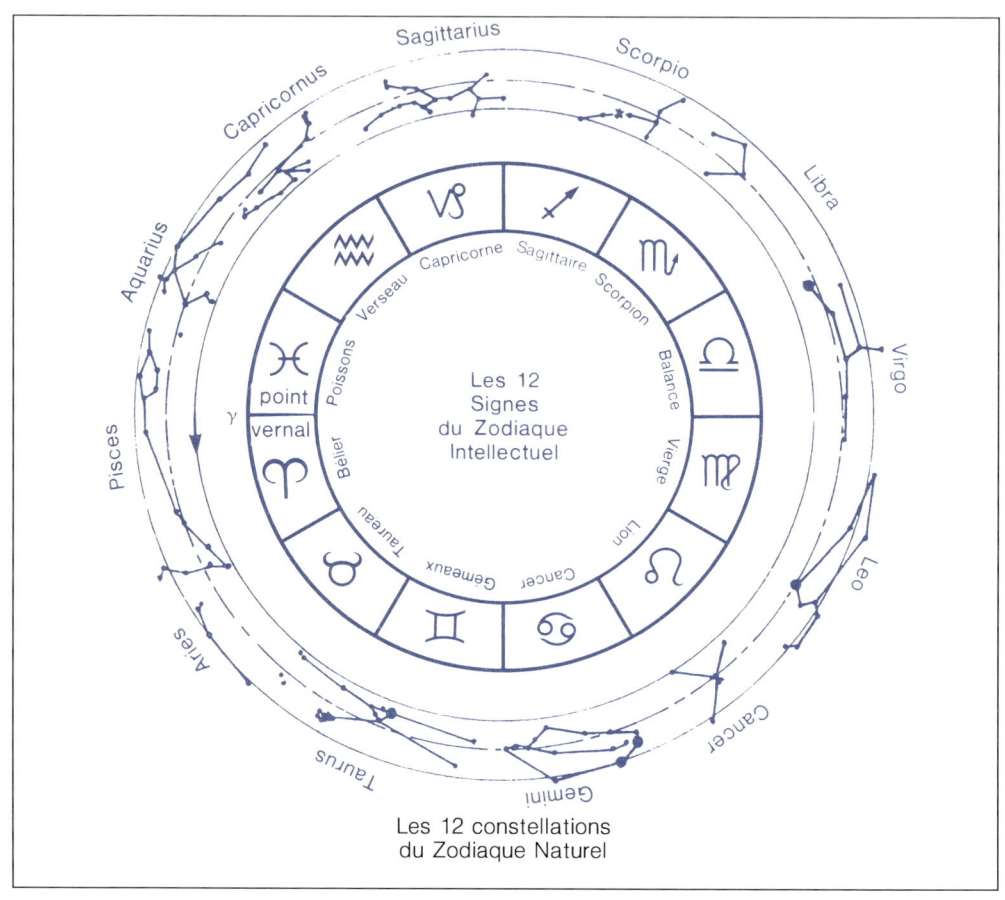

Les 12 constellations
du Zodiaque Naturel

Actuellement, le Point Vernal se trouve dans la constellation « Pisces »
(Poissons). Dans un demi-millénaire environ, il entrera dans la constellation « Aquarius » (Verseau). Ce mouvement (de 1° en 72 ans) est appelé
« précession des équinoxes ».

Zodiaque sidéral — Autre nom du « zodiaque naturel »*. Le zodiaque qui sert de référence pour les positions astronomiques est le zodiaque intellectuel*, qui débute au point vernal. Par Précession des équinoxes*, le zodiaque sidéral avance par rapport au zodiaque intellectuel, et ce mouvement est parfaitement mesurable. L'origine du zodiaque sidéral est assez floue et peut varier de plusieurs degrés suivant les sources d'information. Pour notre part, nous faisons coïncider les deux zodiaques en l'an 498. Pour 1984, et pour cette origine, la différence entre les deux zodiaques est de 20° 45', ce qui situe, pour cette année, la position du « zéro degré du signe du Bélier (point vernal) » à 9° 15' de la constellation des Poissons.

Zodiaque tropical — Autre nom du « Zodiaque intellectuel »*.

TABLES

AUGUST 1984

Day Jour		S. T. h m s	LONGITUDE for 0h ☉ ° ′ ″	☽ ° ′ ″	☿ ° ′	♀ ° ′	♂ ° ′	♃ ° ′	♄ ° ′	♅ ° ′	♆ ° ′	♇ ° ′	☊ True ° ′
W	1	20 39 08	08 ♌ 55 24	27 ♍ 30 48	06 ♍ 09	21 ♌ 36	21 ♏ 53	04 ♑R 24	09 ♏ 59	09 ♐R 39	29 ♐R 03	29 ♎ 28	04 ♊R 17
Th	2	20 43 05	09 52 49	12 ♎ 06 29	07 05	22 50	22 19	04 19	10 01	09 39	29 02	29 28	04 12
F	3	20 47 01	10 50 15	26 25 22	07 57	24 04	22 46	04 15	10 03	09 38	29 01	29 29	04 09
Sa	4	20 50 58	11 47 41	10 ♏ 25 18	08 46	25 18	23 12	04 10	10 05	09 37	29 00	29 30	04 08
Su	5	20 54 54	12 45 09	24 06 15	09 32	26 32	23 40	04 05	10 07	09 36	28 59	29 31	04 D 09
M	6	20 58 51	13 42 37	07 ♐ 29 29	10 14	27 46	24 07	04 01	10 09	09 36	28 58	29 32	04 R 09
T	7	21 02 47	14 40 05	20 36 59	10 52	28 59	24 35	03 57	10 12	09 35	28 57	29 33	04 08
W	8	21 06 44	15 37 35	03 ♑ 30 50	11 27	00 ♍ 13	25 04	03 52	10 14	09 35	28 56	29 34	04 05
Th	9	21 10 41	16 35 05	16 12 48	11 58	01 27	25 32	03 49	10 17	09 34	28 55	29 35	03 59
F	10	21 14 37	17 32 36	28 44 17	12 24	02 41	26 01	03 45	10 19	09 34	28 54	29 36	03 50
Sa	11	21 18 34	18 30 09	11 ♒ 06 14	12 46	03 55	26 31	03 41	10 22	09 33	28 53	29 37	03 39
Su	12	21 22 30	19 27 42	23 19 26	13 03	05 09	27 01	03 38	10 25	09 33	28 52	29 38	03 26
M	13	21 26 27	20 25 17	05 ♓ 24 40	13 15	06 22	27 31	03 35	10 28	09 33	28 51	29 39	03 13
T	14	21 30 23	21 22 52	17 23 01	13 22	07 36	28 01	03 32	10 31	09 32	28 51	29 40	03 00
W	15	21 34 20	22 20 29	29 16 09	13 R 24	08 50	28 32	03 29	10 34	09 32	28 50	29 41	02 49
Th	16	21 38 16	23 18 08	11 ♈ 06 24	13 20	10 04	29 03	03 26	10 37	09 32	28 49	29 43	02 41
F	17	21 42 13	24 15 48	22 56 54	13 10	11 18	29 34	03 23	10 40	09 32	28 48	29 44	02 35
Sa	18	21 46 10	25 13 29	04 ♉ 51 33	12 55	12 31	00 ♐ 05	03 21	10 43	09 32	28 48	29 45	02 31
Su	19	21 50 06	26 11 12	16 54 58	12 35	13 45	00 37	03 19	10 47	09 D 32	28 47	29 47	02 30
M	20	21 54 03	27 08 57	29 12 13	12 08	14 59	01 10	03 17	10 50	09 32	28 46	29 48	02 D 30
T	21	21 57 59	28 06 44	11 ♊ 48 30	11 37	16 13	01 42	03 15	10 54	09 32	28 46	29 49	02 R 30
W	22	22 01 56	29 04 32	24 48 38	11 00	17 27	02 15	03 14	10 57	09 32	28 45	29 51	02 28
Th	23	22 05 52	00 ♍ 02 22	08 ♋ 16 26	10 18	18 40	02 48	03 12	11 01	09 33	28 44	29 52	02 25
F	24	22 09 49	01 00 14	22 13 45	09 32	19 54	03 21	03 11	11 05	09 33	28 44	29 54	02 19
Sa	25	22 13 45	01 58 07	06 ♌ 39 37	08 43	21 08	03 54	03 10	11 09	09 33	28 43	29 55	02 11
Su	26	22 17 42	02 56 02	21 29 37	07 50	22 22	04 28	03 09	11 13	09 34	28 43	29 57	02 01
M	27	22 21 39	03 53 58	06 ♍ 35 58	06 56	23 35	05 02	03 08	11 17	09 34	28 42	29 58	01 49
T	28	22 25 35	04 51 56	21 48 28	06 01	24 49	05 37	03 08	11 21	09 34	28 42	00 ♏ 00	01 39
W	29	22 29 32	05 49 55	06 ♎ 56 18	05 06	26 03	06 11	03 08	11 25	09 35	28 42	00 01	01 30
Th	30	22 33 28	06 47 56	21 49 57	04 12	27 17	06 46	03 D 00	11 29	09 36	28 41	00 03	01 23
F	31	22 37 25	07 ♍ 45 58	06 ♏ 22 41	03 ♍R 21	28 ♍ 31	07 ♐ 21	03 ♑ 08	11 ♏ 34	09 ♐ 36	28 ♐R 41	00 ♏ 05	01 ♊R 19

Tag Dia		DECLINATION for 0h ☉ ° ′	☽ ° ′	☿ ° ′	♀ ° ′	♂ ° ′	♃ ° ′	♄ ° ′	♅ ° ′	♆ ° ′	♇ ° ′
W	1	18 N 02	05 N 15	07 N 59	15 N 40	20 S 29	23 S 23	12 S 37	21 S 53	22 S 14	04 N 25
Th	2	17 47	01 S 06	07 28	15 17	20 36	23 23	12 38	21 53	22 14	04 24
F	3	17 31	07 18	06 58	14 53	20 43	23 23	12 38	21 52	22 14	04 23
Sa	4	17 15	13 00	06 29	14 28	20 50	23 24	12 39	21 52	22 14	04 22
Su	5	16 59	17 57	06 01	14 03	20 57	23 24	12 40	21 52	22 14	04 21
M	6	16 43	21 51	05 34	13 38	21 04	23 24	12 41	21 52	22 14	04 21
T	7	16 26	24 33	05 08	13 12	21 11	23 24	12 42	21 52	22 14	04 20
W	8	16 09	25 53	04 44	12 46	21 19	23 25	12 43	21 52	22 14	04 19
Th	9	15 52	25 49	04 22	12 20	21 26	23 25	12 44	21 52	22 15	04 18
F	10	15 35	24 26	04 01	11 53	21 33	23 25	12 45	21 52	22 15	04 17
Sa	11	15 17	21 53	03 43	11 26	21 40	23 25	12 46	21 52	22 15	04 16
Su	12	14 59	18 24	03 26	10 59	21 47	23 26	12 47	21 52	22 15	04 15
M	13	14 41	14 10	03 12	10 32	21 54	23 26	12 49	21 52	22 15	04 15
T	14	14 23	09 27	03 00	10 04	22 01	23 26	12 50	21 52	22 15	04 14
W	15	14 04	04 25	02 50	09 36	22 08	23 26	12 51	21 52	22 15	04 13
Th	16	13 45	00 N 46	02 44	09 07	22 15	23 26	12 52	21 52	22 15	04 12
F	17	13 26	05 56	02 40	08 39	22 22	23 27	12 53	21 52	22 15	04 11
Sa	18	13 07	10 56	02 39	08 10	22 29	23 27	12 55	21 52	22 15	04 10
Su	19	12 47	15 35	02 41	07 41	22 36	23 27	12 56	21 52	22 15	04 09
M	20	12 28	19 42	02 47	07 12	22 42	23 27	12 57	21 52	22 15	04 08
T	21	12 08	23 01	02 56	06 42	22 49	23 27	12 58	21 52	22 15	04 07
W	22	11 48	25 15	03 08	06 13	22 56	23 28	13 00	21 52	22 15	04 06
Th	23	11 28	26 08	03 23	05 43	23 02	23 28	13 01	21 52	22 15	04 05
F	24	11 07	25 24	03 42	05 13	23 09	23 28	13 03	21 52	22 15	04 04
Sa	25	10 47	22 59	04 03	04 43	23 15	23 28	13 04	21 52	22 15	04 03
Su	26	10 26	19 00	04 27	04 13	23 21	23 28	13 05	21 52	22 15	04 03
M	27	10 05	13 43	04 54	03 42	23 28	23 28	13 07	21 52	22 15	04 02
T	28	09 44	07 34	05 22	03 12	23 34	23 28	13 08	21 52	22 15	04 01
W	29	09 22	01 00	05 52	02 41	23 40	23 28	13 10	21 52	22 15	04 00
Th	30	09 01	05 S 32	06 24	02 10	23 46	23 29	13 11	21 52	22 15	03 59
F	31	08 N 39	11 S 38	06 N 55	01 N 40	23 S 51	23 S 29	13 S 13	21 S 53	22 S 15	03 N 58

● ☽ PHASES ○ ☾

DAY	h m	PHASE	LONG.
4	02:34	☽	11 ♏ 54
11	15:44	○	19 ♒ 08
19	19:41	☾	26 ♉ 59
26	19:26	●	03 ♍ 43

LAST ASPECT ☽ INGRESS

DAY	h m		DAY	h m
1	02:31	♎	1	04:04
3	05:13	♏	3	06:05
5	04:45	♐	5	10:30
7	17:11	♑	7	17:25
10	01:40	♒	10	02:26
12	12:31	♓	12	13:14
14	23:07	♈	15	01:29
17	13:43	♉	17	14:14
19	19:41	♊	20	01:32
22	09:05	♋	22	09:21
24	12:51	♌	24	13:01
26	13:29	♍	26	13:33
28	10:54	♎	28	12:58
30	11:14	♏	30	13:24

DATA for 0h
1 AUGUST 1984

JULIAN DAY	=	2445913.5
☽ ☊ MEAN	=	03° ♊ 15′
SVP	=	05° ♓ 28′ 44″
AYANAMSA	=	23° 38′ 15″
ECLIPTIC OBL.	=	23° 26′ 33″
NUTATION	=	− 13″.91

EPHEMERIDES POUR MIDI

NEW MOON   AUGUST 26, 1984   7 : 26 P.M. in ♍ 3° 43'

LONGITUDE OF THE PLANETS

DAY		☉ ♌			♀ ♌		☿ ♍		☽ ♎		♄ ♏		♃ ♑		♂ ♏		♅ ♐		♆ ♐	
		o	'	''	o	'	o	'	o	'	o	'	o	'	o	'	o	'	o	'
W	1	9	24	6	22	13	6	37	4	51	10	0	4 R 22		22	6	9 R 39		29R	3
T	2	10	21	31	23	27	7	31	19	18	10	2	4	17	22	32	9	38	29	2
F	3	11	18	58	24	41	8	22	3♏28		10	4	4	12	22	59	9	37	29	1
S	4	12	16	25	25	55	9	9	17	18	10	6	4	7	23	26	9	37	29	0
S	5	13	13	52	27	9	9	53	0♐50		10	8	4	3	23	53	9	36	28	59
M	6	14	11	20	28	23	10	34	14	5	10	11	3	59	24	21	9	35	28	58
T	7	15	8	49	29	36	11	10	27	5	10	13	3	54	24	49	9	35	28	57
W	8	16	6	19	0♍50		11	43	9♑53		10	15	3	50	25	18	9	34	28	56
T	9	17	3	50	2	4	12	11	22	30	10	18	3	47	25	47	9	34	28	55
F	10	18	1	22	3	18	12	35	4♒56		10	21	3	40	26	46	9	33	28	53
S	11	18	58	55	4	32	12	55	17	14	10	23	3	40	26	46	9	33	28	53
S	12	19	56	29	5	45	13	9	29	23	10	26	3	36	27	16	9	33	28	52
M	13	20	54	4	6	59	13	19	11♓25		10	29	3	33	27	46	9	33	28	51
T	14	21	51	40	8	13	13	23	23	20	10	32	3	30	28	16	9	32	28	50
W	15	22	49	18	9	27	13 R 22		5 ♈ 11		10	35	3	27	28	47	9	32	28	50
T	16	23	46	57	10	41	13	16	17	1	10	38	3	25	29	18	9	32	28	49
F	17	24	44	38	11	54	13	4	28	53	10	42	3	22	29	50	9	32	28	48
S	18	25	42	20	13	8	12	46	10 ♉ 52		10	45	3	20	0♐21		9 D 32		28	47
S	19	26	40	4	14	22	12	22	23	2	10	48	3	18	0	53	9	32	28	47
M	20	27	37	50	15	36	11	53	5♊28		10	52	3	16	1	26	9	32	28	46
T	21	28	35	37	16	50	11	19	18	15	10	55	3	14	1	58	9	32	28	45
W	22	29	33	26	18	3	10	40	1♋29		10	59	3	13	2	31	9	32	28	45
T	23	0♍31	17	19	17	9	56	15	11	11	3	3	12	3	4	9	33	28	44
F	24	1	29	10	20	31	9	8	29	23	11	7	3	10	3	38	9	33	28	44
S	25	2	27	4	21	45	8	17	14♌2		11	11	3	9	4	11	9	33	28	43
S	26	3	24	59	22	59	7	23	29	1	11	15	3	9	4	45	9	34	28	43
M	27	4	22	56	24	12	6	28	14♍12		11	19	3	8	5	19	9	34	28	42
T	28	5	20	55	25	26	5	33	29	24	11	23	3	8	5	54	9	35	28	42
W	29	6	18	55	26	40	4	38	14♎25		11	27	3	8	6	29	9	35	28	41
T	30	7	16	56	27	54	3	46	29	9	11	31	3 D 8		7	4	9	36	28	41
F	31	8	14	59	29	7	2	57	13♏30		11	36	3	8	7	39	9	36	28	41

AUGUST,   1, 1984 ☊ in ♊   3° 14'
AUGUST,   1, 1984 ♀ in ♎   29° 28'
AUGUST, 28, 1984 ♀ in ♏   0° 1'

AUGUST 1984

EPHEMERIDES POUR MIDI

FULL MOON AUGUST 11, 1984 3 : 44 P.M. in ♒ 19° 8'

DECLINATION OF THE PLANETS

D	ST			☉		♀		☿		☽		♄		♃		♂		♅	
	H	M	S	° N	'	° N	'	° N	'	° N	'	° S	'	° S	'	° S	'	° S	'
1	8	41	6	17	54	15	29	7	44	2	5	12	37	23	23	20	32	21	53
2	8	45	3	17	39	15	5	7	13	4 S	15	12	38	23	23	20	39	21	52
3	8	48	59	17	23	14	40	6	43	10	14	12	39	23	23	20	46	21	52
4	8	52	56	17	7	14	16	6	14	15	35	12	40	23	24	20	54	21	52
5	8	56	53	16	51	13	51	5	47	20	2	12	41	23	24	21	1	21	52
6	9	0	49	16	34	13	25	5	21	23	22	12	42	23	24	21	8	21	52
7	9	4	46	16	18	12	59	4	56	25	23	12	43	23	25	21	15	21	52
8	9	8	42	16	1	12	33	4	33	26	1	12	44	23	25	21	22	21	52
9	9	12	39	15	43	12	7	4	11	25	17	12	45	23	25	21	29	21	52
10	9	16	35	15	26	11	40	3	52	23	18	12	46	23	25	21	36	21	52
11	9	20	32	15	8	11	13	3	34	20	15	12	47	23	25	21	43	21	52
12	9	24	28	14	50	10	45	3	19	16	22	12	48	23	26	21	51	21	52
13	9	28	25	14	32	10	18	3	6	11	52	12	49	23	26	21	58	21	52
14	9	32	22	14	13	9	50	2	55	6	57	12	50	23	26	22	5	21	52
15	9	36	18	13	55	9	22	2	47	1	50	12	51	23	26	22	12	21	52
16	9	40	15	13	36	8	53	2	41	3 N	22	12	53	23	27	22	19	21	52
17	9	44	11	13	17	8	24	2	39	8	28	12	54	23	27	22	25	21	52
18	9	48	8	12	57	7	55	2	40	13	19	12	55	23	27	22	32	21	52
19	9	52	4	12	38	7	26	2	44	17	44	12	56	23	27	22	39	21	52
20	9	56	1	12	18	6	57	2	51	21	28	12	58	23	27	22	46	21	52
21	9	59	57	11	58	6	27	3	1	24	17	12	59	23	27	22	52	21	52
22	10	3	54	11	38	5	58	3	15	25	53	13	0	23	28	22	59	21	52
23	10	7	51	11	17	5	28	3	32	25	58	13	2	23	28	23	5	21	52
24	10	11	47	10	57	4	58	3	52	24	24	13	3	23	28	23	12	21	52
25	10	15	44	10	36	4	28	4	15	21	10	13	5	23	28	23	18	21	52
26	10	19	40	10	15	3	57	4	40	16	30	13	6	23	28	23	24	21	52
27	10	23	37	9	54	3	27	5	8	10	43	13	8	23	28	23	31	21	52
28	10	27	33	9	33	2	56	5	37	4	18	13	9	23	28	23	37	21	52
29	10	31	30	9	12	2	26	6	8	2 S	18	13	11	23	28	23	43	21	52
30	10	35	26	8	50	1	55	6	39	8	40	13	12	23	29	23	48	21	52
31	10	39	23	8	29	1	24	7	11	14	25	13	14	23	29	23	54	21	53

♇ Declination AUGUST, 1, 1984 N 4° 24'
♆ Declination AUGUST, 1, 1984 S 22° 14'

MOUVEMENTS DU SOLEIL ET DES PLANETES

Planets					Planètes					Planeten				Planeta			
24h	23h	22h	21h	20h	19h	18h	17h	16h	15h	14h	13h	12h	11h	10h	9h	8h	7h
° '	° '	° '	° '	° '	° '	° '	° '	° '	° '	° '	° '	° '	° '	° '	° '	° '	° '
0 02	0 02	0 02	0 02	0 02	0 02	0 02	0 01	0 01	0 01	0 01	0 01	0 01	0 01	0 01	0 01	0 01	0 01
0 04	0 04	0 04	0 04	0 03	0 03	0 03	0 03	0 03	0 03	0 02	0 02	0 02	0 02	0 02	0 02	0 01	0 01
0 06	0 06	0 06	0 05	0 05	0 05	0 05	0 04	0 04	0 04	0 04	0 03	0 03	0 03	0 03	0 02	0 02	0 02
0 08	0 08	0 07	0 07	0 07	0 06	0 06	0 06	0 05	0 05	0 05	0 04	0 04	0 04	0 03	0 03	0 03	0 02
0 10	0 10	0 09	0 09	0 08	0 08	0 08	0 07	0 07	0 06	0 06	0 05	0 05	0 05	0 04	0 04	0 03	0 03
0 12	0 12	0 11	0 11	0 10	0 10	0 09	0 09	0 08	0 08	0 07	0 07	0 06	0 06	0 05	0 05	0 04	0 04
0 14	0 13	0 13	0 12	0 12	0 11	0 11	0 10	0 09	0 09	0 08	0 08	0 07	0 06	0 06	0 05	0 05	0 04
0 16	0 15	0 15	0 14	0 13	0 13	0 12	0 11	0 11	0 10	0 10	0 09	0 08	0 08	0 07	0 06	0 05	0 05
0 18	0 17	0 17	0 16	0 15	0 14	0 14	0 13	0 12	0 11	0 11	0 10	0 09	0 08	0 08	0 07	0 06	0 05
0 20	0 19	0 18	0 18	0 17	0 16	0 15	0 14	0 13	0 13	0 12	0 11	0 10	0 10	0 09	0 08	0 07	0 06
0 22	0 21	0 20	0 19	0 18	0 17	0 17	0 16	0 15	0 14	0 13	0 12	0 11	0 10	0 09	0 08	0 07	0 06
0 24	0 23	0 22	0 21	0 20	0 19	0 18	0 17	0 16	0 15	0 14	0 13	0 12	0 11	0 10	0 09	0 08	0 07
0 26	0 25	0 24	0 23	0 22	0 21	0 20	0 18	0 17	0 16	0 15	0 14	0 13	0 12	0 11	0 10	0 09	0 08
0 28	0 27	0 26	0 25	0 23	0 22	0 21	0 20	0 19	0 18	0 16	0 15	0 14	0 13	0 12	0 11	0 09	0 08
0 30	0 29	0 28	0 26	0 25	0 24	0 23	0 21	0 20	0 19	0 18	0 16	0 15	0 14	0 13	0 11	0 10	0 09
0 32	0 31	0 29	0 28	0 27	0 25	0 24	0 23	0 21	0 20	0 19	0 17	0 16	0 15	0 13	0 12	0 11	0 09
0 34	0 33	0 31	0 30	0 28	0 27	0 26	0 24	0 23	0 21	0 20	0 18	0 17	0 16	0 14	0 13	0 11	0 10
0 36	0 35	0 33	0 32	0 30	0 29	0 27	0 26	0 24	0 23	0 21	0 20	0 18	0 17	0 15	0 14	0 12	0 11
0 38	0 36	0 35	0 33	0 32	0 30	0 29	0 27	0 25	0 24	0 22	0 21	0 19	0 17	0 16	0 14	0 13	0 11
0 40	0 38	0 37	0 35	0 33	0 32	0 30	0 28	0 27	0 25	0 23	0 22	0 20	0 18	0 17	0 15	0 13	0 12
0 42	0 40	0 39	0 37	0 35	0 33	0 32	0 30	0 28	0 26	0 25	0 23	0 21	0 19	0 18	0 16	0 14	0 12
0 44	0 42	0 40	0 39	0 37	0 35	0 33	0 31	0 29	0 28	0 26	0 24	0 22	0 20	0 18	0 17	0 15	0 13
0 46	0 44	0 42	0 40	0 38	0 36	0 35	0 33	0 31	0 29	0 27	0 25	0 23	0 21	0 19	0 17	0 15	0 13
0 48	0 46	0 44	0 42	0 40	0 38	0 36	0 34	0 32	0 30	0 28	0 26	0 24	0 22	0 20	0 18	0 16	0 14
0 50	0 48	0 46	0 44	0 42	0 40	0 38	0 35	0 33	0 31	0 29	0 27	0 25	0 23	0 21	0 19	0 17	0 15
0 52	0 50	0 48	0 46	0 43	0 41	0 39	0 37	0 35	0 33	0 30	0 28	0 26	0 24	0 22	0 20	0 17	0 15
0 54	0 52	0 50	0 47	0 45	0 43	0 41	0 38	0 36	0 34	0 32	0 29	0 27	0 25	0 23	0 20	0 18	0 16
0 56	0 54	0 51	0 49	0 47	0 44	0 42	0 40	0 37	0 35	0 33	0 30	0 28	0 26	0 23	0 21	0 19	0 16
0 58	0 56	0 53	0 51	0 48	0 46	0 44	0 41	0 39	0 36	0 34	0 31	0 29	0 27	0 24	0 22	0 19	0 17
1 00	0 58	0 55	0 53	0 50	0 48	0 45	0 43	0 40	0 38	0 35	0 33	0 30	0 28	0 25	0 23	0 20	0 18
1 02	0 59	0 57	0 54	0 52	0 49	0 47	0 44	0 41	0 39	0 36	0 34	0 31	0 28	0 26	0 23	0 21	0 18
1 04	1 01	0 59	0 56	0 53	0 51	0 48	0 45	0 43	0 40	0 37	0 35	0 32	0 29	0 27	0 24	0 21	0 19
1 06	1 03	1 01	0 58	0 55	0 52	0 50	0 47	0 44	0 41	0 39	0 36	0 33	0 30	0 28	0 25	0 22	0 19
1 08	1 05	1 02	1 00	0 57	0 54	0 51	0 48	0 45	0 43	0 40	0 37	0 34	0 31	0 28	0 26	0 23	0 20
1 10	1 07	1 04	1 01	0 58	0 55	0 53	0 50	0 47	0 44	0 41	0 38	0 35	0 32	0 29	0 26	0 23	0 20
1 12	1 09	1 06	1 03	1 00	0 57	0 54	0 51	0 48	0 45	0 42	0 39	0 36	0 33	0 30	0 27	0 24	0 21
1 14	1 11	1 08	1 05	1 02	0 59	0 56	0 52	0 49	0 46	0 43	0 40	0 37	0 34	0 31	0 28	0 25	0 22
1 16	1 13	1 10	1 07	1 03	1 00	0 57	0 54	0 51	0 48	0 44	0 41	0 38	0 35	0 32	0 29	0 25	0 22
1 18	1 15	1 12	1 08	1 05	1 02	0 59	0 55	0 52	0 49	0 46	0 42	0 39	0 36	0 33	0 29	0 26	0 23
1 20	1 17	1 13	1 10	1 07	1 03	1 00	0 57	0 53	0 50	0 47	0 43	0 40	0 37	0 33	0 30	0 27	0 23
1 22	1 19	1 15	1 12	1 08	1 05	1 02	0 58	0 55	0 51	0 48	0 44	0 41	0 38	0 34	0 31	0 27	0 24
1 24	1 21	1 17	1 14	1 10	1 07	1 03	1 00	0 56	0 53	0 49	0 46	0 42	0 39	0 35	0 32	0 28	0 25
1 26	1 22	1 19	1 15	1 12	1 08	1 05	1 01	0 57	0 54	0 50	0 47	0 43	0 39	0 36	0 32	0 29	0 25
1 28	1 24	1 21	1 17	1 13	1 10	1 06	1 02	0 59	0 55	0 51	0 48	0 44	0 40	0 37	0 33	0 29	0 26
1 30	1 26	1 23	1 19	1 15	1 11	1 08	1 04	1 00	0 56	0 53	0 49	0 45	0 41	0 38	0 34	0 30	0 26
1 32	1 28	1 24	1 21	1 17	1 13	1 09	1 05	1 04	0 58	0 54	0 50	0 46	0 42	0 38	0 35	0 31	0 27
1 34	1 30	1 26	1 22	1 18	1 14	1 11	1 07	1 03	0 59	0 55	0 51	0 47	0 43	0 39	0 35	0 31	0 27
1 36	1 32	1 28	1 24	1 20	1 16	1 12	1 08	1 04	1 00	0 56	0 52	0 48	0 44	0 40	0 36	0 32	0 28
1 38	1 34	1 30	1 26	1 22	1 18	1 14	1 09	1 05	1 01	0 57	0 53	0 49	0 45	0 41	0 37	0 33	0 29
1 40	1 36	1 32	1 28	1 23	1 19	1 15	1 11	1 07	1 03	0 58	0 54	0 50	0 46	0 42	0 38	0 33	0 29
1 42	1 38	1 34	1 29	1 25	1 21	1 17	1 12	1 08	1 04	1 00	0 55	0 51	0 47	0 43	0 38	0 34	0 30
1 44	1 40	1 35	1 31	1 27	1 22	1 18	1 14	1 09	1 05	1 01	0 56	0 52	0 48	0 43	0 39	0 35	0 30
1 46	1 42	1 37	1 33	1 28	1 24	1 20	1 15	1 11	1 06	1 02	0 57	0 53	0 49	0 44	0 40	0 35	0 31
1 48	1 44	1 39	1 35	1 30	1 26	1 21	1 17	1 12	1 08	1 03	0 59	0 54	0 50	0 45	0 41	0 36	0 32
1 50	1 45	1 41	1 36	1 32	1 27	1 23	1 18	1 13	1 09	1 04	1 00	0 55	0 50	0 46	0 41	0 37	0 32
1 52	1 47	1 43	1 38	1 33	1 29	1 24	1 19	1 15	1 10	1 05	1 01	0 56	0 51	0 47	0 42	0 37	0 33
1 54	1 49	1 45	1 40	1 35	1 30	1 26	1 21	1 16	1 11	1 07	1 02	0 57	0 52	0 48	0 43	0 38	0 33
1 56	1 51	1 46	1 42	1 37	1 32	1 27	1 22	1 17	1 13	1 08	1 03	0 58	0 53	0 48	0 44	0 39	0 34
1 58	1 53	1 48	1 43	1 38	1 33	1 29	1 24	1 19	1 14	1 09	1 04	0 59	0 54	0 49	0 44	0 39	0 34
2 00	1 55	1 50	1 45	1 40	1 35	1 30	1 25	1 20	1 15	1 10	1 05	1 00	0 55	0 50	0 45	0 40	0 35
2 02	1 57	1 52	1 47	1 42	1 37	1 32	1 26	1 21	1 16	1 11	1 06	1 01	0 56	0 51	0 46	0 41	0 36
2 04	1 59	1 54	1 49	1 43	1 38	1 33	1 28	1 23	1 18	1 12	1 07	1 02	0 57	0 52	0 47	0 41	0 36
2 06	2 01	1 56	1 50	1 45	1 40	1 35	1 29	1 24	1 19	1 14	1 08	1 03	0 58	0 53	0 47	0 42	0 37
2 08	2 03	1 57	1 52	1 47	1 41	1 36	1 31	1 25	1 20	1 15	1 09	1 04	0 59	0 53	0 48	0 43	0 37
2 10	2 05	1 59	1 54	1 48	1 43	1 38	1 32	1 27	1 21	1 16	1 10	1 05	1 00	0 54	0 49	0 43	0 38
2 12	2 07	2 01	1 56	1 50	1 45	1 39	1 34	1 28	1 23	1 17	1 12	1 06	1 01	0 55	0 50	0 44	0 39
2 14	2 08	2 03	1 57	1 52	1 46	1 41	1 35	1 29	1 24	1 18	1 13	1 07	1 01	0 56	0 50	-0 45	0 39
24h	23h	22h	21h	20h	19h	18h	17h	16h	15h	14h	13h	12h	11h	10h	9h	8h	7h

MOUVEMENTS DU SOLEIL ET DES PLANETES

Planets						Planètes					Planeten					Planeta	
6h	5h	4h	3h	2h	1h	55m	50m	45m	40m	35m	30m	25m	20m	15m	10m	5m	24h
o '	o '	o '	o '	o '	o '	o '	o '	o '	o '	o '	o '	o '	o '	o '	o '	o '	o '
0 01	0 00	0 00	0 00	0 00	0 00	0 00	0 00	0 00	0 00	0 00	0 00	0 00	0 00	0 00	0 00	0 00	0 02
0 01	0 01	0 01	0 01	0 00	0 00	0 00	0 00	0 00	0 00	0 00	0 00	0 00	0 00	0 00	0 00	0 00	0 04
0 02	0 01	0 01	0 01	0 01	0 00	0 00	0 00	0 00	0 00	0 00	0 00	0 00	0 00	0 00	0 00	0 00	0 06
0 02	0 02	0 01	0 01	0 01	0 00	0 00	0 00	0 00	0 00	0 00	0 00	0 00	0 00	0 00	0 00	0 00	0 08
0 03	0 02	0 02	0 01	0 01	0 00	0 00	0 00	0 00	0 00	0 00	0 00	0 00	0 00	0 00	0 00	0 00	0 10
0 03	0 03	0 02	0 02	0 01	0 01	0 00	0 00	0 00	0 00	0 00	0 00	0 00	0 00	0 00	0 00	0 00	0 12
0 04	0 03	0 02	0 02	0 01	0 01	0 01	0 00	0 00	0 00	0 00	0 00	0 00	0 00	0 00	0 00	0 00	0 14
0 04	0 03	0 03	0 02	0 01	0 01	0 01	0 01	0 00	0 00	0 00	0 00	0 00	0 00	0 00	0 00	0 00	0 16
0 05	0 04	0 03	0 02	0 02	0 01	0 01	0 01	0 01	0 00	0 00	0 00	0 00	0 00	0 00	0 00	0 00	0 18
0 05	0 04	0 03	0 03	0 02	0 01	0 01	0 01	0 01	0 01	0 00	0 00	0 00	0 00	0 00	0 00	0 00	0 20
0 06	0 05	0 04	0 03	0 02	0 01	0 01	0 01	0 01	0 01	0 01	0 00	0 00	0 00	0 00	0 00	0 00	0 22
0 06	0 05	0 04	0 03	0 02	0 01	0 01	0 01	0 01	0 01	0 01	0 00	0 00	0 00	0 00	0 00	0 00	0 24
0 07	0 05	0 04	0 03	0 02	0 01	0 01	0 01	0 01	0 01	0 01	0 00	0 00	0 00	0 00	0 00	0 00	0 26
0 07	0 06	0 05	0 04	0 02	0 01	0 01	0 01	0 01	0 01	0 01	0 00	0 00	0 00	0 00	0 00	0 00	0 28
0 08	0 06	0 05	0 04	0 03	0 01	0 01	0 01	0 01	0 01	0 01	0 01	0 00	0 00	0 00	0 00	0 00	0 30
0 08	0 07	0 05	0 04	0 03	0 01	0 01	0 01	0 01	0 01	0 01	0 01	0 01	0 00	0 00	0 00	0 00	0 32
0 09	0 07	0 06	0 04	0 03	0 01	0 01	0 01	0 01	0 01	0 01	0 01	0 00	0 00	0 00	0 00	0 00	0 34
0 09	0 08	0 06	0 05	0 03	0 02	0 01	0 01	0 01	0 01	0 01	0 01	0 01	0 00	0 00	0 00	0 00	0 36
0 10	0 08	0 06	0 05	0 03	0 02	0 02	0 01	0 01	0 01	0 01	0 01	0 01	0 00	0 00	0 00	0 00	0 38
0 10	0 08	0 07	0 05	0 03	0 02	0 02	0 01	0 01	0 01	0 01	0 01	0 01	0 00	0 00	0 00	0 00	0 40
0 11	0 09	0 07	0 05	0 04	0 02	0 02	0 01	0 01	0 01	0 01	0 01	0 01	0 01	0 00	0 00	0 00	0 42
0 11	0 09	0 07	0 06	0 04	0 02	0 02	0 01	0 01	0 01	0 01	0 01	0 01	0 01	0 00	0 00	0 00	0 44
0 12	0 10	0 08	0 06	0 04	0 02	0 02	0 02	0 01	0 01	0 01	0 01	0 01	0 01	0 00	0 00	0 00	0 46
0 12	0 10	0 08	0 06	0 04	0 02	0 02	0 02	0 02	0 01	0 01	0 01	0 01	0 01	0 01	0 00	0 00	0 48
0 13	0 10	0 08	0 06	0 04	0 02	0 02	0 02	0 02	0 01	0 01	0 01	0 01	0 01	0 01	0 00	0 00	0 50
0 13	0 11	0 09	0 07	0 04	0 02	0 02	0 02	0 02	0 01	0 01	0 01	0 01	0 01	0 00	0 00	0 00	0 52
0 14	0 11	0 09	0 07	0 05	0 02	0 02	0 02	0 02	0 02	0 01	0 01	0 01	0 01	0 01	0 00	0 00	0 54
0 14	0 12	0 09	0 07	0 05	0 02	0 02	0 02	0 02	0 02	0 01	0 01	0 01	0 01	0 01	0 00	0 00	0 56
0 15	0 12	0 10	0 07	0 05	0 02	0 02	0 02	0 02	0 02	0 01	0 01	0 01	0 01	0 01	0 00	0 00	0 58
0 15	0 13	0 10	0 08	0 05	0 03	0 02	0 02	0 02	0 02	0 01	0 01	0 01	0 01	0 01	0 00	0 00	1 00
0 16	0 13	0 10	0 08	0 05	0 03	0 02	0 02	0 02	0 02	0 02	0 01	0 01	0 01	0 01	0 00	0 00	1 02
0 16	0 13	0 11	0 08	0 05	0 03	0 02	0 02	0 02	0 02	0 02	0 01	0 01	0 01	0 01	0 00	0 00	1 04
0 17	0 14	0 11	0 08	0 06	0 03	0 03	0 02	0 02	0 02	0 02	0 01	0 01	0 01	0 01	0 00	0 00	1 06
0 17	0 14	0 11	0 09	0 06	0 03	0 03	0 02	0 02	0 02	0 02	0 01	0 01	0 01	0 01	0 00	0 00	1 08
0 18	0 15	0 12	0 09	0 06	0 03	0 03	0 02	0 02	0 02	0 02	0 01	0 01	0 01	0 01	0 00	0 00	1 10
0 18	0 15	0 12	0 09	0 06	0 03	0 03	0 03	0 02	0 02	0 02	0 02	0 01	0 01	0 01	0 01	0 00	1 12
0 19	0 15	0 12	0 09	0 06	0 03	0 03	0 03	0 02	0 02	0 02	0 02	0 01	0 01	0 01	0 01	0 00	1 14
0 19	0 16	0 13	0 10	0 06	0 03	0 03	0 03	0 02	0 02	0 02	0 02	0 01	0 01	0 01	0 01	0 00	1 16
0 20	0 16	0 13	0 10	0 07	0 03	0 03	0 03	0 02	0 02	0 02	0 02	0 01	0 01	0 01	0 01	0 00	1 18
0 20	0 17	0 13	0 10	0 07	0 03	0 03	0 03	0 03	0 02	0 02	0 02	0 02	0 01	0 01	0 01	0 00	1 20
0 21	0 17	0 14	0 10	0 07	0 03	0 03	0 03	0 03	0 02	0 02	0 02	0 01	0 01	0 01	0 01	0 00	1 22
0 21	0 18	0 14	0 11	0 07	0 04	0 03	0 03	0 03	0 02	0 02	0 02	0 02	0 01	0 01	0 01	0 00	1 24
0 22	0 18	0 14	0 11	0 07	0 04	0 03	0 03	0 03	0 02	0 02	0 02	0 02	0 01	0 01	0 01	0 00	1 26
0 22	0 18	0 15	0 11	0 07	0 04	0 03	0 03	0 03	0 02	0 02	0 02	0 02	0 01	0 01	0 01	0 00	1 28
0 23	0 19	0 15	0 11	0 08	0 04	0 03	0 03	0 03	0 03	0 02	0 02	0 02	0 02	0 01	0 01	0 00	1 30
0 23	0 19	0 15	0 12	0 08	0 04	0 04	0 03	0 03	0 03	0 02	0 02	0 02	0 01	0 01	0 01	0 00	1 32
0 24	0 20	0 16	0 12	0 08	0 04	0 04	0 03	0 03	0 03	0 02	0 02	0 02	0 02	0 01	0 01	0 00	1 34
0 24	0 20	0 16	0 12	0 08	0 04	0 04	0 03	0 03	0 03	0 02	0 02	0 02	0 02	0 01	0 01	0 00	1 36
0 25	0 20	0 16	0 12	0 08	0 04	0 04	0 03	0 03	0 03	0 02	0 02	0 02	0 02	0 01	0 01	0 00	1 38
0 25	0 21	0 17	0 13	0 08	0 04	0 04	0 03	0 03	0 03	0 02	0 02	0 02	0 01	0 01	0 01	0 00	1 40
0 26	0 21	0 17	0 13	0 09	0 04	0 04	0 04	0 03	0 03	0 02	0 02	0 02	0 01	0 01	0 01	0 00	1 42
0 26	0 22	0 17	0 13	0 09	0 04	0 04	0 04	0 03	0 03	0 03	0 02	0 02	0 02	0 01	0 01	0 00	1 44
0 27	0 22	0 18	0 13	0 09	0 04	0 04	0 04	0 03	0 03	0 03	0 02	0 02	0 01	0 01	0 01	0 00	1 46
0 27	0 23	0 18	0 14	0 09	0 05	0 04	0 04	0 03	0 03	0 03	0 02	0 02	0 02	0 01	0 01	0 00	1 48
0 28	0 23	0 18	0 14	0 09	0 05	0 04	0 04	0 03	0 03	0 03	0 02	0 02	0 02	0 01	0 01	0 00	1 50
0 28	0 23	0 19	0 14	0 09	0 05	0 04	0 04	0 04	0 03	0 03	0 02	0 02	0 02	0 01	0 01	0 00	1 52
0 29	0 24	0 19	0 14	0 10	0 05	0 05	0 04	0 04	0 03	0 03	0 02	0 02	0 02	0 01	0 01	0 00	1 54
0 29	0 24	0 19	0 15	0 10	0 05	0 05	0 04	0 04	0 03	0 03	0 02	0 02	0 02	0 01	0 01	0 00	1 56
0 30	0 25	0 20	0 15	0 10	0 05	0 05	0 04	0 04	0 03	0 03	0 02	0 02	0 02	0 01	0 01	0 00	1 58
0 30	0 25	0 20	0 15	0 10	0 05	0 05	0 04	0 04	0 03	0 03	0 03	0 02	0 02	0 01	0 01	0 00	2 00
0 31	0 25	0 20	0 15	0 10	0 05	0 05	0 04	0 04	0 03	0 03	0 03	0 02	0 02	0 01	0 01	0 00	2 02
0 31	0 26	0 21	0 16	0 10	0 05	0 05	0 04	0 04	0 03	0 03	0 03	0 02	0 02	0 01	0 01	0 00	2 04
0 32	0 26	0 21	0 16	0 11	0 05	0 05	0 04	0 04	0 04	0 03	0 03	0 02	0 02	0 01	0 01	0 00	2 06
0 32	0 27	0 21	0 16	0 11	0 05	0 05	0 04	0 04	0 04	0 03	0 03	0 02	0 02	0 01	0 01	0 00	2 08
0 33	0 27	0 22	0 16	0 11	0 05	0 05	0 05	0 04	0 04	0 03	0 03	0 02	0 02	0 01	0 01	0 00	2 10
0 33	0 28	0 22	0 17	0 11	0 06	0 05	0 05	0 04	0 04	0 03	0 03	0 02	0 02	0 01	0 01	0 00	2 12
0 34	0 28	0 22	0 17	0 11	0 06	0 05	0 05	0 04	0 04	0 03	0 03	0 02	0 02	0 01	0 01	0 00	2 14
6h	5h	4h	3h	2h	1h	55m	50m	45m	40m	35m	30m	25m	20m	15m	10m	5m	24h

MOUVEMENTS DE LA LUNE

	Moon				Lune				Mond				Luna				
24h	23h	22h	21h	20h	19h	18h	17h	16h	15h	14h	13h	12h	11h	10h	9h	8h	7h
o '	o '	o '	o '	o '	o '	o '	o '	o '	o '	o '	o '	o '	o '	o '	o '	o '	o '
11 41	11 12	10 43	10 13	9 44	9 15	8 46	8 17	7 47	7 18	6 49	6 20	5 51	5 21	4 52	4 23	3 54	3 24
11 44	11 15	10 45	10 16	9 47	9 17	8 48	8 19	7 49	7 20	6 51	6 21	5 52	5 23	4 53	4 24	3 55	3 25
11 47	11 18	10 48	10 19	9 49	9 20	8 50	8 21	7 51	7 22	6 52	6 23	5 54	5 24	4 55	4 25	3 56	3 26
11 50	11 20	10 51	10 21	9 52	9 22	8 53	8 23	7 53	7 24	6 54	6 25	5 55	5 26	4 56	4 26	3 57	3 27
11 53	11 23	10 54	10 24	9 54	9 24	8 55	8 25	7 55	7 26	6 56	6 26	5 57	5 27	4 57	4 27	3 58	3 28
11 56	11 26	10 56	10 27	9 57	9 27	8 57	8 27	7 57	7 28	6 58	6 28	5 58	5 28	4 58	4 29	3 59	3 29
11 59	11 29	10 59	10 29	9 59	9 29	8 59	8 29	7 59	7 29	6 59	6 29	6 00	5 30	5 00	4 30	4 00	3 30
12 02	11 32	11 02	10 32	10 02	9 32	9 02	8 31	8 01	7 31	7 01	6 31	6 01	5 31	5 01	4 31	4 01	3 31
12 05	11 35	11 05	10 34	10 04	9 34	9 04	8 34	8 03	7 33	7 03	6 33	6 03	5 32	5 02	4 32	4 02	3 31
12 08	11 38	11 07	10 37	10 07	9 36	9 06	8 36	8 05	7 35	7 05	6 34	6 04	5 34	5 03	4 33	4 03	3 32
12 11	11 41	11 10	10 40	10 09	9 39	9 08	8 38	8 07	7 37	7 06	6 36	6 06	5 35	5 05	4 34	4 04	3 33
12 14	11 43	11 13	10 42	10 12	9 41	9 11	8 40	8 09	7 39	7 08	6 38	6 07	5 36	5 06	4 35	4 05	3 34
12 17	11 46	11 16	10 45	10 14	9 43	9 13	8 42	8 11	7 41	7 10	6 39	6 09	5 38	5 07	4 36	4 06	3 35
12 20	11 49	11 18	10 48	10 17	9 46	9 15	8 44	8 13	7 43	7 12	6 41	6 10	5 39	5 08	4 38	4 07	3 36
12 23	11 52	11 21	10 50	10 19	9 48	9 17	8 46	8 15	7 44	7 13	6 42	6 12	5 41	5 10	4 39	4 08	3 37
12 26	11 55	11 24	10 53	10 22	9 51	9 20	8 48	8 17	7 46	7 15	6 44	6 13	5 42	5 11	4 40	4 09	3 38
12 29	11 58	11 27	10 55	10 24	9 53	9 22	8 51	8 19	7 48	7 17	6 46	6 15	5 43	5 12	4 41	4 10	3 38
12 32	12 01	11 29	10 58	10 27	9 55	9 24	8 53	8 21	7 50	7 19	6 47	6 16	5 45	5 13	4 42	4 11	3 39
12 35	12 04	11 32	11 01	10 29	9 58	9 26	8 55	8 23	7 52	7 20	6 49	6 18	5 46	5 15	4 43	4 12	3 40
12 38	12 06	11 35	11 03	10 32	10 00	9 29	8 57	8 25	7 54	7 22	6 51	6 19	5 47	5 16	4 44	4 13	3 41
12 41	12 09	11 38	11 06	10 34	10 02	9 31	8 59	8 27	7 56	7 24	6 52	6 21	5 49	5 17	4 45	4 14	3 42
12 44	12 12	11 40	11 09	10 37	10 05	9 33	9 01	8 29	7 58	7 26	6 54	6 22	5 50	5 18	4 47	4 15	3 43
12 47	12 15	11 43	11 11	10 39	10 07	9 35	9 03	8 31	7 59	7 27	6 55	6 24	5 52	5 20	4 48	4 16	3 44
12 50	12 18	11 46	11 14	10 42	10 10	9 38	9 05	8 33	8 01	7 29	6 57	6 25	5 53	5 21	4 49	4 17	3 45
12 53	12 21	11 49	11 16	10 44	10 12	9 40	9 08	8 35	8 03	7 31	6 59	6 27	5 54	5 22	4 50	4 18	3 45
12 56	12 24	11 51	11 19	10 47	10 14	9 42	9 10	8 37	8 05	7 33	7 00	6 28	5 56	5 23	4 51	4 19	3 46
12 59	12 27	11 54	11 22	10 49	10 17	9 44	9 12	8 39	8 07	7 34	7 02	6 30	5 57	5 25	4 52	4 20	3 47
13 02	12 29	11 57	11 24	10 52	10 19	9 47	9 14	8 41	8 09	7 36	7 04	6 31	5 58	5 26	4 53	4 21	3 48
13 05	12 32	12 00	11 27	10 54	10 21	9 49	9 16	8 43	8 11	7 38	7 05	6 33	6 00	5 27	4 54	4 22	3 49
13 08	12 35	12 02	11 30	10 57	10 24	9 51	9 18	8 45	8 13	7 40	7 07	6 34	6 01	5 28	4 56	4 23	3 50
13 11	12 38	12 05	11 32	10 59	10 26	9 53	9 20	8 47	8 14	7 41	7 08	6 36	6 03	5 30	4 57	4 24	3 51
13 14	12 41	12 08	11 35	11 02	10 29	9 56	9 22	8 49	8 16	7 43	7 10	6 37	6 04	5 31	4 58	4 25	3 52
13 17	12 44	12 11	11 37	11 04	10 31	9 58	9 25	8 51	8 18	7 45	7 12	6 39	6 05	5 32	4 59	4 26	3 52
13 20	12 47	12 13	11 40	11 07	10 33	10 00	9 27	8 53	8 20	7 47	7 13	6 40	6 07	5 33	5 00	4 27	3 53
13 23	12 50	12 16	11 43	11 09	10 36	10 02	9 29	8 55	8 22	7 48	7 15	6 42	6 08	5 35	5 01	4 28	3 54
13 26	12 52	12 19	11 45	11 12	10 38	10 05	9 31	8 57	8 24	7 50	7 17	6 43	6 09	5 36	5 02	4 29	3 55
13 29	12 55	12 22	11 48	11 14	10 40	10 07	9 33	8 59	8 26	7 52	7 18	6 45	6 11	5 37	5 03	4 30	3 56
13 32	12 58	12 24	11 51	11 17	10 43	10 09	9 35	9 01	8 28	7 54	7 20	6 46	6 12	5 38	5 05	4 31	3 57
13 35	13 01	12 27	11 53	11 19	10 45	10 11	9 37	9 03	8 29	7 55	7 21	6 48	6 14	5 40	5 06	4 32	3 58
13 38	13 04	12 30	11 56	11 22	10 48	10 14	9 39	9 05	8 31	7 57	7 23	6 49	6 15	5 41	5 07	4 33	3 59
13 41	13 07	12 33	11 58	11 24	10 50	10 16	9 42	9 07	8 33	7 59	7 25	6 51	6 16	5 42	5 08	4 34	3 59
13 44	13 10	12 35	12 01	11 27	10 52	10 18	9 44	9 09	8 35	8 01	7 26	6 52	6 18	5 43	5 09	4 35	4 00
13 47	13 13	12 38	12 04	11 29	10 55	10 20	9 46	9 11	8 37	8 02	7 28	6 54	6 19	5 45	5 10	4 36	4 01
13 50	13 15	12 41	12 06	11 32	10 57	10 23	9 48	9 13	8 39	8 04	7 30	6 55	6 20	5 46	5 11	4 37	4 02
13 53	13 18	12 44	12 09	11 34	10 59	10 25	9 50	9 15	8 41	8 06	7 31	6 57	6 22	5 47	5 12	4 38	4 03
13 56	13 21	12 46	12 12	11 37	11 02	10 27	9 52	9 17	8 43	8 08	7 33	6 58	6 23	5 48	5 14	4 39	4 04
13 59	13 24	12 49	12 14	11 39	11 04	10 29	9 54	9 19	8 44	8 09	7 34	7 00	6 25	5 50	5 15	4 40	4 05
14 02	13 27	12 52	12 17	11 42	11 07	10 32	9 56	9 21	8 46	8 11	7 36	7 01	6 26	5 51	5 16	4 41	4 06
14 05	13 30	12 55	12 19	11 44	11 09	10 34	9 59	9 23	8 48	8 13	7 38	7 03	6 27	5 52	5 17	4 42	4 06
14 08	13 33	12 57	12 22	11 47	11 11	10 36	10 01	9 25	8 50	8 15	7 39	7 04	6 29	5 53	5 18	4 43	4 07
14 11	13 36	13 00	12 25	11 49	11 14	10 38	10 03	9 27	8 52	8 16	7 41	7 06	6 30	5 55	5 19	4 44	4 08
14 14	13 38	13 03	12 27	11 52	11 16	10 41	10 05	9 29	8 54	8 18	7 43	7 07	6 31	5 56	5 20	4 45	4 09
14 17	13 41	13 06	12 30	11 54	11 18	10 43	10 07	9 31	8 56	8 20	7 44	7 09	6 33	5 57	5 21	4 46	4 10
14 20	13 44	13 08	12 33	11 57	11 21	10 45	10 09	9 33	8 58	8 22	7 46	7 10	6 34	5 58	5 23	4 47	4 11
14 23	13 47	13 11	12 35	11 59	11 23	10 47	10 11	9 35	8 59	8 23	7 47	7 12	6 36	6 00	5 24	4 48	4 12
14 26	13 50	13 14	12 38	12 02	11 26	10 50	10 13	9 37	9 01	8 25	7 49	7 13	6 37	6 01	5 25	4 49	4 13
14 29	13 53	13 17	12 40	12 04	11 28	10 52	10 16	9 39	9 03	8 27	7 51	7 15	6 38	6 02	5 26	4 50	4 13
14 32	13 56	13 19	12 43	12 07	11 30	10 54	10 18	9 41	9 05	8 29	7 52	7 16	6 40	6 03	5 27	4 51	4 14
14 35	13 59	13 22	12 46	12 09	11 33	10 56	10 20	9 43	9 07	8 30	7 54	7 18	6 41	6 05	5 28	4 52	4 15
14 38	14 01	13 25	12 48	12 12	11 35	10 59	10 22	9 45	9 09	8 32	7 56	7 19	6 42	6 06	5 29	4 53	4 16
14 41	14 04	13 28	12 51	12 14	11 37	11 01	10 24	9 47	9 11	8 34	7 57	7 21	6 44	6 07	5 30	4 54	4 17
14 44	14 07	13 30	12 54	12 17	11 40	11 03	10 26	9 49	9 13	8 36	7 59	7 22	6 45	6 08	5 32	4 55	4 18
14 47	14 10	13 33	12 56	12 19	11 42	11 05	10 28	9 51	9 14	8 37	8 00	7 24	6 47	6 10	5 33	4 56	4 19
14 50	14 13	13 36	12 59	12 22	11 45	11 08	10 30	9 53	9 16	8 39	8 02	7 25	6 48	6 11	5 34	4 57	4 20
14 53	14 16	13 39	13 01	12 24	11 47	11 10	10 33	9 55	9 18	8 41	8 04	7 27	6 49	6 12	5 35	4 58	4 20
14 56	14 19	13 41	13 04	12 27	11 49	11 12	10 35	9 57	9 20	8 43	8 05	7 28	6 51	6 13	5 36	4 59	4 21
14 59	14 22	13 44	13 07	12 29	11 52	11 14	10 37	9 59	9 22	8 44	8 07	7 30	6 52	6 15	5 37	5 00	4 22
15 02	14 24	13 47	13 09	12 32	11 54	11 17	10 39	10 01	9 24	8 46	8 09	7 31	6 53	6 16	5 38	5 01	4 23
15 05	14 27	13 50	13 12	12 34	11 56	11 19	10 41	10 03	9 26	8 48	8 10	7 33	6 55	6 17	5 39	5 02	4 24
15 08	14 30	13 52	13 15	12 37	11 59	11 21	10 43	10 05	9 28	8 50	8 12	7 34	6 56	6 18	5 41	5 03	4 25
15 11	14 33	13 55	13 17	12 39	12 01	11 23	10 45	10 07	9 29	8 51	8 13	7 36	6 58	6 20	5 42	5 04	4 26
15 14	14 36	13 59	13 20	12 42	12 04	11 26	10 47	10 09	9 31	8 53	8 15	7 37	6 59	6 21	5 43	5 05	4 27
15 17	14 39	14 01	13 22	12 44	12 06	11 28	10 50	10 11	9 33	8 55	8 17	7 39	7 00	6 22	5 44	5 06	4 27
15 20	14 42	14 03	13 25	12 47	12 08	11 30	10 52	10 13	9 35	8 57	8 18	7 40	7 02	6 23	5 45	5 07	4 28
15 23	14 45	14 06	13 28	12 49	12 11	11 32	10 54	10 15	9 37	8 58	8 20	7 42	7 03	6 25	5 46	5 08	4 29
24h	23h	22h	21h	20h	19h	18h	17h	16h	15h	14h	13h	12h	11h	10h	9h	8h	7h

MOUVEMENTS DE LA LUNE

Moon — Lune — Mond — Luna

6h	5h	4h	3h	2h	1h	55m	50m	45m	40m	35m	30m	25m	20m	15m	10m	5m	24h
° '	° '	° '	° '	° '	° '	° '	° '	° '	° '	° '	° '	° '	° '	° '	° '	° '	° '
2 55	2 26	1 57	1 28	0 58	0 29	0 27	0 24	0 22	0 19	0 17	0 15	0 12	0 10	0 07	0 05	0 02	11 41
2 56	2 27	1 57	1 28	0 59	0 29	0 27	0 24	0 22	0 20	0 17	0 15	0 12	0 10	0 07	0 05	0 02	11 44
2 57	2 27	1 58	1 28	0 59	0 29	0 27	0 24	0 22	0 20	0 17	0 15	0 12	U 10	0 07	0 05	0 02	11 47
2 58	2 28	1 58	1 29	0 59	0 30	U 27	0 25	0 22	0 20	0 17	0 15	0 12	0 10	0 07	0 05	0 02	11 50
2 58	2 29	1 59	1 29	0 59	0 30	0 27	0 25	0 22	0 20	0 17	0 15	0 12	0 10	0 07	0 05	0 02	11 53
2 59	2 29	1 59	1 30	1 00	0 30	0 27	0 25	0 22	0 20	0 17	0 15	0 12	0 10	0 07	0 05	0 02	11 56
3 00	2 30	2 00	1 30	1 00	0 30	0 27	0 25	0 22	0 20	0 17	0 15	0 12	0 10	0 07	0 05	0 03	11 59
3 01	2 30	2 00	1 30	1 00	0 30	0 28	0 25	0 23	0 20	0 18	0 15	0 13	0 10	0 08	0 05	0 03	12 02
3 01	2 31	2 01	1 31	1 00	0 30	0 28	0 25	0 23	0 20	0 18	0 15	0 13	0 10	0 08	0 05	0 03	12 05
3 02	2 32	2 01	1 31	1 01	0 30	0 28	0 25	0 23	0 20	0 18	0 15	0 13	0 10	0 08	0 05	0 03	12 08
3 03	2 32	2 02	1 31	1 01	0 30	0 28	0 25	0 23	0 20	0 18	0 15	0 13	0 10	0 08	0 05	0 03	12 11
3 04	2 33	2 02	1 32	1 01	0 31	0 28	0 25	0 23	0 20	0 18	0 15	0 13	0 10	0 08	0 05	0 03	12 14
3 04	2 34	2 03	1 32	1 01	0 31	0 28	0 26	0 23	0 20	0 18	0 15	0 13	0 10	0 08	0 05	0 03	12 17
3 05	2 34	2 03	1 33	1 02	0 31	0 28	0 26	0 23	0 21	0 18	0 15	0 13	0 10	0 08	0 05	0 03	12 20
3 06	2 35	2 04	1 33	1 02	0 31	0 28	0 26	0 23	0 21	0 18	0 15	0 13	0 10	0 08	0 05	0 03	12 23
3 07	2 35	2 04	1 33	1 02	0 31	0 29	0 26	0 23	0 21	0 18	0 16	0 13	0 10	0 08	0 05	0 03	12 26
3 07	2 36	2 05	1 34	1 02	0 31	0 29	0 26	0 23	0 21	0 18	0 16	0 13	0 10	0 08	0 05	0 03	12 29
3 08	2 37	2 05	1 34	1 03	0 31	0 29	0 26	0 24	0 21	0 18	0 16	0 13	0 10	0 08	0 05	0 03	12 32
3 09	2 37	2 06	1 34	1 03	0 31	0 29	0 26	0 24	0 21	0 18	0 16	0 13	0 10	0 08	0 05	0 03	12 35
3 10	2 38	2 06	1 35	1 03	0 32	0 29	0 26	0 24	0 21	0 18	0 16	0 13	0 11	0 08	0 05	0 03	12 38
3 10	2 39	2 07	1 35	1 03	0 32	0 29	0 26	0 24	0 21	0 19	0 16	0 13	0 11	0 08	0 05	0 03	12 41
3 11	2 39	2 07	1 36	1 04	0 32	0 29	0 27	0 24	0 21	0 19	0 16	0 13	0 11	0 08	0 05	0 03	12 44
3 12	2 40	2 08	1 36	1 04	0 32	0 29	0 27	0 24	0 21	0 19	0 16	0 13	0 11	0 08	0 05	0 03	12 47
3 13	2 40	2 08	1 36	1 04	0 32	0 29	0 27	0 24	0 21	0 19	0 16	0 13	0 11	0 08	0 05	0 03	12 50
3 13	2 41	2 09	1 37	1 04	0 32	0 30	0 27	0 24	0 21	0 19	0 16	0 13	0 11	0 08	0 05	0 03	12 53
3 14	2 42	2 09	1 37	1 05	0 32	0 30	0 27	0 24	0 22	0 19	0 16	0 13	0 11	0 08	0 05	0 03	12 56
3 15	2 42	2 10	1 37	1 05	0 32	0 30	0 27	0 24	0 22	0 19	0 16	0 14	0 11	0 08	0 05	0 03	12 59
3 16	2 43	2 10	1 38	1 05	0 33	0 30	0 27	0 25	0 22	0 19	0 16	0 14	0 11	0 08	0 05	0 03	13 02
3 16	2 44	2 11	1 38	1 05	0 33	0 30	0 27	0 25	0 22	0 19	0 16	0 14	0 11	0 08	0 05	0 03	13 05
3 17	2 44	2 11	1 39	1 06	0 33	0 30	0 27	0 25	0 22	0 19	0 16	0 14	0 11	0 08	0 05	0 03	13 08
3 18	2 45	2 12	1 39	1 06	0 33	0 30	0 27	0 25	0 22	0 19	0 16	0 14	0 11	0 08	0 06	0 03	13 11
3 19	2 45	2 12	1 39	1 06	0 33	0 30	0 28	0 25	0 22	0 19	0 17	0 14	0 11	0 08	0 06	0 03	13 14
3 19	2 46	2 13	1 40	1 06	0 33	0 30	0 28	0 25	0 22	0 19	0 17	0 14	0 11	0 08	0 06	0 03	13 17
3 20	2 47	2 13	1 40	1 07	0 33	0 31	0 28	0 25	0 22	0 19	0 17	0 14	0 11	0 08	0 06	0 03	13 20
3 21	2 47	2 14	1 40	1 07	0 33	0 31	0 28	0 25	0 22	0 20	0 17	0 14	0 11	0 08	0 06	0 03	13 23
3 22	2 48	2 14	1 41	1 07	0 34	0 31	0 28	0 25	0 22	0 20	0 17	0 14	0 11	0 08	0 06	0 03	13 26
3 22	2 49	2 15	1 41	1 07	0 34	0 31	0 28	0 25	0 22	0 20	0 17	0 14	0 11	0 08	0 06	0 03	13 29
3 23	2 49	2 15	1 42	1 08	0 34	0 31	0 28	0 25	0 23	0 20	0 17	0 14	0 11	0 08	0 06	0 03	13 32
3 24	2 50	2 16	1 42	1 08	0 34	0 31	0 28	0 25	0 23	0 20	0 17	0 14	0 11	0 08	0 06	0 03	13 35
3 25	2 50	2 16	1 42	1 08	0 34	0 31	0 28	0 26	0 23	0 20	0 17	0 14	0 11	0 09	0 06	0 03	13 38
3 25	2 51	2 17	1 43	1 08	0 34	0 31	0 29	0 26	0 23	0 20	0 17	0 14	0 11	0 09	0 06	0 03	13 41
3 26	2 52	2 17	1 43	1 09	0 34	0 31	0 29	0 26	0 23	0 20	0 17	0 14	0 11	0 09	0 06	0 03	13 44
3 27	2 52	2 18	1 43	1 09	0 34	0 32	0 29	0 26	0 23	0 20	0 17	0 14	0 11	0 09	0 06	0 03	13 47
3 28	2 53	2 18	1 44	1 09	0 35	0 32	0 29	0 26	0 23	0 20	0 17	0 14	0 12	0 09	0 06	0 03	13 50
3 28	2 54	2 19	1 44	1 09	0 35	0 32	0 29	0 26	0 23	Q 20	0 17	0 14	0 12	0 09	0 06	0 03	13 53
3 29	2 54	2 19	1 45	1 10	0 35	0 32	0 29	0 26	0 23	0 20	0 17	0 15	0 12	0 09	0 06	0 03	13 56
3 30	2 55	2 20	1 45	1 10	0 35	0 32	0 29	0 26	0 23	0 20	0 18	0 15	0 12	0 09	0 06	0 03	13 59
3 31	2 55	2 20	1 45	1 10	0 35	0 32	0 29	0 26	0 23	0 20	0 18	0 15	0 12	0 09	0 06	0 03	14 02
3 31	2 56	2 21	1 46	1 10	0 35	0 32	0 29	· 0 26	0 23	0 21	0 18	0 15	0 12	0 09	0 06	0 03	14 05
3 32	2 57	2 21	1 46	1 11	0 35	0 32	0 29	0 27	0 24	0 21	0 18	0 15	0 12	0 09	0 06	0 03	14 08
3 33	2 57	2 22	1 46	1 11	0 35	0 33	0 30	0 27	0 24	0 21	0 18	0 15	0 12	0 09	0 06	0 03	14 11
3 34	2 58	2 22	1 47	1 11	0 36	0 33	0 30	0 27	0 24	0 21	0 18	0 15	0 12	0 09	0 06	0 03	14 14
3 34	2 59	2 23	1 47	1 11	0 36	0 33	0 30	0 27	0 24	0 21	0 18	0 15	0 12	0 09	0 06	0 03	14 17
3 35	2 59	2 23	1 48	1 12	0 36	0 33	0 30	0 27	0 24	0 21	0 18	0 15	0 12	0 09	0 06	0 03	14 20
3 36	3 00	2 24	1 48	1 12	0 36	0 33	0 30	0 27	0 24	0 21	0 18	0 15	0 12	0 09	0 06	0 03	14 23
3 37	3 00	2 24	1 48	1 12	0 36	0 33	0 30	0 27	0 24	0 21	0 18	0 15	0 12	0 09	0 06	0 03	14 26
3 37	3 01	2 25	1 49	1 12	0 36	0 33	0 30	0 27	0 24	0 21	0 18	0 15	0 12	0 09	0 06	0 03	14 29
3 38	3 02	2 25	1 49	1 13	0 36	0 33	0 30	0 27	0 24	0 21	0 18	0 15	0 12	0 09	0 06	0 03	14 32
3 39	3 02	2 26	1 49	1 13	0 36	0 33	0 30	0 27	0 24	0 21	0 18	0 15	0 12	0 09	0 06	0 03	14 35
3 40	3 03	2 26	1 50	1 13	0 37	0 34	0 30	0 27	0 24	0 21	0 18	0 15	0 12	0 09	0 06	0 03	14 38
3 40	3 04	2 27	1 50	1 13	0 37	0 34	0 31	0 28	0 24	0 21	0 18	0 15	0 12	0 09	0 06	0 03	14 41
3 41	3 04	2 27	1 51	1 14	0 37	0 34	0 31	0 28	0 25	0 21	0 18	0 15	0 12	0 09	0 06	0 03	14 44
3 42	3 05	2 28	1 51	1 14	0 37	0 34	0 31	0 28	0 25	0 22	0 19	0 16	0 12	0 09	0 06	0 03	14 47
3 43	3 05	2 28	1 51	1 14	0 37	0 34	0 31	0 28	0 25	0 22	0 19	0 16	0 12	0 09	0 06	0 03	14 50
3 43	3 06	2 29	1 52	1 14	0 37	0 34	0 31	0 28	0 25	0 22	0 19	0 16	0 12	0 09	0 06	0 03	14 53
3 44	3 07	2 29	1 52	1 15	0 37	0 34	0 31	0 28	0 25	0 22	0 19	0 16	0 12	0 09	0 06	0 03	14 56
3 45	3 07	2 30	1 52	1 15	0 37	0 34	0 31	0 28	0 25	0 22	0 19	0 16	0 12	0 09	0 06	0 03	14 59
3 46	3 08	2 30	1 53	1 15	0 38	0 34	0 31	0 28	0 25	0 22	0 19	0 16	0 13	0 09	0 06	0 03	15 02
3 46	3 09	2 31	1 53	1 15	0 38	0 35	0 31	0 28	0 25	0 22	0 19	0 16	0 13	0 09	0 06	0 03	15 05
3 47	3 09	2 31	1 54	1 16	0 38	0 35	0 32	0 28	0 25	0 22	0 19	0 16	0 13	0 09	0 06	0 03	15 08
3 48	3 10	2 32	1 54	1 16	0 38	0 35	0 32	0 28	0 25	0 22	0 19	0 16	0 13	0 09	0 06	0 03	15 11
3 49	3 10	2 32	1 54	1 16	0 38	0 35	0 32	0 29	0 25	0 22	0 19	0 16	0 13	0 10	0 06	0 03	15 14
3 49	3 11	2 33	1 55	1 16	0 38	0 35	0 32	0 29	0 25	0 22	0 19	0 16	0 13	0 10	0 06	0 03	15 17
3 50	3 12	2 33	1 55	1 17	0 38	0 35	0 32	0 29	0 26	0 22	0 19	0 16	0 13	0 10	0 06	0 03	15 20
3 51	3 12	2 34	1 55	1 17	0 38	0 35	0 32	0 29	0 26	0 22	0 19	0 16	0 13	0 10	0 06	0 03	15 23
6h	5h	4h	3h	2h	1h	55m	50m	45m	40m	35m	30m	25m	20m	15m	10m	5m	24h

DECLINAISONS DE LA LUNE

Declination of the moon | Abweichung des monds | Declinación de la luna

24h	23h	22h	21h	20h	19h	18h	17h	16h	15h	14h	13h	12h	11h	10h	9h	8h	7h
0 06	0 06	0 06	0 05	0 05	0 05	0 05	0 04	0 04	0 04	0 04	0 03	0 03	0 03	0 03	0 02	0 02	0 02
0 12	0 12	0 11	0 11	0 10	0 10	0 09	0 09	0 08	0 08	0 07	0 07	0 06	0 06	0 05	0 05	0 04	0 04
0 18	0 17	0 17	0 16	0 15	0 14	0 14	0 13	0 12	0 11	0 11	0 10	0 09	0 08	0 08	0 07	0 06	0 05
0 24	0 23	0 22	0 21	0 20	0 19	0 18	0 17	0 16	0 15	0 14	0 13	0 12	0 11	0 10	0 09	0 08	0 07
0 30	0 29	0 28	0 26	0 25	0 24	0 23	0 21	0 20	0 19	0 18	0 16	0 15	0 14	0 13	0 11	0 10	0 09
0 36	0 35	0 33	0 32	0 30	0 29	0 27	0 26	0 24	0 23	0 21	0 20	0 18	0 17	0 15	0 14	0 12	0 11
0 42	0 40	0 39	0 37	0 35	0 33	0 32	0 30	0 28	0 26	0 25	0 23	0 21	0 19	0 18	0 16	0 14	0 12
0 48	0 46	0 44	0 42	0 40	0 38	0 36	0 34	0 32	0 30	0 28	0 26	0 24	0 22	0 20	0 18	0 16	0 14
0 54	0 52	0 50	0 47	0 45	0 43	0 41	0 38	0 36	0 34	0 32	0 29	0 27	0 25	0 23	0 20	0 18	0 16
1 00	0 58	0 55	0 53	0 50	0 48	0 45	0 43	0 40	0 38	0 35	0 33	0 30	0 28	0 25	0 23	0 20	0 18
1 06	1 03	1 01	0 58	0 55	0 52	0 50	0 47	0 44	0 41	0 39	0 36	0 33	0 30	0 28	0 25	0 22	0 19
1 12	1 09	1 06	1 03	1 00	0 57	0 54	0 51	0 48	0 45	0 42	0 39	0 36	0 33	0 30	0 27	0 24	0 21
1 18	1 15	1 12	1 08	1 05	1 02	0 59	0 55	0 52	0 49	0 46	0 42	0 39	0 36	0 33	0 29	0 26	0 23
1 24	1 21	1 17	1 14	1 10	1 07	1 03	1 00	0 56	0 53	0 49	0 46	0 42	0 39	0 35	0 32	0 28	0 25
1 30	1 26	1 23	1 19	1 15	1 11	1 08	1 04	1 00	0 56	0 53	0 49	0 45	0 41	0 38	0 34	0 30	0 26
1 36	1 32	1 28	1 24	1 20	1 16	1 12	1 08	1 04	1 00	0 56	0 52	0 48	0 44	0 40	0 36	0 32	0 28
1 42	1 38	1 34	1 29	1 25	1 21	1 17	1 12	1 08	1 04	1 00	0 55	0 51	0 47	0 43	0 38	0 34	0 30
1 48	1 44	1 39	1 35	1 30	1 26	1 21	1 17	1 12	1 08	1 03	0 59	0 54	0 50	0 45	0 41	0 36	0 32
1 54	1 49	1 45	1 40	1 35	1 30	1 26	1 21	1 16	1 11	1 07	1 02	0 57	0 52	0 48	0 43	0 38	0 33
2 00	1 55	1 50	1 45	1 40	1 35	1 30	1 25	1 20	1 15	1 10	1 05	1 00	0 55	0 50	0 45	0 40	0 35
2 06	2 01	1 56	1 50	1 45	1 40	1 35	1 29	1 24	1 19	1 14	1 08	1 03	0 58	0 53	0 47	0 42	0 37
2 12	2 07	2 01	1 56	1 50	1 45	1 39	1 34	1 28	1 23	1 17	1 12	1 06	1 01	0 55	0 50	0 44	0 39
2 18	2 12	2 07	2 01	1 55	1 49	1 44	1 38	1 32	1 26	1 21	1 15	1 09	1 03	0 58	0 52	0 46	0 40
2 24	2 18	2 12	2 06	2 00	1 54	1 48	1 42	1 36	1 30	1 24	1 18	1 12	1 06	1 00	0 54	0 48	0 42
2 30	2 24	2 18	2 11	2 05	1 59	1 53	1 46	1 40	1 34	1 28	1 21	1 15	1 09	1 03	0 56	0 50	0 44
2 36	2 30	2 23	2 17	2 10	2 04	1 57	1 51	1 44	1 38	1 31	1 25	1 18	1 12	1 05	0 59	0 52	0 46
2 42	2 35	2 29	2 22	2 15	2 08	2 02	1 55	1 48	1 41	1 35	1 28	1 21	1 14	1 08	1 01	0 54	0 47
2 48	2 41	2 34	2 27	2 20	2 13	2 06	1 59	1 52	1 45	1 38	1 31	1 24	1 17	1 10	1 03	0 56	0 49
2 54	2 47	2 40	2 32	2 25	2 18	2 11	2 03	1 56	1 49	1 42	1 34	1 27	1 20	1 13	1 05	0 58	0 51
3 00	2 53	2 45	2 38	2 30	2 23	2 15	2 08	2 00	1 53	1 45	1 38	1 30	1 23	1 15	1 08	1 00	0 53
3 06	2 58	2 51	2 43	2 35	2 27	2 20	2 12	2 04	1 56	1 49	1 41	1 33	1 25	1 18	1 10	1 02	0 54
3 12	3 04	2 56	2 48	2 40	2 32	2 24	2 16	2 08	2 00	1 52	1 44	1 36	1 28	1 20	1 12	1 04	0 56
3 18	3 10	3 02	2 53	2 45	2 37	2 29	2 20	2 12	2 04	1 56	1 47	1 39	1 31	1 23	1 14	1 06	0 58
3 24	3 16	3 07	2 59	2 50	2 42	2 33	2 25	2 16	2 08	1 59	1 51	1 42	1 34	1 25	1 17	1 08	1 00
3 30	3 21	3 13	3 04	2 55	2 46	2 38	2 29	2 20	2 11	2 03	1 54	1 45	1 36	1 28	1 19	1 10	1 01
3 36	3 27	3 18	3 09	3 00	2 51	2 42	2 33	2 24	2 15	2 06	1 57	1 48	1 39	1 30	1 21	1 12	1 03
3 42	3 33	3 24	3 14	3 05	2 56	2 47	2 37	2 28	2 19	2 10	2 00	1 51	1 42	1 33	1 23	1 14	1 05
3 48	3 39	3 29	3 20	3 10	3 01	2 51	2 42	2 32	2 23	2 13	2 04	1 54	1 45	1 35	1 26	1 16	1 07
3 54	3 44	3 35	3 25	3 15	3 05	2 56	2 46	2 36	2 26	2 17	2 07	1 57	1 47	1 38	1 28	1 18	1 08
4 00	3 50	3 40	3 30	3 20	3 10	3 00	2 50	2 40	2 30	2 20	2 10	2 00	1 50	1 40	1 30	1 20	1 10
4 06	3 56	3 46	3 35	3 25	3 15	3 05	2 54	2 44	2 34	2 24	2 13	2 03	1 53	1 43	1 32	1 22	1 12
4 12	4 02	3 51	3 41	3 30	3 20	3 09	2 59	2 48	2 38	2 27	2 17	2 06	1 56	1 45	1 35	1 24	1 14
4 18	4 07	3 57	3 46	3 35	3 24	3 14	3 03	2 52	2 41	2 31	2 20	2 09	1 58	1 48	1 37	1 26	1 15
4 24	4 13	4 02	3 51	3 40	3 29	3 18	3 07	2 56	2 45	2 34	2 23	2 12	2 01	1 50	1 39	1 28	1 17
4 30	4 19	4 08	3 56	3 45	3 34	3 23	3 11	3 00	2 49	2 38	2 26	2 15	2 04	1 53	1 41	1 30	1 19
4 36	4 25	4 13	4 02	3 50	3 39	3 27	3 16	3 04	2 53	2 41	2 30	2 18	2 07	1 55	1 44	1 32	1 21
4 42	4 30	4 19	4 07	3 55	3 43	3 32	3 20	3 08	2 56	2 45	2 33	2 21	2 09	1 58	1 46	1 34	1 22
4 48	4 36	4 24	4 12	4 00	3 48	3 36	3 24	3 12	3 00	2 48	2 36	2 24	2 12	2 00	1 48	1 36	1 24
4 54	4 42	4 30	4 17	4 05	3 53	3 41	3 28	3 16	3 04	2 52	2 39	2 27	2 15	2 03	1 50	1 38	1 26
5 00	4 48	4 35	4 23	4 10	3 58	3 45	3 33	3 20	3 08	2 55	2 43	2 30	2 18	2 05	1 53	1 40	1 28
5 06	4 53	4 41	4 28	4 15	4 02	3 50	3 37	3 24	3 11	2 59	2 46	2 33	2 20	2 08	1 55	1 42	1 29
5 12	4 59	4 46	4 33	4 20	4 07	3 54	3 41	3 28	3 15	3 02	2 49	2 36	2 23	2 10	1 57	1 44	1 31
5 18	5 05	4 52	4 38	4 25	4 12	3 59	3 45	3 32	3 19	3 06	2 52	2 39	2 26	2 13	1 59	1 46	1 33
5 24	5 11	4 57	4 44	4 30	4 17	4 03	3 50	3 36	3 23	3 09	2 56	2 42	2 29	2 15	2 02	1 48	1 35
5 30	5 16	5 03	4 49	4 35	4 21	4 08	3 54	3 40	3 26	3 13	2 59	2 45	2 31	2 18	2 04	1 50	1 36
5 36	5 22	5 08	4 54	4 40	4 26	4 12	3 58	3 44	3 30	3 16	3 02	2 48	2 34	2 20	2 06	1 52	1 38
5 42	5 28	5 14	4 59	4 45	4 31	4 17	4 02	3 48	3 34	3 20	3 05	2 51	2 37	2 23	2 08	1 54	1 40
5 48	5 34	5 19	5 05	4 50	4 36	4 21	4 07	3 52	3 38	3 23	3 09	2 54	2 40	2 25	2 11	1 56	1 42
5 54	5 39	5 25	5 10	4 55	4 40	4 26	4 11	3 56	3 41	3 27	3 12	2 57	2 42	2 28	2 13	1 58	1 43
6 00	5 45	5 30	5 15	5 00	4 45	4 30	4 15	4 00	3 45	3 30	3 15	3 00	2 45	2 30	2 15	2 00	1 45
6 06	5 51	5 36	5 20	5 05	4 50	4 35	4 19	4 04	3 49	3 34	3 18	3 03	2 48	2 33	2 17	2 02	1 47
6 12	5 57	5 41	5 26	5 10	4 55	4 39	4 24	4 08	3 53	3 37	3 22	3 06	2 51	2 35	2 20	2 04	1 49
6 18	6 02	5 47	5 31	5 15	4 59	4 44	4 28	4 12	3 56	3 41	3 25	3 09	2 53	2 38	2 22	2 06	1 50
6 24	6 08	5 52	5 36	5 20	5 04	4 48	4 32	4 16	4 00	3 44	3 28	3 12	2 56	2 40	2 24	2 08	1 52
6 30	6 14	5 58	5 41	5 25	5 09	4 52	4 36	4 20	4 04	3 48	3 31	3 15	2 59	2 43	2 26	2 10	1 54
6 36	6 20	6 03	5 47	5 30	5 14	4 57	4 41	4 24	4 08	3 51	3 35	3 18	3 02	2 45	2 29	2 12	1 56
6 42	6 25	6 09	5 52	5 35	5 18	5 02	4 45	4 28	4 11	3 55	3 38	3 21	3 04	2 48	2 31	2 14	1 57
6 48	6 31	6 14	5 57	5 40	5 23	5 06	4 49	4 32	4 15	3 58	3 41	3 24	3 07	2 50	2 33	2 16	1 59
6 54	6 37	6 20	6 02	5 45	5 28	5 11	4 53	4 36	4 19	4 02	3 44	3 27	3 10	2 53	2 35	2 18	2 01
7 00	6 43	6 25	6 08	5 50	5 33	5 15	4 58	4 40	4 23	4 05	3 48	3 30	3 13	2 55	2 38	2 20	2 03
7 06	6 48	6 31	6 13	5 55	5 37	5 20	5 02	4 44	4 26	4 09	3 51	3 33	3 15	2 58	2 40	2 22	2 04
7 12	6 54	6 36	6 18	6 00	5 42	5 24	5 06	4 48	4 30	4 12	3 54	3 36	3 18	3 00	2 42	2 24	2 06
7 18	7 00	6 42	6 23	6 05	5 47	5 29	5 10	4 52	4 34	4 16	3 57	3 39	3 21	3 03	2 44	2 26	2 08
7 24	7 06	6 47	6 29	6 10	5 52	5 33	5 15	4 56	4 38	4 19	4 01	3 42	3 24	3 05	2 47	2 28	2 10
24h	23h	22h	21h	20h	19h	18h	17h	16h	15h	14h	13h	12h	11h	10h	9h	8h	7h

Declination of the moon						Abweichung des monds									Declinación de la luna		
6h	5h	4h	3h	2h	1h	55m	50m	45m	40m	35m	30m	25m	20m	15m	10m	5m	24h
o '	o '	o '	o '	o '	o '	o '	o '	o '	o '	o '	o '	o '	o '	o '	o '	o '	o '
0 02	0 01	0 01	0 01	0 01	0 00	0 00	0 00	0 00	0 00	0 00	0 00	0 00	0 00	0 00	0 00	0 00	0 06
0 03	0 03	0 02	0 02	0 01	0 01	0 00	0 00	0 00	0 01	0 00	0 00	0 00	0 00	0 00	0 00	0 00	0 12
0 05	0 04	0 03	0 02	0 02	0 01	0 01	0 01	0 01	0 01	0 00	0 00	0 00	0 00	0 00	0 00	0 00	0 18
0 06	0 05	0 04	0 03	0 02	0 01	0 01	0 01	0 01	0 01	0 01	0 01	0 00	0 00	0 00	0 00	0 00	0 24
0 08	0 06	0 05	0 04	0 03	0 01	0 01	0 01	0 01	0 01	0 01	0 01	0 01	0 00	0 00	0 00	0 00	0 30
0 09	0 08	0 06	0 05	0 03	0 02	0 01	0 01	0 01	0 01	0 01	0 01	0 01	0 01	0 00	0 00	0 00	0 36
0 11	0 09	0 07	0 05	0 04	0 02	0 02	0 01	0 01	0 01	0 01	0 01	0 01	0 01	0 00	0 00	0 00	0 42
0 12	0 10	0 08	0 06	0 04	0 02	0 02	0 02	0 02	0 01	0 01	0 01	0 01	0 01	0 01	0 00	0 00	0 48
0 14	0 11	0 09	0 07	0 05	0 02	0 02	0 02	0 02	0 02	0 01	0 01	0 01	0 01	0 01	0 00	0 00	0 54
0 15	0 13	0 10	0 08	0 05	0 03	0 02	0 02	0 02	0 02	0 01	0 01	0 01	0 01	0 01	0 00	0 00	1 00
0 17	0 14	0 11	0 08	0 06	0 03	0 03	0 02	0 02	0 02	0 02	0 01	0 01	0 01	0 01	0 00	0 00	1 06
0 18	0 15	0 12	0 09	0 06	0 03	0 03	0 03	0 02	0 02	0 02	0 02	0 01	0 01	0 01	0 01	0 00	1 12
0 20	0 16	0 13	0 10	0 07	0 03	0 03	0 03	0 02	0 02	0 02	0 02	0 01	0 01	0 01	0 01	0 00	1 18
0 21	0 18	0 14	0 11	0 07	0 04	0 03	0 03	0 03	0 02	0 02	0 02	0 01	0 01	0 01	0 01	0 00	1 24
0 23	0 19	0 15	0 11	0 08	0 04	0 03	0 03	0 03	0 03	0 02	0 02	0 02	0 01	0 01	0 01	0 00	1 30
0 24	0 20	0 16	0 12	0 08	0 04	0 04	0 03	0 03	0 03	0 03	0 02	0 02	0 02	0 01	0 01	0 01	1 36
0 26	0 21	0 17	0 13	0 09	0 04	0 04	0 04	0 04	0 03	0 03	0 02	0 02	0 01	0 01	0 01	0 00	1 42
0 27	0 23	0 18	0 14	0 09	0 05	0 04	0 04	0 03	0 03	0 03	0 02	0 02	0 02	0 01	0 01	0 00	1 48
0 29	0 24	0 19	0 14	0 10	0 05	0 04	0 04	0 04	0 03	0 03	0 02	0 02	0 02	0 01	0 01	0 00	1 54
0 30	0 25	0 20	0 15	0 10	0 05	0 05	0 04	0 04	0 03	0 03	0 03	0 02	0 02	0 01	0 01	0 00	2 00
0 32	0 26	0 21	0 16	0 11	0 05	0 05	0 04	0 04	0 04	0 03	0 03	0 02	0 02	0 01	0 01	0 00	2 06
0 33	0 28	0 22	0 17	0 11	0 06	0 05	0 05	0 04	0 04	0 03	0 03	0 02	0 02	0 01	0 01	0 00	2 12
0 35	0 29	0 23	0 17	0 12	0 06	0 05	0 05	0 04	0 04	0 03	0 03	0 02	0 02	0 01	0 01	0 00	2 18
0 36	0 30	0 24	0 18	0 12	0 06	0 06	0 05	0 05	0 04	0 04	0 03	0 03	0 02	0 02	0 01	0 01	2 24
0 38	0 31	0 25	0 19	0 13	0 06	0 06	0 05	0 05	0 04	0 04	0 03	0 03	0 02	0 02	0 01	0 01	2 30
0 39	0 33	0 26	0 20	0 13	0 07	0 06	0 05	0 05	0 04	0 04	0 03	0 03	0 02	0 02	0 01	0 01	2 36
0 41	0 34	0 27	0 20	0 14	0 07	0 06	0 06	0 05	0 05	0 04	0 03	0 03	0 02	0 02	0 01	0 01	2 42
0 42	0 35	0 28	0 21	0 14	0 07	0 06	0 06	0 05	0 05	0 04	0 03	0 03	0 02	0 02	0 01	0 01	2 48
0 44	0 36	0 29	0 22	0 15	0 07	0 07	0 06	0 05	0 05	0 04	0 04	0 03	0 02	0 02	0 01	0 01	2 54
0 45	0 38	0 30	0 23	0 15	0 08	0 07	0 06	0 06	0 05	0 04	0 04	0 03	0 03	0 02	0 01	0 01	3 00
0 47	0 39	0 31	0 23	0 16	0 08	0 07	0 06	0 06	0 05	0 05	0 04	0 03	0 03	0 02	0 01	0 01	3 06
0 48	0 40	0 32	0 24	0 16	0 08	0 07	0 07	0 06	0 05	0 05	0 04	0 03	0 03	0 02	0 01	0 01	3 12
0 50	0 41	0 33	0 25	0 17	0 08	0 08	0 07	0 06	0 06	0 05	0 04	0 03	0 03	0 02	0 01	0 01	3 18
0 51	0 43	0 34	0 26	0 17	0 09	0 08	0 07	0 06	0 06	0 05	0 04	0 04	0 03	0 02	0 01	0 01	3 24
0 53	0 44	0 35	0 26	0 18	0 09	0 08	0 07	0 07	0 06	0 05	0 04	0 04	0 03	0 02	0 01	0 01	3 30
0 54	0 45	0 36	0 27	0 18	0 09	0 08	0 08	0 07	0 06	0 05	0 05	0 04	0 03	0 02	0 02	0 01	3 36
0 56	0 46	0 37	0 28	0 19	0 09	0 08	0 08	0 07	0 06	0 06	0 05	0 04	0 03	0 02	0 02	0 01	3 42
0 57	0 48	0 38	0 29	0 19	0 10	0 09	0 08	0 08	0 06	0 06	0 05	0 04	0 03	0 02	0 02	0 01	3 48
0 59	0 49	0 39	0 29	0 20	0 10	0 09	0 08	0 07	0 07	0 06	0 05	0 04	0 03	0 02	0 02	0 01	3 54
1 00	0 50	0 40	0 30	0 20	0 10	0 09	0 08	0 08	0 07	0 06	0 05	0 04	0 03	0 03	0 02	0 01	4 00
1 02	0 51	0 41	0 31	0 21	0 10	0 09	0 09	0 08	0 07	0 06	0 05	0 04	0 03	0 03	0 02	0 01	4 06
1 03	0 53	0 42	0 32	0 21	0 11	0 10	0 09	0 08	0 07	0 06	0 05	0 04	0 04	0 03	0 02	0 01	4 12
1 05	0 54	0 43	0 32	0 22	0 11	0 10	0 09	0 08	0 07	0 06	0 06	0 05	0 04	0 03	0 02	0 01	4 18
1 06	0 55	0 44	0 33	0 22	0 11	0 10	0 09	0 08	0 07	0 06	0 06	0 05	0 04	0 03	0 02	0 01	4 24
1 08	0 56	0 45	0 34	0 23	0 11	0 10	0 09	0 08	0 08	0 07	0 06	0 05	0 04	0 03	0 02	0 01	4 30
1 09	0 58	0 46	0 35	0 23	0 12	0 11	0 10	0 09	0 08	0 07	0 06	0 05	0 04	0 03	0 02	0 01	4 36
1 11	0 59	0 47	0 35	0 24	0 12	0 11	0 10	0 09	0 08	0 07	0 06	0 05	0 04	0 03	0 02	0 01	4 42
1 12	1 00	0 48	0 36	0 24	0 12	0 11	0 10	0 09	0 08	0 07	0 06	0 05	0 04	0 03	0 02	0 01	4 48
1 14	1 01	0 49	0 37	0 25	0 12	0 11	0 10	0 09	0 08	0 07	0 06	0 05	0 04	0 03	0 02	0 01	4 54
1 15	1 03	0 50	0 38	0 25	0 13	0 11	0 10	0 09	0 08	0 07	0 06	0 05	0 04	0 03	0 02	0 01	5 00
1 17	1 04	0 51	0 38	0 26	0 13	0 12	0 11	0 10	0 09	0 07	0 06	0 05	0 04	0 03	0 02	0 01	5 06
1 18	1 05	0 52	0 39	0 26	0 13	0 12	0 11	0 10	0 09	0 08	0 07	0 05	0 04	0 03	0 02	0 01	5 12
1 20	1 06	0 53	0 40	0 27	0 13	0 12	0 11	0 10	0 09	0 08	0 07	0 06	0 04	0 03	0 02	0 01	5 18
1 21	1 08	0 54	0 41	0 27	0 14	0 12	0 11	0 10	0 09	0 08	0 07	0 06	0 05	0 03	0 02	0 01	5 24
1 23	1 09	0 55	0 41	0 28	0 14	0 13	0 11	0 10	0 09	0 08	0 07	0 06	0 05	0 03	0 02	0 01	5 30
1 24	1 10	0 56	0 42	0 28	0 14	0 13	0 12	0 11	0 09	0 08	0 07	0 06	0 05	0 04	0 02	0 01	5 36
1 26	1 11	0 57	0 43	0 29	0 14	0 13	0 12	0 11	0 10	0 08	0 07	0 06	0 05	0 04	0 02	0 01	5 42
1 27	1 13	0 58	0 43	0 29	0 15	0 13	0 12	0 11	0 10	0 08	0 07	0 06	0 05	0 04	0 02	0 01	5 48
1 29	1 14	0 59	0 44	0 30	0 15	0 14	0 12	0 11	0 10	0 09	0 07	0 06	0 05	0 04	0 02	0 01	5 54
1 30	1 15	1 00	0 45	0 30	0 15	0 14	0 13	0 11	0 10	0 09	0 08	0 06	0 05	0 04	0 03	0 01	6 00
1 32	1 16	1 01	0 46	0 31	0 15	0 14	0 13	0 11	0 10	0 09	0 08	0 06	0 05	0 04	0 03	0 01	6 06
1 33	1 18	1 02	0 47	0 31	0 16	0 14	0 13	0 12	0 11	0 09	0 08	0 06	0 05	0 04	0 03	0 01	6 12
1 35	1 19	1 03	0 47	0 32	0 16	0 14	0 13	0 12	0 11	0 09	0 08	0 07	0 05	0 04	0 03	0 01	6 18
1 36	1 20	1 04	0 48	0 32	0 16	0 15	0 13	0 12	0 11	0 09	0 08	0 07	0 05	0 04	0 03	0 01	6 24
1 38	1 21	1 05	0 49	0 33	0 16	0 15	0 14	0 12	0 11	0 09	0 08	0 07	0 05	0 04	0 03	0 01	6 30
1 39	1 23	1 06	0 50	0 33	0 17	0 15	0 14	0 12	0 11	0 10	0 08	0 07	0 06	0 04	0 03	0 01	6 36
1 41	1 24	1 07	0 50	0 34	0 17	0 15	0 14	0 13	0 11	0 10	0 08	0 07	0 06	0 04	0 03	0 01	6 42
1 42	1 25	1 08	0 51	0 34	0 17	0 16	0 14	0 13	0 11	0 10	0 09	0 07	0 06	0 04	0 03	0 01	6 48
1 44	1 26	1 09	0 52	0 35	0 17	0 16	0 14	0 13	0 12	0 10	0 09	0 07	0 06	0 04	0 03	0 01	6 54
1 45	1 28	1 10	0 53	0 35	0 18	0 16	0 15	0 13	0 12	0 10	0 09	0 07	0 06	0 04	0 03	0 01	7 00
1 47	1 29	1 11	0 53	0 36	0 18	0 16	0 15	0 13	0 12	0 10	0 09	0 07	0 06	0 04	0 03	0 01	7 06
1 48	1 30	1 12	0 54	0 36	0 18	0 17	0 15	0 14	0 12	0 11	0 09	0 08	0 06	0 05	0 03	0 02	7 12
1 50	1 31	1 13	0 55	0 37	0 18	0 17	0 15	0 14	0 12	0 11	0 09	0 08	0 06	0 05	0 03	0 02	7 18
1 51	1 33	1 14	0 56	0 37	0 19	0 17	0 15	0 14	0 12	0 11	0 09	0 08	0 06	0 05	0 03	0 02	7 24
6h	5h	4h	3h	2h	1h	55m	50m	45m	40m	35m	30m	25m	20m	15m	10m	5m	24h

TABLE DE LOGARITHMES

MINUTES	0	1	2	3	4	5	6	7	8	9	10	11	MINUTES
0	INFIN.	1.3802	1.0792	0.9031	0.7782	0.6812	0.6021	0.5351	0.4771	0.4260	0.3802	0.3388	0
1	3.1584	1.3730	1.0756	0.9007	0.7763	0.6798	0.6009	0.5341	0.4762	0.4252	0.3795	0.3382	1
2	2.8573	1.3660	1.0720	0.8983	0.7745	0.6784	0.5997	0.5331	0.4753	0.4244	0.3788	0.3375	2
3	2.6812	1.3590	1.0685	0.8959	0.7728	0.6769	0.5985	0.5320	0.4744	0.4236	0.3780	0.3368	3
4	2.5563	1.3522	1.0649	0.8935	0.7710	0.6755	0.5973	0.5310	0.4735	0.4228	0.3773	0.3362	4
5	2.4594	1.3454	1.0615	0.8912	0.7692	0.6741	0.5961	0.5300	0.4726	0.4220	0.3766	0.3355	5
6	2.3802	1.3388	1.0580	0.8888	0.7674	0.6726	0.5949	0.5290	0.4717	0.4212	0.3759	0.3349	6
7	2.3133	1.3323	1.0546	0.8865	0.7657	0.6712	0.5937	0.5279	0.4708	0.4204	0.3752	0.3342	7
8	2.2553	1.3259	1.0512	0.8842	0.7639	0.6698	0.5925	0.5269	0.4699	0.4196	0.3745	0.3336	8
9	2.2041	1.3195	1.0478	0.8819	0.7622	0.6684	0.5913	0.5259	0.4691	0.4188	0.3737	0.3329	9
10	2.1584	1.3133	1.0444	0.8796	0.7604	0.6670	0.5902	0.5249	0.4682	0.4180	0.3730	0.3323	10
11	2.1170	1.3071	1.0411	0.8773	0.7587	0.6656	0.5890	0.5239	0.4673	0.4172	0.3723	0.3316	11
12	2.0792	1.3010	1.0378	0.8751	0.7570	0.6642	0.5878	0.5229	0.4664	0.4164	0.3716	0.3310	12
13	2.0444	1.2950	1.0345	0.8728	0.7552	0.6628	0.5867	0.5219	0.4655	0.4156	0.3709	0.3303	13
14	2.0122	1.2891	1.0313	0.8706	0.7535	0.6614	0.5855	0.5209	0.4646	0.4149	0.3702	0.3297	14
15	1.9823	1.2833	1.0280	0.8683	0.7518	0.6601	0.5843	0.5199	0.4638	0.4141	0.3695	0.3291	15
16	1.9542	1.2775	1.0248	0.8661	0.7501	0.6587	0.5832	0.5189	0.4629	0.4133	0.3688	0.3284	16
17	1.9279	1.2719	1.0216	0.8639	0.7484	0.6573	0.5820	0.5179	0.4620	0.4125	0.3681	0.3278	17
18	1.9031	1.2663	1.0185	0.8617	0.7467	0.6559	0.5809	0.5169	0.4611	0.4117	0.3674	0.3271	18
19	1.8796	1.2607	1.0153	0.8595	0.7451	0.6546	0.5797	0.5159	0.4603	0.4110	0.3667	0.3265	19
20	1.8573	1.2553	1.0122	0.8573	0.7434	0.6532	0.5786	0.5149	0.4594	0.4102	0.3660	0.3259	20
21	1.8361	1.2499	1.0091	0.8552	0.7417	0.6519	0.5774	0.5139	0.4585	0.4094	0.3653	0.3252	21
22	1.8159	1.2445	1.0061	0.8530	0.7401	0.6505	0.5763	0.5129	0.4577	0.4086	0.3646	0.3246	22
23	1.7966	1.2393	1.0030	0.8509	0.7384	0.6492	0.5752	0.5120	0.4568	0.4079	0.3639	0.3239	23
24	1.7782	1.2341	1.0000	0.8487	0.7368	0.6478	0.5740	0.5110	0.4559	0.4071	0.3632	0.3233	24
25	1.7604	1.2289	0.9970	0.8466	0.7351	0.6465	0.5729	0.5100	0.4551	0.4063	0.3625	0.3227	25
26	1.7434	1.2239	0.9940	0.8445	0.7335	0.6451	0.5718	0.5090	0.4542	0.4055	0.3618	0.3220	26
27	1.7270	1.2188	0.9910	0.8424	0.7319	0.6438	0.5707	0.5081	0.4534	0.4048	0.3611	0.3214	27
28	1.7112	1.2139	0.9881	0.8403	0.7302	0.6425	0.5695	0.5071	0.4525	0.4040	0.3604	0.3208	28
29	1.6960	1.2090	0.9852	0.8382	0.7286	0.6412	0.5684	0.5061	0.4516	0.4033	0.3597	0.3201	29
30	1.6812	1.2041	0.9823	0.8361	0.7270	0.6398	0.5673	0.5051	0.4508	0.4025	0.3590	0.3195	30
31	1.6670	1.1993	0.9794	0.8341	0.7254	0.6385	0.5662	0.5042	0.4499	0.4017	0.3583	0.3189	31
32	1.6532	1.1946	0.9765	0.8320	0.7238	0.6372	0.5651	0.5032	0.4491	0.4010	0.3576	0.3183	32
33	1.6398	1.1899	0.9737	0.8300	0.7222	0.6359	0.5640	0.5023	0.4482	0.4002	0.3570	0.3176	33
34	1.6269	1.1852	0.9708	0.8279	0.7206	0.6346	0.5629	0.5013	0.4474	0.3995	0.3563	0.3170	34
35	1.6143	1.1806	0.9680	0.8259	0.7190	0.6333	0.5618	0.5004	0.4466	0.3987	0.3556	0.3164	35
36	1.6021	1.1761	0.9652	0.8239	0.7175	0.6320	0.5607	0.4994	0.4457	0.3979	0.3549	0.3158	36
37	1.5902	1.1716	0.9625	0.8219	0.7159	0.6307	0.5596	0.4984	0.4449	0.3972	0.3542	0.3151	37
38	1.5786	1.1671	0.9597	0.8199	0.7143	0.6294	0.5585	0.4975	0.4440	0.3964	0.3535	0.3145	38
39	1.5673	1.1627	0.9570	0.8179	0.7128	0.6282	0.5574	0.4965	0.4432	0.3957	0.3529	0.3139	39
40	1.5563	1.1584	0.9542	0.8159	0.7112	0.6269	0.5563	0.4956	0.4424	0.3949	0.3522	0.3133	40
41	1.5456	1.1540	0.9515	0.8140	0.7097	0.6256	0.5552	0.4947	0.4415	0.3942	0.3515	0.3126	41
42	1.5351	1.1498	0.9488	0.8120	0.7081	0.6243	0.5541	0.4928	0.4407	0.3934	0.3508	0.3120	42
43	1.5249	1.1455	0.9462	0.8101	0.7066	0.6231	0.5531	0.4928	0.4399	0.3927	0.3502	0.3114	43
44	1.5149	1.1413	0.9435	0.8081	0.7050	0.6218	0.5520	0.4918	0.4390	0.3919	0.3495	0.3108	44
45	1.5051	1.1372	0.9409	0.8062	0.7035	0.6205	0.5509	0.4909	0.4382	0.3912	0.3488	0.3102	45
46	1.4956	1.1331	0.9383	0.8043	0.7020	0.6193	0.5498	0.4900	0.4374	0.3905	0.3481	0.3096	46
47	1.4863	1.1290	0.9356	0.8023	0.7005	0.6180	0.5488	0.4890	0.4366	0.3897	0.3475	0.3089	47
48	1.4771	1.1249	0.9331	0.8004	0.6990	0.6168	0.5477	0.4881	0.4357	0.3890	0.3468	0.3083	48
49	1.4682	1.1209	0.9305	0.7985	0.6975	0.6155	0.5466	0.4872	0.4349	0.3882	0.3461	0.3077	49
50	1.4594	1.1170	0.9279	0.7966	0.6960	0.6143	0.5456	0.4863	0.4341	0.3875	0.3454	0.3071	50
51	1.4508	1.1130	0.9254	0.7948	0.6945	0.6131	0.5445	0.4853	0.4333	0.3868	0.3448	0.3065	51
52	1.4424	1.1091	0.9228	0.7929	0.6930	0.6118	0.5435	0.4844	0.4325	0.3860	0.3441	0.3059	52
53	1.4341	1.1053	0.9203	0.7910	0.6915	0.6106	0.5424	0.4835	0.4316	0.3853	0.3434	0.3053	53
54	1.4260	1.1015	0.9178	0.7891	0.6900	0.6094	0.5414	0.4826	0.4308	0.3846	0.3428	0.3047	54
55	1.4180	1.0977	0.9153	0.7873	0.6885	0.6081	0.5403	0.4817	0.4300	0.3838	0.3421	0.3041	55
56	1.4102	1.0939	0.9128	0.7855	0.6871	0.6069	0.5393	0.4808	0.4292	0.3831	0.3415	0.3034	56
57	1.4025	1.0902	0.9104	0.7836	0.6856	0.6057	0.5382	0.4798	0.4284	0.3824	0.3408	0.3028	57
58	1.3949	1.0865	0.9079	0.7818	0.6841	0.6045	0.5372	0.4789	0.4276	0.3817	0.3401	0.3022	58
59	1.3875	1.0828	0.9055	0.7800	0.6827	0.6033	0.5361	0.4780	0.4268	0.3809	0.3395	0.3016	59
	0	1	2	3	4	5	6	7	8	9	10	11	

TABLE DE LOGARITHMES

MINUTEN	12	13	14	15	16	17	18	19	20	21	22	23	MINUTOS
	STUNDEN ODER GRADE							HORAS O GRADOS					
0	0.3010	0.2663	0.2341	0.2041	0.1761	0.1498	0.1249	0.1015	0.0792	0.0580	0.0378	0.0185	0
1	0.3004	0.2657	0.2336	0.2036	0.1756	0.1493	0.1245	0.1011	0.0788	0.0576	0.0375	0.0182	1
2	0.2998	0.2652	0.2331	0.2032	0.1752	0.1489	0.1241	0.1007	0.0785	0.0573	0.0371	0.0179	2
3	0.2992	0.2646	0.2325	0.2027	0.1747	0.1485	0.1237	0.1003	0.0781	0.0570	0.0368	0.0175	3
4	0.2986	0.2640	0.2320	0.2022	0.1743	0.1481	0.1233	0.0999	0.0777	0.0566	0.0365	0.0172	4
5	0.2980	0.2635	0.2315	0.2017	0.1738	0.1476	0.1229	0.0996	0.0774	0.0563	0.0361	0.0169	5
6	0.2974	0.2629	0.2310	0.2012	0.1734	0.1472	0.1225	0.0992	0.0770	0.0559	0.0358	0.0166	6
7	0.2968	0.2624	0.2305	0.2008	0.1729	0.1468	0.1221	0.0988	0.0767	0.0556	0.0355	0.0163	7
8	0.2962	0.2618	0.2300	0.2003	0.1725	0.1464	0.1217	0.0984	0.0763	0.0552	0.0352	0.0160	8
9	0.2956	0.2613	0.2295	0.1998	0.1720	0.1459	0.1213	0.0980	0.0759	0.0549	0.0348	0.0157	9
10	0.2950	0.2607	0.2289	0.1993	0.1716	0.1455	0.1209	0.0977	0.0756	0.0546	0.0345	0.0153	10
11	0.2944	0.2602	0.2284	0.1988	0.1711	0.1451	0.1205	0.0973	0.0752	0.0542	0.0342	0.0150	11
12	0.2939	0.2596	0.2279	0.1984	0.1707	0.1447	0.1201	0.0969	0.0749	0.0539	0.0339	0.0147	12
13	0.2933	0.2591	0.2274	0.1979	0.1702	0.1443	0.1197	0.0965	0.0745	0.0535	0.0335	0.0144	13
14	0.2927	0.2585	0.2269	0.1974	0.1698	0.1438	0.1193	0.0962	0.0741	0.0532	0.0332	0.0141	14
15	0.2921	0.2580	0.2264	0.1969	0.1694	0.1434	0.1189	0.0958	0.0738	0.0529	0.0329	0.0138	15
16	0.2915	0.2574	0.2259	0.1965	0.1689	0.1430	0.1186	0.0954	0.0734	0.0525	0.0326	0.0135	16
17	0.2909	0.2569	0.2254	0.1960	0.1685	0.1426	0.1182	0.0950	0.0731	0.0522	0.0322	0.0132	17
18	0.2903	0.2564	0.2249	0.1955	0.1680	0.1422	0.1178	0.0947	0.0727	0.0518	0.0319	0.0129	18
19	0.2897	0.2558	0.2244	0.1950	0.1676	0.1417	0.1174	0.0943	0.0724	0.0515	0.0316	0.0125	19
20	0.2891	0.2553	0.2239	0.1946	0.1671	0.1413	0.1170	0.0939	0.0720	0.0512	0.0313	0.0122	20
21	0.2885	0.2547	0.2234	0.1941	0.1667	0.1409	0.1166	0.0935	0.0716	0.0508	0.0309	0.0119	21
22	0.2880	0.2542	0.2229	0.1936	0.1663	0.1405	0.1162	0.0932	0.0713	0.0505	0.0306	0.0116	22
23	0.2874	0.2536	0.2224	0.1932	0.1658	0.1401	0.1158	0.0928	0.0709	0.0501	0.0303	0.0113	23
24	0.2868	0.2531	0.2210	0.1927	0.1654	0.1397	0.1154	0.0924	0.0706	0.0498	0.0300	0.0110	24
25	0.2862	0.2526	0.2213	0.1922	0.1649	0.1392	0.1150	0.0920	0.0702	0.0495	0.0296	0.0107	25
26	0.2856	0.2520	0.2208	0.1918	0.1645	0.1388	0.1146	0.0917	0.0699	0.0491	0.0293	0.0104	26
27	0.2850	0.2515	0.2203	0.1913	0.1640	0.1384	0.1142	0.0913	0.0695	0.0488	0.0290	0.0101	27
28	0.2845	0.2510	0.2198	0.1908	0.1636	0.1380	0.1138	0.0909	0.0692	0.0484	0.0287	0.0098	28
29	0.2839	0.2504	0.2193	0.1903	0.1632	0.1376	0.1134	0.0905	0.0688	0.0481	0.0284	0.0095	29
30	0.2833	0.2499	0.2188	0.1899	0.1627	0.1372	0.1130	0.0902	0.0685	0.0478	0.0280	0.0091	30
31	0.2827	0.2493	0.2183	0.1894	0.1623	0.1368	0.1126	0.0898	0.0681	0.0474	0.0277	0.0088	31
32	0.2821	0.2488	0.2178	0.1889	0.1619	0.1363	0.1123	0.0894	0.0678	0.0471	0.0274	0.0085	32
33	0.2816	0.2483	0.2173	0.1885	0.1614	0.1359	0.1119	0.0891	0.0674	0.0468	0.0271	0.0082	33
34	0.2810	0.2477	0.2169	0.1880	0.1610	0.1355	0.1115	0.0887	0.0670	0.0464	0.0267	0.0079	34
35	0.2804	0.2472	0.2164	0.1876	0.1605	0.1351	0.1111	0.0883	0.0667	0.0461	0.0264	0.0076	35
36	0.2798	0.2467	0.2159	0.1871	0.1601	0.1347	0.1107	0.0880	0.0663	0.0458	0.0261	0.0073	36
37	0.2793	0.2461	0.2154	0.1866	0.1597	0.1343	0.1103	0.0876	0.0660	0.0454	0.0258	0.0070	37
38	0.2787	0.2456	0.2149	0.1862	0.1592	0.1339	0.1099	0.0872	0.0656	0.0451	0.0255	0.0067	38
39	0.2781	0.2451	0.2144	0.1857	0.1588	0.1335	0.1095	0.0868	0.0653	0.0448	0.0251	0.0064	39
40	0.2775	0.2445	0.2139	0.1852	0.1584	0.1331	0.1091	0.0865	0.0649	0.0444	0.0248	0.0061	40
41	0.2770	0.2440	0.2134	0.1848	0.1579	0.1326	0.1088	0.0861	0.0646	0.0441	0.0245	0.0058	41
42	0.2764	0.2435	0.2129	0.1843	0.1575	0.1322	0.1084	0.0857	0.0642	0.0438	0.0242	0.0055	42
43	0.2758	0.2430	0.2124	0.1839	0.1571	0.1318	0.1080	0.0854	0.0639	0.0434	0.0239	0.0052	43
44	0.2753	0.2424	0.2119	0.1834	0.1566	0.1314	0.1076	0.0850	0.0635	0.0431	0.0235	0.0049	44
45	0.2747	0.2419	0.2114	0.1829	0.1562	0.1310	0.1072	0.0846	0.0632	0.0428	0.0232	0.0045	45
46	0.2741	0.2414	0.2109	0.1825	0.1558	0.1306	0.1068	0.0843	0.0628	0.0424	0.0229	0.0042	46
47	0.2736	0.2409	0.2104	0.1820	0.1553	0.1302	0.1064	0.0839	0.0625	0.0421	0.0226	0.0039	47
48	0.2730	0.2403	0.2099	0.1816	0.1549	0.1298	0.1061	0.0835	0.0621	0.0418	0.0223	0.0036	48
49	0.2724	0.2398	0.2095	0.1811	0.1545	0.1294	0.1057	0.0832	0.0618	0.0414	0.0220	0.0033	49
50	0.2719	0.2393	0.2090	0.1806	0.1540	0.1290	0.1053	0.0828	0.0615	0.0411	0.0216	0.0030	50
51	0.2713	0.2388	0.2085	0.1802	0.1536	0.1286	0.1049	0.0825	0.0611	0.0408	0.0213	0.0027	51
52	0.2707	0.2382	0.2080	0.1797	0.1532	0.1282	0.1045	0.0821	0.0608	0.0404	0.0210	0.0024	52
53	0.2702	0.2377	0.2075	0.1793	0.1528	0.1278	0.1041	0.0817	0.0604	0.0401	0.0207	0.0021	53
54	0.2696	0.2372	0.2070	0.1788	0.1523	0.1274	0.1037	0.0814	0.0601	0.0398	0.0204	0.0018	54
55	0.2691	0.2367	0.2065	0.1784	0.1519	0.1270	0.1034	0.0810	0.0597	0.0394	0.0201	0.0015	55
56	0.2685	0.2362	0.2061	0.1779	0.1515	0.1266	0.1030	0.0806	0.0594	0.0391	0.0197	0.0012	56
57	0.2679	0.2356	0.2056	0.1775	0.1510	0.1261	0.1026	0.0803	0.0590	0.0388	0.0194	0.0009	57
58	0.2674	0.2351	0.2051	0.1770	0.1506	0.1257	0.1022	0.0799	0.0587	0.0384	0.0191	0.0006	58
59	0.2668	0.2346	0.2046	0.1765	0.1502	0.1253	0.1018	0.0795	0.0583	0.0381	0.0188	0.0003	59
	12	13	14	15	16	17	18	19	20	21	22	23	
	STUNDEN ODER GRADE							HORAS O GRADOS					

TABLES DES MAISONS

LATITUDE 34° N.

SIDEREAL TIME H M S	10 ♋	11 ♌	12 ♍	ASC ♎ ° '	2 ♎	3 ♏
6 0 0	0	2	3	0 0	27	28
6 4 22	1	3	4	0 55	28	29
6 8 43	2	4	5	1 50	29	♐
6 13 5	3	5	6	2 45	♏	1
6 17 26	4	6	7	3 41	1	2
6 21 47	5	7	8	4 36	2	3
6 26 9	6	8	9	5 31	3	4
6 30 29	7	9	10	6 26	4	5
6 34 50	8	10	11	7 21	5	6
6 39 11	9	11	12	8 15	6	7
6 43 31	10	12	13	9 10	7	8
6 47 51	11	13	14	10 5	8	9
6 52 11	12	14	15	10 59	9	9
6 56 30	13	15	16	11 54	10	10
7 0 49	14	16	17	12 48	11	11
7 5 7	15	17	18	13 43	12	12
7 9 26	16	18	18	14 37	13	13
7 13 43	17	19	19	15 31	14	14
7 18 0	18	20	20	16 25	14	15
7 22 17	19	22	21	17 19	15	16
7 26 33	20	23	22	18 12	16	17
7 30 49	21	24	23	19 6	17	18
7 35 4	22	25	24	19 59	18	19
7 39 19	23	26	25	20 53	19	20
7 43 33	24	27	26	21 46	20	21
7 47 46	25	28	27	22 39	21	22
7 51 59	26	29	28	23 31	22	23
7 56 11	27	♍	29	24 24	23	24
8 0 23	28	1	♎	25 16	24	25
8 4 34	29	2	1	26 9	25	26
8 8 44	♌	3	2	27 1	25	27
8 12 53	1	4	3	27 53	26	28
8 17 2	2	5	4	28 44	27	29
8 21 10	3	6	5	29 36	28	♑
8 25 18	4	7	6	0♏ 27	29	1
8 29 24	5	8	7	1 18	♐	2
8 33 30	6	9	8	2 9	1	2
8 37 36	7	10	9	3 0	2	3
8 41 40	8	11	9	3 51	3	4
8 45 44	9	12	10	4 41	4	5
8 49 47	10	13	11	5 31	4	6
8 53 50	11	14	12	6 21	5	7
8 57 51	12	15	13	7 11	6	8
9 1 52	13	16	14	8 1	7	9
9 5 52	14	17	15	8 51	8	10
Houses	4	5	6	7	8	9

LATITUDE 34° S.

LATITUDE 34° N.

SIDEREAL TIME H M S	10 ♌	11 ♍	12 ♎	ASC ♏ ° '	2 ♐	3 ♑
9 9 52	15	18	16	9 40	9	11
9 13 50	16	19	17	10 29	10	12
9 17 49	17	20	18	11 18	11	13
9 21 46	18	21	19	12 7	11	14
9 25 42	19	21	19	12 56	12	15
9 29 38	20	22	20	13 44	13	16
9 33 34	21	23	21	14 33	14	17
9 37 28	22	24	22	15 21	15	18
9 41 22	23	25	23	16 9	16	18
9 45 15	24	26	24	16 57	17	19
9 49 8	25	27	25	17 45	17	20
9 53 0	26	28	26	18 33	18	21
9 56 51	27	29	26	19 20	19	22
10 0 42	28	♎	27	20 8	20	23
10 4 32	29	1	28	20 55	21	24
10 8 22	♍	2	29	21 42	22	25
10 12 11	1	3	♏	22 29	22	26
10 15 59	2	4	1	23 16	23	27
10 19 47	3	5	2	24 3	24	28
10 23 34	4	6	2	24 50	25	29
10 27 21	5	7	3	25 37	26	♒
10 31 8	6	8	4	26 23	27	1
10 34 53	7	9	5	27 10	28	2
10 38 39	8	10	6	27 57	28	3
10 42 24	9	11	7	28 43	29	4
10 46 8	10	11	7	29 29	♑	5
10 49 52	11	12	8	0♐ 16	1	6
10 53 36	12	13	9	1 2	2	7
10 57 20	13	14	10	1 48	3	8
11 1 3	14	15	11	2 35	4	9
11 4 45	15	16	12	3 21	4	10
11 8 28	16	17	12	4 7	5	11
11 12 10	17	18	13	4 53	6	12
11 15 52	18	19	14	5 40	7	13
11 19 33	19	20	15	6 26	8	14
11 23 15	20	21	16	7 12	9	15
11 26 56	21	21	16	7 59	10	16
11 30 37	22	22	17	8 45	11	17
11 34 17	23	23	18	9 31	12	18
11 37 58	24	24	19	10 18	12	19
11 41 39	25	25	20	11 4	13	20
11 45 19	26	26	20	11 51	14	21
11 48 59	27	27	21	12 38	15	22
11 52 40	28	28	22	13 25	16	23
11 56 20	29	29	23	14 12	17	24
Houses	4	5	6	7	8	9

LATITUDE 34° S.

256

LATITUDE 34° N.

SIDEREAL TIME H M S	10 ♑ °	11 ♑ °	12 ♒ °	ASC ♈ ° '	2 ♉ °	3 ♊ °
18 0 0	0	23	21	0 0	9	7
18 4 22	1	24	22	1 41	10	8
18 8 43	2	25	24	3 21	12	9
18 13 5	3	26	25	5 2	13	10
18 17 26	4	27	26	6 42	14	11
18 21 47	5	28	28	8 22	16	12
18 26 9	6	♒	29	10 2	17	13
18 30 29	7	1	♓	11 42	18	14
18 34 50	8	2	2	13 21	19	15
18 39 11	9	3	3	14 59	21	16
18 43 31	10	4	5	16 37	22	17
18 47 51	11	5	6	18 14	23	18
18 52 11	12	6	7	19 51	24	20
18 56 30	13	7	9	21 27	25	21
19 0 49	14	9	10	23 2	27	22
19 5 7	15	10	12	24 36	28	23
19 9 20	16	11	13	26 10	29	24
19 13 43	17	12	14	27 42	♊	25
19 18 0	18	13	16	29 14	1	26
19 22 17	19	14	17	0♉ 45	2	27
19 26 33	20	15	19	2 15	4	28
19 30 49	21	17	20	3 44	5	29
19 35 4	22	18	22	5 12	6	29
19 39 19	23	19	23	6 39	7	♋
19 43 33	24	20	24	8 5	8	1
19 47 46	25	21	26	9 31	9	2
19 51 59	26	22	27	10 55	10	3
19 56 11	27	24	29	12 18	11	4
20 0 23	28	25	♈	13 40	12	5
20 4 34	29	26	2	15 1	13	6
20 8 44	♒	27	3	16 21	14	7
20 12 53	1	28	4	17 40	15	8
20 17 2	2	29	6	18 58	16	9
20 21 10	3	♓	7	20 15	17	10
20 25 18	4	2	9	21 31	18	11
20 29 24	5	3	10	22 47	19	12
20 33 30	6	4	11	24 1	20	13
20 37 36	7	5	13	25 14	21	14
20 41 40	8	7	14	26 26	22	15
20 45 44	9	8	15	27 38	23	16
20 49 47	10	9	17	28 48	24	16
20 53 50	11	10	18	29 58	25	17
20 57 51	12	11	19	1♊ 7	26	18
21 1 52	13	13	21	2 15	27	19
21 5 52	14	14	22	3 22	28	20
Houses	4	5	6	7	8	9

LATITUDE 34° N.

SIDEREAL TIME H M S	10 ♒ °	11 ♓ °	12 ♈ °	ASC ♊ ° '	2 ♊ °	3 ♋ °
21 9 52	15	15	23	4 29	29	21
21 13 50	16	16	25	5 34	♋	22
21 17 49	17	17	26	6 39	1	23
21 21 46	18	18	27	7 43	2	24
21 25 42	19	20	28	8 46	3	25
21 29 38	20	21	♉	9 49	3	25
21 33 34	21	22	1	10 51	4	26
21 37 28	22	23	2	11 52	5	27
21 41 22	23	24	3	12 53	6	28
21 45 15	24	26	5	13 53	7	29
21 49 8	25	27	6	14 52	8	♌
21 53 0	26	28	7	15 51	9	1
21 56 51	27	29	8	16 49	10	2
22 0 42	28	♈	9	17 47	10	3
22 4 32	29	1	10	18 44	11	3
22 8 22	♓	3	12	19 40	12	4
22 12 11	1	4	13	20 36	13	5
22 15 59	2	5	14	21 32	14	6
22 19 47	3	6	15	22 27	15	7
22 23 34	4	7	16	23 21	15	8
22 27 21	5	8	17	24 15	16	9
22 31 8	6	9	18	25 9	17	10
22 34 53	7	11	19	26 2	18	10
22 38 39	8	12	20	26 55	19	11
22 42 24	9	13	22	27 47	20	12
22 46 8	10	14	23	28 40	20	13
22 49 52	11	15	24	29 31	21	14
22 53 36	12	16	25	0♋ 23	22	15
22 57 20	13	17	26	1 14	23	16
23 1 3	14	18	27	2 4	24	16
23 4 45	15	19	28	2 55	24	17
23 8 28	16	20	29	3 45	25	18
23 12 10	17	22	♊	4 34	26	19
23 15 52	18	23	1	5 24	27	20
23 19 33	19	24	2	6 13	28	21
23 23 15	20	25	3	7 2	28	22
23 26 56	21	26	4	7 51	29	23
23 30 37	22	27	5	8 40	♌	23
23 34 17	23	28	6	9 28	1	24
23 37 58	24	29	7	10 16	2	25
23 41 39	25	♉	8	11 4	2	26
23 45 19	26	1	8	11 52	3	27
23 48 59	27	2	9	12 39	4	28
23 52 40	28	3	10	13 27	5	29
23 56 20	29	4	11	14 14	6	♍
Houses	4	5	6	7	8	9

LATITUDE 34° S.

LATITUDE 34° S.

LATITUDE 49° N.

SIDEREAL TIME (H M S)	10 ♈	11 ♉	12 ♊	ASC ♋ (° ')	2 ♌	3 ♍
0 0 0	0	8	20	24 36	12	2
0 3 40	1	9	21	25 17	12	3
0 7 20	2	10	22	25 59	13	4
0 11 1	3	11	23	26 40	14	5
0 14 41	4	12	24	27 22	14	6
0 18 21	5	13	25	28 3	15	6
0 22 2	6	14	26	28 44	16	7
0 25 43	7	16	27	29 25	17	8
0 29 23	8	17	27	♌ 6	17	9
0 33 4	9	18	28	0 47	18	10
0 36 45	10	19	29	1 28	19	11
0 40 27	11	20	♋	2 9	20	11
0 44 8	12	21	1	2 50	20	12
0 47 50	13	22	2	3 31	21	13
0 51 32	14	23	3	4 12	22	14
0 55 15	15	24	3	4 52	23	15
0 58 57	16	25	4	5 33	23	16
1 2 40	17	26	5	6 14	24	17
1 6 24	18	27	6	6 55	25	17
1 10 8	19	28	7	7 35	26	18
1 13 52	20	29	8	8 16	26	19
1 17 36	21	♊	8	8 57	27	20
1 21 21	22	1	9	9 38	28	21
1 25 7	23	2	10	10 19	29	22
1 28 52	24	3	11	11 0	29	23
1 32 39	25	4	12	11 41	♍	24
1 36 26	26	5	12	12 22	1	24
1 40 13	27	6	13	13 3	2	25
1 44 1	28	7	14	13 44	2	26
1 47 49	29	8	15	14 25	3	27
1 51 38	♉	9	16	15 7	4	28
1 55 28	1	10	16	15 48	5	29
1 59 18	2	11	17	16 30	5	♎
2 3 9	3	12	18	17 11	6	1
2 7 0	4	13	19	17 53	7	2
2 10 52	5	14	20	18 35	8	3
2 14 45	6	15	20	19 17	9	3
2 18 38	7	15	21	19 59	9	4
2 22 32	8	16	22	20 41	10	5
2 26 26	9	17	23	21 23	11	6
2 30 22	10	18	24	22 5	12	7
2 34 17	11	19	24	22 48	13	8
2 38 14	12	20	25	23 30	13	9
2 42 11	13	21	26	24 13	14	10
2 46 10	14	22	27	24 56	15	11
Houses	4	5	6	7	8	9

LATITUDE 49° N.

SIDEREAL TIME (H M S)	10 ♋	11 ♌	12 ♍	ASC ♎ (° ')	2 ♎	3 ♏
6 0 0	0	5	6	0 0	24	25
6 4 22	1	6	6	0 48	25	26
6 8 43	2	7	7	1 35	26	27
6 13 5	3	8	8	2 23	27	27
6 17 20	4	9	9	3 10	28	28
6 21 47	5	10	10	3 58	29	29
6 26 9	6	11	11	4 45	♏	♐
6 30 29	7	12	12	5 33	1	1
6 34 50	8	13	13	6 20	1	2
6 39 11	9	14	14	7 7	2	3
6 43 31	10	15	14	7 55	3	4
6 47 51	11	16	15	8 42	4	5
6 52 11	12	17	16	9 29	5	6
6 56 30	13	18	17	10 16	6	7
7 0 49	14	19	18	11 3	7	8
7 5 7	15	20	19	11 50	8	9
7 9 26	16	21	20	12 37	8	10
7 13 43	17	22	21	13 23	9	11
7 18 0	18	23	21	14 10	10	12
7 22 17	19	24	22	14 57	11	13
7 26 33	20	25	23	15 43	12	14
7 30 49	21	26	24	16 29	13	15
7 35 4	22	27	25	17 15	13	15
7 39 19	23	27	26	18 2	14	16
7 43 33	24	28	27	18 48	15	17
7 47 46	25	29	27	19 33	16	18
7 51 59	26	♍	28	20 19	17	19
7 56 11	27	1	29	21 5	18	20
8 0 23	28	2	♎	21 50	19	21
8 4 34	29	3	1	22 35	19	22
8 8 44	♌	4	2	23 21	20	23
8 12 53	1	5	3	24 6	21	24
8 17 2	2	6	3	24 51	22	25
8 21 10	3	7	4	25 35	23	26
8 25 18	4	8	5	26 20	23	27
8 29 24	5	9	6	27 4	24	28
8 33 30	6	10	7	27 49	25	29
8 37 36	7	11	8	28 33	26	29
8 41 40	8	12	9	29 17	27	♑
8 45 44	9	13	9	0♏ 1	28	1
8 49 47	10	14	10	0 45	28	2
8 53 50	11	15	11	1 28	29	3
8 57 51	12	16	12	2 12	♐	4
9 1 52	13	16	13	2 55	1	5
9 5 52	14	17	13	3 38	2	6
Houses	4	5	6	7	8	9

LATITUDE 49° S.

LATITUDE 49° S.

LATITUDE 49° N.

SIDEREAL TIME H M S	10 ♎	11 ♎	12 ♏	ASC ♐ ° '	2 ♑	3 ♒
12 0 0	0	28	18	5 24	10	22
12 3 40	1	29	19	6 6	10	23
12 7 20	2	29	20	6 48	11	24
12 11 1	3	♏	21	7 30	12	25
12 14 41	4	1	21	8 13	13	26
12 18 21	5	2	22	8 55	14	28
12 22 2	6	3	23	9 38	15	29
12 25 42	7	4	24	10 20	16	♓
12 29 23	8	4	24	11 3	17	1
12 33 4	9	5	25	11 47	18	2
12 36 45	10	6	26	12 30	19	3
12 40 27	11	7	27	13 14	20	4
12 44 8	12	8	27	13 58	21	6
12 47 50	13	9	28	14 42	22	7
12 51 32	14	9	29	15 27	23	8
12 55 15	15	10	29	16 11	24	9
12 58 57	16	11	♐	16 57	25	10
13 2 40	17	12	1	17 42	26	11
13 6 24	18	13	2	18 28	27	13
13 10 8	19	14	2	19 14	28	14
13 13 52	20	14	3	20 0	♒	15
13 17 36	21	15	4	20 47	1	16
13 21 21	22	16	5	21 35	2	17
13 25 7	23	17	5	22 22	3	19
13 28 52	24	18	6	23 11	4	20
13 32 29	25	19	7	23 59	5	21
13 36 26	26	19	8	24 48	6	22
13 40 13	27	20	9	25 38	8	24
13 44 1	28	21	9	26 28	9	25
13 47 49	29	22	10	27 19	10	26
13 51 38	♏	23	11	28 10	11	27
13 55 28	1	24	12	29 2	13	29
13 59 18	2	24	13	29 54	14	♈
14 3 9	3	25	13	0♑ 47	15	1
14 7 0	4	26	14	1 41	17	2
14 10 52	5	27	15	2 36	18	4
14 14 45	6	28	16	3 31	19	5
14 18 38	7	29	17	4 27	21	6
14 22 32	8	♐	17	5 24	22	7
14 26 26	9	0	18	6 21	23	9
14 30 22	10	1	19	7 20	25	10
14 34 17	11	2	20	8 19	26	11
14 38 14	12	3	21	9 19	28	12
14 42 11	13	4	22	10 21	29	14
14 46 10	14	5	22	11 23	♓	15
Houses	4	5	6	7	8	9

LATITUDE 49° N.

SIDEREAL TIME H M S	10 ♑	11 ♑	12 ♒	ASC ♈ ° '	2 ♉	3 ♊
18 0 0	0	19	14	0 0	16	11
18 4 22	1	20	16	2 22	17	12
18 8 43	2	21	17	4 44	19	13
18 13 5	3	22	19	7 6	20	14
18 17 26	4	24	20	9 26	22	15
18 21 47	5	25	22	11 46	23	16
18 26 9	6	26	23	14 5	24	17
18 30 29	7	27	25	16 22	26	18
18 34 50	8	28	26	18 38	27	19
18 39 11	9	29	28	20 52	28	20
18 43 31	10	♒	♓	23 4	♊	21
18 47 51	11	2	1	25 14	1	22
18 52 11	12	3	3	27 22	2	24
18 56 30	13	4	5	29 28	3	25
19 0 49	14	5	6	1♉ 31	5	26
19 5 7	15	6	8	3 32	6	27
19 9 26	16	7	10	5 31	7	26
19 13 43	17	9	11	7 27	8	29
19 18 0	18	10	13	9 21	10	♋
19 22 17	19	11	15	11 13	11	1
19 26 33	20	12	16	13 2	12	1
19 30 49	21	13	18	14 47	13	2
19 35 4	22	15	20	16 32	14	3
19 39 19	23	16	22	18 14	15	4
19 43 33	24	17	23	19 54	16	5
19 47 46	25	18	25	21 31	17	6
19 51 59	26	20	27	23 6	18	7
19 56 11	27	21	28	24 39	19	8
20 0 23	28	22	♈	26 10	21	9
20 4 34	29	23	2	27 39	22	10
20 8 44	♒	25	4	29 6	23	11
20 12 53	1	26	5	0♊ 31	24	12
20 17 2	2	27	7	1 54	25	13
20 21 10	3	28	9	3 15	26	14
20 25 18	4	♓	10	4 35	27	15
20 29 24	5	1	12	5 53	28	16
20 33 30	6	2	14	7 9	28	16
20 37 36	7	3	15	8 24	29	17
20 41 40	8	5	17	9 38	♋	18
20 45 44	9	6	18	10 50	1	19
20 49 47	10	7	20	12 0	2	20
20 53 50	11	9	22	13 9	3	21
20 57 51	12	10	23	14 17	4	22
21 1 52	13	11	25	13 24	5	23
21 5 52	14	12	26	16 29	6	24
Houses	4	5	6	7	8	9

LATITUDE 49° S.

LATITUDE 49° S.

Note sur les gouverneurs des heures planétaires :

Les renseignements relatifs à ces tables sont contenus dans le paragraphe « Heures planétaires » du Vocabulaire Astrologique.

Les Tables des heures planétaires sont calculées pour 0h le 16 de chaque mois, en Temps local.

Nous rappelons ici les formules expliquées au paragraphe « Heures planétaires » :

Temps local = Temps Universel ± longitude (en heures)

(— pour une longitude Ouest ou pour une longitude Est).

Heure de la montre = Heure lue sur les tables + heure d'été ± fuseau horaire ± longitude

(+ heure d'été).
(— pour un fuseau horaire *Ouest* ou + pour un fuseau horaire *Est??CF 1*).
(+ pour une longitude Ouest ou — pour une longitude *Est).*

Notons que le « jour » gouverné par une planète va du lever du Soleil au lever du Soleil suivant.

Gouverneurs des Heures du mois de JANVIER

Temps Local pour les Latitudes :

h	D	L	M	M	J	V	S	55 S / 45 S	45 S / 35 S	35 S / 25 S	25 S / 15 S	15 S / 5 S	5 S / 5 N	5 N / 15 N	15 N / 25 N	25 N / 35 N	35 N / 45 N	45 N / 55 N
				Lever du Soleil														
1	☉	☽	♂	☿	♃	♀	♄	4.20	4.54	5.18	5.37	5.54	6.09	6.25	6.42	7.01	7.25	7.59
2	♀	♄	☉	☽	♂	☿	♃	5.38	6.06	6.26	6.42	6.56	7.09	7.22	7.36	7.52	8.12	8.41
3	☿	♃	♀	♄	☉	☽	♂	6.56	7.19	7.35	7.48	7.59	8.09	8.20	8.31	8.44	9.00	9.23
4	☽	♂	☿	♃	♀	♄	☉	8.15	8.32	8.44	8.53	9.02	9.09	9.17	9.26	9.35	9.47	10.04
5	♄	☉	☽	♂	☿	♃	♀	9.33	9.44	9.52	9.59	10.04	10.09	10.15	10.20	10.27	10.35	10.46
6	♃	♀	♄	☉	☽	♂	☿	10.51	10.57	11.01	11.04	11.07	11.09	11.12	11.15	11.18	11.22	11.28
				Midi														
7	♂	☿	♃	♀	♄	☉	☽	12.09	12.09	12.09	12.09	12.09	12.09	12.09	12.09	12.09	12.09	12.09
8	☉	☽	♂	☿	♃	♀	♄	13.28	13.22	13.18	13.15	13.12	13.09	13.07	13.04	13.01	12.57	12.51
9	♀	♄	☉	☽	♂	☿	♃	14.46	14.35	14.27	14.20	14.15	14.09	14.04	13.59	13.52	13.44	13.33
10	☿	♃	♀	♄	☉	☽	♂	16.04	15.47	15.35	15.26	15.17	15.09	15.02	14.53	14.44	14.32	14.15
11	☽	♂	☿	♃	♀	♄	☉	17.23	17.00	16.44	16.31	16.20	16.09	15.59	15.48	15.35	15.19	14.56
12	♄	☉	☽	♂	☿	♃	♀	18.41	18.12	17.52	17.36	17.22	17.09	16.56	16.42	16.26	16.06	15.38
				Coucher du Soleil														
13	♃	♀	♄	☉	☽	♂	☿	19.59	19.25	19.01	18.42	18.25	18.09	17.54	17.37	17.18	16.54	16.20
14	♂	☿	♃	♀	♄	☉	☽	20.41	20.12	19.52	19.36	19.22	19.09	18.56	18.42	18.26	18.06	17.38
15	☉	☽	♂	☿	♃	♀	♄	21.23	21.00	20.44	20.31	20.20	20.09	19.59	19.48	19.35	19.19	18.56
16	♀	♄	☉	☽	♂	☿	♃	22.04	21.47	21.35	21.26	21.17	21.09	21.02	20.53	20.44	20.32	20.15
17	☿	♃	♀	♄	☉	☽	♂	22.46	22.35	22.27	22.20	22.15	22.09	22.04	21.59	21.52	21.44	21.33
18	☽	♂	☿	♃	♀	♄	☉	23.28	23.22	23.18	23.15	23.12	23.09	23.07	23.04	23.01	22.57	22.51
				Minuit														
19	♄	☉	☽	♂	☿	♃	♀	0.09	0.09	0.09	0.09	0.09	0.09	0.09	0.09	0.09	0.09	0.09
20	♃	♀	♄	☉	☽	♂	☿	0.51	0.57	1.01	1.04	1.07	1.09	1.12	1.15	1.18	1.22	1.28
21	♂	☿	♃	♀	♄	☉	☽	1.33	1.44	1.52	1.59	2.04	2.09	2.15	2.20	2.27	2.35	2.46
22	☉	☽	♂	☿	♃	♀	♄	2.15	2.32	2.44	2.53	3.02	3.09	3.17	3.26	3.35	3.47	4.04
23	♀	♄	☉	☽	♂	☿	♃	2.56	3.19	3.35	3.48	3.59	4.09	4.20	4.31	4.44	5.00	5.23
24	☿	♃	♀	♄	☉	☽	♂	3.38	4.06	4.26	4.42	4.56	5.09	5.22	5.36	5.52	6.12	6.41

Gouverneurs des Heures du mois de FEVRIER

Temps Local pour les Latitudes :

h	D	L	M	M	J	V	S	55 S / 45 S	45 S / 35 S	35 S / 25 S	25 S / 15 S	15 S / 5 S	5 S / 5 N	5 N / 15 N	15 N / 25 N	25 N / 35 N	35 N / 45 N	45 N / 55 N
				Lever du Soleil														
1	☉	☽	♂	☿	♃	♀	♄	5.12	5.31	5.44	5.55	6.05	6.14	6.23	6.33	6.44	6.58	7.16
2	♀	♄	☉	☽	♂	☿	♃	6.22	6.38	6.49	6.59	7.07	7.14	7.22	7.30	7.39	7.50	8.06
3	☿	♃	♀	♄	☉	☽	♂	7.33	7.45	7.54	8.02	8.08	8.14	8.20	8.27	8.34	8.43	8.56
4	☽	♂	☿	♃	♀	♄	☉	8.43	8.52	8.59	9.05	9.10	9.14	9.19	9.24	9.29	9.36	9.45
5	♄	☉	☽	♂	☿	♃	♀	9.53	10.00	10.04	10.08	10.11	10.14	10.17	10.20	10.24	10.29	10.35
6	♃	♀	♄	☉	☽	♂	☿	11.04	11.07	11.09	11.11	11.13	11.14	11.16	11.17	11.19	11.21	11.25
				Midi														
7	♂	☿	♃	♀	♄	☉	☽	12.14	12.14	12.14	12.14	12.14	12.14	12.14	12.14	12.14	12.14	12.14
8	☉	☽	♂	☿	♃	♀	♄	13.25	13.21	13.19	13.17	13.16	13.14	13.13	13.11	13.09	13.07	13.04
9	♀	♄	☉	☽	♂	☿	♃	14.35	14.29	14.24	14.20	14.17	14.14	14.11	14.08	14.04	14.00	13.53
10	☿	♃	♀	♄	☉	☽	♂	15.45	15.36	15.29	15.24	15.19	15.14	15.10	15.05	14.59	14.52	14.43
11	☽	♂	☿	♃	♀	♄	☉	16.56	16.43	16.34	16.27	16.20	16.14	16.08	16.02	15.54	15.45	15.33
12	♄	☉	☽	♂	☿	♃	♀	18.06	17.50	17.39	17.30	17.22	17.14	17.07	16.59	16.49	16.38	16.22
				Coucher du Soleil														
13	♃	♀	♄	☉	☽	♂	☿	19.16	18.58	18.44	18.33	18.23	18.14	18.05	17.55	17.44	17.31	17.12
14	♂	☿	♃	♀	♄	☉	☽	20.06	19.50	19.39	19.30	19.22	19.14	19.07	18.59	18.49	18.38	18.22
15	☉	☽	♂	☿	♃	♀	♄	20.56	20.43	20.34	20.27	20.20	20.14	20.08	20.02	19.54	19.45	19.33
16	♀	♄	☉	☽	♂	☿	♃	21.45	21.36	21.29	21.24	21.19	21.14	21.10	21.05	20.59	20.52	20.43
17	☿	♃	♀	♄	☉	☽	♂	22.35	22.29	22.24	22.20	22.17	22.14	22.11	22.08	22.04	22.00	21.53
18	☽	♂	☿	♃	♀	♄	☉	23.25	23.21	23.19	23.17	23.16	23.14	23.13	23.11	23.09	23.07	23.04
				Minuit														
19	♄	☉	☽	♂	☿	♃	♀	0.14	0.14	0.14	0.14	0.14	0.14	0.14	0.14	0.14	0.14	0.14
20	♃	♀	♄	☉	☽	♂	☿	1.04	1.07	1.09	1.11	1.13	1.14	1.16	1.17	1.19	1.21	1.25
21	♂	☿	♃	♀	♄	☉	☽	1.53	2.00	2.04	2.08	2.11	2.14	2.17	2.20	2.24	2.29	2.35
22	☉	☽	♂	☿	♃	♀	♄	2.43	2.52	2.59	3.05	3.10	3.14	3.19	3.24	3.29	3.36	3.45
23	♀	♄	☉	☽	♂	☿	♃	3.33	3.45	3.54	4.02	4.08	4.14	4.20	4.27	4.34	4.43	4.56
24	☿	♃	♀	♄	☉	☽	♂	4.22	4.38	4.49	4.59	5.07	5.14	5.22	5.30	5.39	5.50	6.06

Gouverneurs des Heures du mois de MARS

Temps Local pour les Latitudes :

h	D	L	M	M	J	V	S	55 S / 45 S	45 S / 35 S	35 S / 25 S	25 S / 15 S	15 S / 5 S	5 S / 5 N	5 N / 15 N	15 N / 25 N	25 N / 35 N	35 N / 45 N	45 N / 55 N
								Lever du Soleil										
1	☉	☽	♂	☿	♃	♀	♄	6.00	6.03	6.05	6.06	6.07	6.09	6.10	6.11	6.13	6.15	6.17
2	♀	♄	☉	☽	♂	☿	♃	7.02	7.04	7.05	7.07	7.08	7.09	7.10	7.11	7.12	7.14	7.16
3	☿	♃	♀	♄	☉	☽	♂	8.03	8.05	8.06	8.07	8.08	8.09	8.10	8.10	8.11	8.13	8.14
4	☽	♂	☿	♃	♀	♄	☉	9.05	9.06	9.07	9.07	9.08	9.09	9.09	9.10	9.11	9.12	9.13
5	♄	☉	☽	♂	☿	♃	♀	10.06	10.07	10.07	10.08	10.08	10.09	10.09	10.10	10.10	10.11	10.12
6	♃	♀	♄	☉	☽	♂	☿	11.07	11.08	11.08	11.08	11.09	11.09	11.09	11.09	11.09	11.10	11.10
								Midi										
7	♂	☿	♃	♀	♄	☉	☽	12.09	12.09	12.09	12.09	12.09	12.09	12.09	12.09	12.09	12.09	12.09
8	☉	☽	♂	☿	♃	♀	♄	13.10	13.10	13.09	13.09	13.09	13.09	13.09	13.08	13.08	13.08	13.07
9	♀	♄	☉	☽	♂	☿	♃	14.12	14.11	14.10	14.10	14.09	14.09	14.08	14.08	14.07	14.07	14.06
10	☿	♃	♀	♄	☉	☽	♂	15.13	15.12	15.11	15.11	15.09	15.09	15.08	15.07	15.07	15.06	15.05
11	☽	♂	☿	♃	♀	♄	☉	16.14	16.13	16.11	16.10	16.10	16.09	16.08	16.07	16.06	16.05	16.03
12	♄	☉	☽	♂	☿	♃	♀	17.16	17.14	17.12	17.11	17.10	17.09	17.08	17.07	17.05	17.04	17.02
								Coucher du Soleil										
13	♃	♀	♄	☉	☽	♂	☿	18.17	18.15	18.13	18.11	18.10	18.09	18.07	18.06	18.05	18.03	18.00
14	♂	☿	♃	♀	♄	☉	☽	19.16	19.14	19.12	19.11	19.10	19.09	19.08	19.07	19.05	19.03	19.02
15	☉	☽	♂	☿	♃	♀	♄	20.14	20.13	20.11	20.10	20.10	20.09	20.08	20.07	20.06	20.05	20.03
16	♀	♄	☉	☽	♂	☿	♃	21.13	21.12	21.11	21.10	21.09	21.09	21.08	21.07	21.07	21.06	21.05
17	☿	♃	♀	♄	☉	☽	♂	22.12	22.11	22.10	22.10	22.09	22.09	22.08	22.08	22.07	22.07	22.06
18	☽	♂	☿	♃	♀	♄	☉	23.10	23.10	23.09	23.09	23.09	23.09	23.09	23.08	23.08	23.08	23.07
								Minuit										
19	♄	☉	☽	♂	☿	♃	♀	0.09	0.09	0.09	0.09	0.09	0.09	0.09	0.09	0.09	0.09	0.09
20	♃	♀	♄	☉	☽	♂	☿	1.07	1.08	1.08	1.08	1.09	1.09	1.09	1.09	1.09	1.10	1.10
21	♂	☿	♃	♀	♄	☉	☽	2.06	2.07	2.07	2.08	2.08	2.09	2.09	2.10	2.10	2.11	2.12
22	☉	☽	♂	☿	♃	♀	♄	3.05	3.06	3.07	3.07	3.08	3.08	3.09	3.10	3.11	3.12	3.13
23	♀	♄	☉	☽	♂	☿	♃	4.03	4.05	4.06	4.07	4.08	4.09	4.10	4.10	4.11	4.13	4.14
24	☿	♃	♀	♄	☉	☽	♂	5.02	5.04	5.05	5.07	5.08	5.09	5.10	5.11	5.12	5.14	5.16

Gouverneurs des Heures du mois d'AVRIL

Temps Local pour les Latitudes :

h	D	L	M	M	J	V	S	55 S / 45 S	45 S / 35 S	35 S / 25 S	25 S / 15 S	15 S / 5 S	5 S / 5 N	5 N / 15 N	15 N / 25 N	25 N / 35 N	35 N / 45 N	45 N / 55 N
								Lever du Soleil										
1	☉	☽	♂	☿	♃	♀	♄	6.49	6.34	6.23	6.15	6.07	6.00	5.53	5.45	5.36	5.25	5.11
2	♀	♄	☉	☽	♂	☿	♃	7.41	7.29	7.20	7.12	7.06	7.00	6.54	6.47	6.40	6.31	6.19
3	☿	♃	♀	♄	☉	☽	♂	8.33	8.23	8.16	8.10	8.05	8.00	7.55	7.50	7.44	7.37	7.27
4	☽	♂	☿	♃	♀	♄	☉	9.24	9.17	9.12	9.07	9.03	9.00	8.56	8.52	8.48	8.43	8.35
5	♄	☉	☽	♂	☿	♃	♀	10.16	10.11	10.08	10.05	10.02	10.00	9.57	9.55	9.52	9.48	9.43
6	♃	♀	♄	☉	☽	♂	☿	11.08	11.06	11.04	11.02	11.01	11.00	10.59	10.57	10.56	10.54	10.52
								Midi										
7	♂	☿	♃	♀	♄	☉	☽	12.00	12.00	12.00	12.00	12.00	12.00	12.00	12.00	12.00	12.00	12.00
8	☉	☽	♂	☿	♃	♀	♄	12.52	12.54	12.56	12.57	12.59	13.00	13.01	13.02	13.04	13.06	13.08
9	♀	♄	☉	☽	♂	☿	♃	13.43	13.48	13.52	13.55	13.57	14.00	14.02	14.05	14.08	14.11	14.16
10	☿	♃	♀	♄	☉	☽	♂	14.35	14.43	14.48	14.52	14.56	15.00	15.03	15.07	15.12	15.17	15.24
11	☽	♂	☿	♃	♀	♄	☉	15.27	15.37	15.44	15.50	15.55	16.00	16.05	16.10	16.16	16.23	16.33
12	♄	☉	☽	♂	☿	♃	♀	16.19	16.31	16.40	16.47	16.54	17.00	17.06	17.12	17.20	17.29	17.41
								Coucher du Soleil										
13	♃	♀	♄	☉	☽	♂	☿	17.11	17.25	17.36	17.45	17.53	18.00	18.07	18.15	18.23	18.34	18.49
14	♂	☿	♃	♀	♄	☉	☽	18.19	18.31	18.40	18.47	18.54	19.00	19.06	19.12	19.20	19.29	19.41
15	☉	☽	♂	☿	♃	♀	♄	19.27	19.37	19.44	19.50	19.55	20.00	20.05	20.10	20.16	20.23	20.33
16	♀	♄	☉	☽	♂	☿	♃	20.35	20.43	20.48	20.52	20.56	21.00	21.03	21.07	21.12	21.17	21.24
17	☿	♃	♀	♄	☉	☽	♂	21.43	21.48	21.52	21.55	21.57	22.00	22.02	22.05	22.08	22.11	22.16
18	☽	♂	☿	♃	♀	♄	☉	22.52	22.54	22.56	22.57	22.59	23.00	23.01	23.02	23.04	23.06	23.08
								Minuit										
19	♄	☉	☽	♂	☿	♃	♀	0.00	0.00	0.00	0.00	0.00	0.00	0.00	0.00	0.00	0.00	0.00
20	♃	♀	♄	☉	☽	♂	☿	1.08	1.06	1.04	1.02	1.01	1.00	0.59	0.57	0.56	0.54	0.52
21	♂	☿	♃	♀	♄	☉	☽	2.16	2.11	2.08	2.05	2.02	2.00	1.57	1.55	1.52	1.48	1.43
22	☉	☽	♂	☿	♃	♀	♄	3.24	3.17	3.12	3.07	3.03	3.00	2.56	2.52	2.48	2.43	2.35
23	♀	♄	☉	☽	♂	☿	♃	4.33	4.23	4.16	4.10	4.05	4.00	3.55	3.50	3.44	3.37	3.27
24	☿	♃	♀	♄	☉	☽	♂	5.41	5.29	5.20	5.12	5.06	5.00	4.54	4.47	4.40	4.31	4.19

Gouverneurs des Heures du mois de MAI

Temps Local pour les Latitudes :

h	D	L	M	M	J	V	S	55 S / 45 S	45 S / 35 S	35 S / 25 S	25 S / 15 S	15 S / 5 S	5 S / 5 N	5 N / 15 N	15 N / 25 N	25 N / 35 N	35 N / 45 N	45 N / 55 N
								Lever du Soleil										
1	☉	☽	♂	☿	♃	♀	♄	7.34	7.04	6.42	6.25	6.10	5.56	5.42	5.27	5.10	4.49	4.19
2	♀	♄	☉	☽	♂	☿	♃	8.18	7.53	7.35	7.20	7.08	6.56	6.45	6.32	6.18	6.00	5.35
3	☿	♃	♀	♄	☉	☽	♂	9.01	8.41	8.27	8.16	8.06	7.56	7.47	7.37	7.26	7.11	6.51
4	☽	♂	☿	♃	♀	♄	☉	9.45	9.30	9.19	9.11	9.03	8.56	8.49	8.42	8.33	8.23	8.08
5	♄	☉	☽	♂	☿	♃	♀	10.29	10.19	10.12	10.06	10.01	9.56	9.52	9.47	9.41	9.34	9.24
6	♃	♀	♄	☉	☽	♂	☿	11.13	11.08	11.04	11.01	11.59	10.56	10.54	10.51	10.49	10.45	10.40
								Midi										
7	♂	☿	♃	♀	♄	☉	☽	11.56	11.56	11.56	11.56	11.56	11.56	11.56	11.56	11.56	11.56	11.56
8	☉	☽	♂	☿	♃	♀	♄	12.40	12.45	12.49	12.51	12.54	12.56	12.59	13.01	13.04	13.08	13.13
9	♀	♄	☉	☽	♂	☿	♃	13.24	13.34	13.41	13.47	13.52	13.56	14.01	14.06	14.12	14.19	14.29
10	☿	♃	♀	♄	☉	☽	♂	14.08	14.23	14.33	14.42	14.49	14.56	15.03	15.11	15.19	15.30	15.45
11	☽	♂	☿	♃	♀	♄	☉	14.51	15.11	15.26	15.37	15.47	15.56	16.06	16.16	16.27	16.41	17.01
12	♄	☉	☽	♂	☿	♃	♀	15.35	16.00	16.18	16.32	16.45	16.56	17.08	17.20	17.35	17.53	18.18
								Coucher du Soleil										
13	♃	♀	♄	☉	☽	♂	☿	16.19	16.49	17.10	17.27	17.42	17.56	18.10	18.25	18.42	19.04	19.34
14	♂	☿	♃	♀	♄	☉	☽	17.35	18.00	18.18	18.32	18.45	18.56	19.08	19.20	19.35	19.53	20.18
15	☉	☽	♂	☿	♃	♀	♄	18.51	19.11	19.26	19.37	19.47	19.56	20.06	20.16	20.27	20.41	21.01
16	♀	♄	☉	☽	♂	☿	♃	20.08	20.23	20.33	20.42	20.49	20.56	21.03	21.11	21.19	21.30	21.45
17	☿	♃	♀	♄	☉	☽	♂	21.24	21.34	21.41	21.47	21.52	21.56	22.01	22.06	22.12	22.19	22.29
18	☽	♂	☿	♃	♀	♄	☉	22.40	22.45	22.49	22.51	22.54	22.56	22.59	23.01	23.04	23.08	23.13
								Minuit										
19	♄	☉	☽	♂	☿	♃	♀	23.56	23.56	23.56	23.56	23.56	23.56	23.56	23.56	23.56	23.56	23.56
20	♃	♀	♄	☉	☽	♂	☿	1.13	1.08	1.04	1.01	0.59	0.56	0.54	0.51	0.49	0.45	0.40
21	♂	☿	♃	♀	♄	☉	☽	2.29	2.19	2.12	2.06	2.01	1.56	1.52	1.47	1.41	1.34	1.24
22	☉	☽	♂	☿	♃	♀	♄	3.45	3.30	3.19	3.11	3.03	2.56	2.49	2.42	2.33	2.23	2.08
23	♀	♄	☉	☽	♂	☿	♃	5.01	4.41	4.27	4.16	4.06	3.56	3.47	3.37	3.26	3.11	2.51
24	☿	♃	♀	♄	☉	☽	♂	6.18	5.53	5.35	5.20	5.08	4.56	4.45	4.32	4.18	4.00	3.35

Gouverneurs des Heures du mois de JUIN

Temps Local pour les Latitudes :

h	D	L	M	M	J	V	S	55 S / 45 S	45 S / 35 S	35 S / 25 S	25 S / 15 S	15 S / 5 S	5 S / 5 N	5 N / 15 N	15 N / 25 N	25 N / 35 N	35 N / 45 N	45 N / 55 N
								Lever du Soleil										
1	☉	☽	♂	☿	♃	♀	♄	8.04	7.26	6.58	6.37	6.18	6.01	5.43	5.24	5.03	4.36	3.57
2	♀	♄	☉	☽	♂	☿	♃	8.44	8.11	7.49	7.31	7.15	7.01	6.46	6.30	6.12	5.50	5.17
3	☿	♃	♀	♄	☉	☽	♂	9.23	8.57	8.39	8.25	8.12	8.01	7.49	7.36	7.22	7.04	6.38
4	☽	♂	☿	♃	♀	♄	☉	10.02	9.43	9.29	9.19	9.09	9.01	8.52	8.42	8.32	8.18	7.59
5	♄.	☉	☽	♂	☿	♃	♀	10.42	10.29	10.20	10.13	10.06	10.01	9.55	9.49	9.41	9.32	9.19
6	♃	♀	♄	☉	☽	♂	☿	11.21	11.15	11.10	11.07	11.03	11.01	10.58	10.55	10.51	10.46	10.40
								Midi										
7	♂	☿	♃	♀	♄	☉	☽	12.01	12.01	12.01	12.01	12.01	12.01	12.01	12.01	12.01	12.01	12.01
8	☉	☽	♂	☿	♃	♀	♄	12.40	12.46	12.51	12.55	12.58	13.01	13.03	13.07	13.10	13.15	13.21
9	♀	♄	☉	☽	♂	☿	♃	13.19	13.32	13.41	13.49	13.55	14.01	14.06	14.13	14.20	14.29	14.42
10	☿	♃	♀	♄	☉	☽	♂	13.59	14.18	14.32	14.42	14.52	15.01	15.09	15.19	15.29	15.43	16.02
11	☽	♂	☿	♃	♀	♄	☉	14.38	15.04	15.22	15.36	15.49	16.01	16.12	16.25	16.39	16.57	17.23
12	♄	☉	☽	♂	☿	♃	♀	15.17	15.50	16.12	16.30	16.46	17.01	17.15	17.31	17.49	18.11	18.44
								Coucher du Soleil										
13	♃	♀	♄	☉	☽	♂	☿	15.57	16.36	17.03	17.24	17.43	18.01	18.18	18.37	18.58	19.26	20.04
14	♂	☿	♃	♀	♄	☉	☽	17.17	17.50	18.12	18.30	18.46	19.01	19.15	19.31	19.49	20.11	20.44
15	☉	☽	♂	☿	♃	♀	♄	18.38	19.04	19.22	19.36	19.49	20.01	20.12	20.25	20.39	20.57	21.23
16	♀	♄	☉	☽	♂	☿	♃	19.59	20.18	20.32	20.42	20.52	21.01	21.09	21.19	21.29	21.43	22.02
17	☿	♃	♀	♄	☉	☽	♂	21.19	21.32	21.41	21.49	21.55	22.01	22.06	22.13	22.20	22.29	22.42
18	☽	♂	☿	♃	♀	♄	☉	22.40	22.46	22.51	22.55	22.58	23.01	23.03	23.07	23.10	23.15	23.21
								Minuit										
19	♄	☉	☽	♂	☿	♃	♀	0.01	0.01	0.01	0.01	0.01	0.01	0.01	0.01	0.01	0.01	0.01
20	♃	♀	♄	☉	☽	♂	☿	1.21	1.15	1.10	1.07	1.03	1.01	0.58	0.55	0.51	0.46	0.40
21	♂	☿	♃	♀	♄	☉	☽	2.42	2.29	2.20	2.13	2.06	2.01	1.55	1.49	1.41	1.32	1.19
22	☉	☽	♂	☿	♃	♀	♄	4.02	3.43	3.29	3.19	3.09	3.01	2.52	2.42	2.32	2.18	1.59
23	♀	♄	☉	☽	♂	☿	♃	5.23	4.57	4.39	4.25	4.12	4.01	3.49	3.36	3.22	3.04	2.38
24	☿	♃	♀	♄	☉	☽	♂	6.44	6.11	5.49	5.31	5.15	5.01	4.46	4.30	4.12	3.50	3.17

Gouverneurs des Heures du mois de JUILLET

Temps Local pour les Latitudes :

h	D	L	M	M	J	V	S	55 S / 45 S	45 S / 35 S	35 S / 25 S	25 S / 15 S	15 S / 5 S	5 S / 5 N	5 N / 15 N	15 N / 25 N	25 N / 35 N	35 N / 45 N	45 N / 55 N
				Lever du Soleil														
1	☉	☽	♂	☿	♃	♀	♄	7.57	7.23	6.58	6.39	6.22	6.06	5.50	5.33	5.14	4.49	4.15
2	♀	♄	☉	☽	♂	☿	♃	8.39	8.10	7.50	7.33	7.19	7.06	6.53	6.39	6.22	6.02	5.33
3	☿	♃	♀	♄	☉	☽	♂	9.20	8.57	8.41	8.28	8.17	8.06	7.55	7.44	7.31	7.15	6.52
4	☽	♂	☿	♃	♀	♄	☉	10.02	9.44	9.32	9.22	9.14	9.06	8.58	8.50	8.40	8.28	8.10
5	♄	☉	☽	♂	☿	♃	♀	10.43	10.32	10.23	10.17	10.11	10.06	10.01	9.55	9.49	9.40	9.29
6	♃	♀	♄	☉	☽	♂	☿	11.25	11.19	11.15	11.11	11.09	11.06	11.03	11.01	10.57	10.53	10.47
				Midi														
7	♂	☿	♃	♀	♄	☉	☽	12.06	12.06	12.06	12.06	12.06	12.06	12.06	12.06	12.06	12.06	12.06
8	☉	☽	♂	☿	♃	♀	♄	12.47	12.53	12.57	13.01	13.03	13.06	13.09	13.11	13.15	13.19	13.25
9	♀	♄	☉	☽	♂	☿	♃	13.29	13.40	13.49	13.55	14.01	14.06	14.11	14.17	14.23	14.32	14.43
10	☿	♃	♀	♄	☉	☽	♂	14.10	14.28	14.40	14.50	14.58	15.06	15.14	15.22	15.32	15.44	16.02
11	☽	♂	☿	♃	♀	♄	☉	14.52	15.15	15.31	15.44	15.55	16.06	16.17	16.28	16.41	16.57	17.20
12	♄	☉	☽	♂	☿	♃	♀	15.33	16.02	16.22	16.39	16.53	17.06	17.19	17.33	17.50	18.10	18.39
				Coucher du Soleil														
13	♃	♀	♄	☉	☽	♂	☿	16.15	16.49	17.14	17.33	17.50	18.06	18.22	18.39	18.58	19.23	19.57
14	♂	☿	♃	♀	♄	☉	☽	17.33	18.02	18.22	18.39	18.53	19.06	19.19	19.33	19.50	20.10	20.39
15	☉	☽	♂	☿	♃	♀	♄	18.52	19.15	19.31	19.44	19.55	20.06	20.17	20.28	20.41	20.57	21.20
16	♀	♄	☉	☽	♂	☿	♃	20.10	20.28	20.40	20.50	20.58	21.06	21.14	21.22	21.32	21.44	22.02
17	☿	♃	♀	♄	☉	☽	♂	21.29	21.40	21.49	21.55	22.01	22.06	22.11	22.17	22.23	22.32	22.43
18	☽	♂	☿	♃	♀	♄	☉	22.47	22.53	22.57	23.01	23.03	23.06	23.09	23.11	23.15	23.19	23.25
				Minuit														
19	♄	☉	☽	♂	☿	♃	♀	0.06	0.06	0.06	0.06	0.06	0.06	0.06	0.06	0.06	0.06	0.06
20	♃	♀	♄	☉	☽	♂	☿	1.25	1.19	1.15	1.11	1.09	1.06	1.03	1.01	0.57	0.53	0.47
21	♂	☿	♃	♀	♄	☉	☽	2.43	2.32	2.23	2.17	2.11	2.06	2.01	1.55	1.49	1.40	1.29
22	☉	☽	♂	☿	♃	♀	♄	4.02	3.44	3.32	3.22	3.14	3.06	2.58	2.50	2.40	2.28	2.10
23	♀	♄	☉	☽	♂	☿	♃	5.20	4.57	4.41	4.28	4.17	4.06	3.55	3.44	3.31	3.15	2.52
24	☿	♃	♀	♄	☉	☽	♂	6.39	6.10	5.50	5.33	5.19	5.06	4.53	4.39	4.22	4.02	3.33

Gouverneurs des Heures du mois d'AOUT

Temps Local pour les Latitudes :

h	D	L	M	M	J	V	S	55 S / 45 S	45 S / 35 S	35 S / 25 S	25 S / 15 S	15 S / 5 S	5 S / 5 N	5 N / 15 N	15 N / 25 N	25 N / 35 N	35 N / 45 N	45 N / 55 N
				Lever du Soleil														
1	☉	☽	♂	☿	♃	♀	♄	7.12	6.52	6.37	6.25	6.14	6.04	5.54	5.44	5.32	5.17	4.56
2	♀	♄	☉	☽	♂	☿	♃	8.01	7.44	7.31	7.21	7.13	7.04	6.56	6.47	6.37	6.25	6.08
3	☿	♃	♀	♄	☉	☽	♂	8.50	8.36	8.26	8.18	8.11	8.04	7.58	7.51	7.43	7.33	7.19
4	☽	♂	☿	♃	♀	♄	☉	9.38	9.28	9.21	9.15	9.09	9.04	8.59	8.54	8.48	8.41	8.30
5	♄	☉	☽	♂	☿	♃	♀	10.27	10.20	10.15	10.11	10.08	10.04	10.01	9.57	9.53	9.48	9.42
6	♃	♀	♄	☉	☽	♂	☿	11.16	11.12	11.10	11.08	11.06	11.04	11.03	11.01	10.59	10.56	10.53
				Midi														
7	♂	☿	♃	♀	♄	☉	☽	12.04	12.04	12.04	12.04	12.04	12.04	12.04	12.04	12.04	12.04	12.04
8	☉	☽	♂	☿	♃	♀	♄	12.53	12.56	12.59	13.01	13.03	13.04	13.06	13.08	13.10	13.12	13.16
9	♀	♄	☉	☽	♂	☿	♃	13.42	13.48	13.53	13.57	14.01	14.04	14.08	14.11	14.15	14.20	14.27
10	☿	♃	♀	♄	☉	☽	♂	14.30	14.41	14.48	14.54	14.59	15.04	15.09	15.15	15.21	15.28	15.38
11	☽	♂	☿	♃	♀	♄	☉	15.19	15.33	15.43	15.51	15.58	16.04	16.11	16.18	16.26	16.36	16.50
12	♄	☉	☽	♂	☿	♃	♀	16.08	16.25	16.37	16.47	16.56	17.04	17.13	17.21	17.31	17.44	18.01
				Coucher du Soleil														
13	♃	♀	♄	☉	☽	♂	☿	16.56	17.17	17.32	17.44	17.54	18.04	18.14	18.25	18.37	18.52	19.12
14	♂	☿	♃	♀	♄	☉	☽	18.08	18.25	18.37	18.47	18.56	19.04	19.13	19.21	19.31	19.44	20.01
15	☉	☽	♂	☿	♃	♀	♄	19.19	19.33	19.43	19.51	19.58	20.04	20.11	20.18	20.26	20.36	20.50
16	♀	♄	☉	☽	♂	☿	♃	20.30	20.41	20.48	20.54	20.59	21.04	21.09	21.15	21.21	21.28	21.38
17	☿	♃	♀	♄	☉	☽	♂	21.42	21.48	21.53	21.57	22.01	22.04	22.08	22.11	22.15	22.20	22.27
18	☽	♂	☿	♃	♀	♄	☉	22.53	22.56	22.59	23.01	23.03	23.04	23.06	23.08	23.10	23.12	23.16
				Minuit														
19	♄	☉	☽	♂	☿	♃	♀	0.04	0.04	0.04	0.04	0.04	0.04	0.04	0.04	0.04	0.04	0.04
20	♃	♀	♄	☉	☽	♂	☿	1.16	1.12	1.10	1.08	1.06	1.04	1.03	1.01	0.59	0.56	0.53
21	♂	☿	♃	♀	♄	☉	☽	2.27	2.20	2.15	2.11	2.08	2.04	2.01	1.57	1.53	1.48	1.42
22	☉	☽	♂	☿	♃	♀	♄	3.38	3.28	3.21	3.15	3.09	3.04	2.59	2.54	2.48	2.41	2.30
23	♀	♄	☉	☽	♂	☿	♃	4.50	4.36	4.26	4.18	4.11	4.04	3.58	3.51	3.43	3.33	3.19
24	☿	♃	♀	♄	☉	☽	♂	6.01	5.44	5.31	5.21	5.13	5.04	4.56	4.47	4.37	4.25	4.08

Gouverneurs des Heures du mois de SEPTEMBRE

Temps Local pour les Latitudes :

h	D	L	M	M	J	V	S	55 S 45 S	45 S 35 S	35 S 25 S	25 S 15 S	15 S 5 S	5 S 5 N	5 N 15 N	15 N 25 N	25 N 35 N	35 N 45 N	45 N 55 N
			Lever du Soleil															
1	☉	☽	♂	☿	♃	♀	♄	**6.08**	**6.04**	**6.01**	**5.59**	**5.57**	**5.55**	**5.53**	**5.51**	**5.49**	**5.46**	**5.42**
2	♀	♄	☉	☽	♂	☿	♃	7.06	7.02	7.00	6.58	6.57	6.55	6.53	6.52	6.50	6.48	6.44
3	☿	♃	♀	♄	☉	☽	♂	8.03	8.01	7.59	7.58	7.56	7.55	7.54	7.52	7.51	7.49	7.47
4	☽	♂	☿	♃	♀	♄	☉	9.01	8.59	8.58	8.57	8.56	8.55	8.54	8.53	8.52	8.50	8.49
5	♄	☉	☽	♂	☿	♃	♀	9.59	9.58	9.57	9.56	9.56	9.55	9.54	9.54	9.53	9.52	9.51
6	♃	♀	♄	☉	☽	♂	☿	10.57	10.56	10.56	10.56	10.55	10.55	10.55	10.54	10.54	10.53	10.53
			Midi															
7	♂	☿	♃	♀	♄	☉	☽	11.55	11.55	11.55	11.55	11.55	11.55	11.55	11.55	11.55	11.55	11.55
8	☉	☽	♂	☿	♃	♀	♄	12.53	12.53	12.54	12.54	12.55	12.55	12.55	12.56	12.56	12.56	12.57
9	♀	♄	☉	☽	♂	☿	♃	13.51	13.52	13.53	13.54	13.54	13.55	13.56	13.56	13.57	13.58	13.59
10	☿	♃	♀	♄	☉	☽	♂	14.49	14.50	14.52	14.53	14.54	14.55	14.56	14.57	14.58	14.59	15.01
11	☽	♂	☿	♃	♀	♄	☉	15.47	15.49	15.51	15.52	15.54	15.55	15.56	15.58	15.59	16.01	16.03
12	♄	☉	☽	♂	☿	♃	♀	16.44	16.48	16.50	16.52	16.53	16.55	16.57	16.58	17.00	17.02	17.06
			Coucher du Soleil															
13	♃	♀	♄	☉	☽	♂	☿	17.42	17.46	17.49	17.51	17.53	17.55	17.57	17.59	18.01	18.04	18.08
14	♂	☿	♃	♀	♄	☉	☽	18.44	18.48	18.50	18.52	18.53	18.55	18.57	18.58	19.00	19.02	19.06
15	☉	☽	♂	☿	♃	♀	♄	19.47	19.49	19.51	19.52	19.54	19.55	19.56	19.58	19.59	20.01	20.03
16	♀	♄	☉	☽	♂	☿	♃	20.49	20.50	20.52	20.53	20.54	20.55	20.56	20.57	20.58	20.59	21.01
17	☿	♃	♀	♄	☉	☽	♂	21.51	21.52	21.53	21.54	21.54	21.55	21.56	21.56	21.57	21.58	21.59
18	☽	♂	☿	♃	♀	♄	☉	22.53	22.53	22.54	22.54	22.55	22.55	22.55	22.56	22.56	22.56	22.57
			Minuit															
19	♄	☉	☽	♂	☿	♃	♀	23.55	23.55	23.55	23.55	23.55	23.55	23.55	23.55	23.55	23.55	23.55
20	♃	♀	♄	☉	☽	♂	☿	0.57	0.56	0.56	0.56	0.55	0.55	0.55	0.54	0.54	0.53	0.53
21	♂	☿	♃	♀	♄	☉	☽	1.59	1.58	1.57	1.56	1.56	1.55	1.54	1.54	1.53	1.52	1.51
22	☉	☽	♂	☿	♃	♀	♄	3.01	2.59	2.58	2.57	2.56	2.55	2.54	2.53	2.52	2.50	2.49
23	♀	♄	☉	☽	♂	☿	♃	4.03	4.01	3.59	3.58	3.56	3.55	3.54	3.52	3.51	3.49	3.47
24	☿	♃	♀	♄	☉	☽	♂	5.06	5.02	5.00	4.58	4.57	4.55	4.53	4.52	4.50	4.48	4.44

Gouverneurs des Heures du mois d'OCTOBRE

Temps Local pour les Latitudes :

h	D	L	M	M	J	V	S	55 S 45 S	45 S 35 S	35 S 25 S	25 S 15 S	15 S 5 S	5 S 5 N	5 N 15 N	15 N 25 N	25 N 35 N	35 N 45 N	45 N 55 N
			Lever du Soleil															
1	☉	☽	♂	☿	♃	♀	♄	**5.03**	**5.16**	**5.25**	**5.33**	**5.39**	**5.46**	**5.52**	**5.59**	**6.06**	**6.16**	**6.29**
2	♀	♄	☉	☽	♂	☿	♃	6.10	6.21	6.28	6.35	6.40	6.46	6.51	6.56	7.03	7.11	7.21
3	☿	♃	♀	♄	☉	☽	♂	7.17	7.26	7.32	7.37	7.41	7.46	7.50	7.54	7.59	8.06	8.14
4	☽	♂	☿	♃	♀	♄	☉	8.24	8.31	8.35	8.39	8.42	8.46	8.49	8.52	8.56	9.01	9.07
5	♄	☉	☽	♂	☿	♃	♀	9.31	9.36	9.39	9.41	9.44	9.46	9.48	9.50	9.53	9.56	10.00
6	♃	♀	♄	☉	☽	♂	☿	10.38	10.41	10.42	10.43	10.45	10.46	10.47	10.48	10.49	10.51	10.53
			Midi															
7	♂	☿	♃	♀	♄	☉	☽	11.46	11.46	11.46	11.46	11.46	11.46	11.46	11.46	11.46	11.46	11.46
8	☉	☽	♂	☿	♃	♀	♄	12.53	12.51	12.49	12.48	12.47	12.46	12.45	12.43	12.42	12.41	12.38
9	♀	♄	☉	☽	♂	☿	♃	14.00	13.56	13.53	13.50	13.48	13.46	13.44	13.41	13.39	13.36	13.31
10	☿	♃	♀	♄	☉	☽	♂	15.07	15.01	14.56	14.52	14.49	14.46	14.42	14.39	14.35	14.31	14.24
11	☽	♂	☿	♃	♀	♄	☉	16.14	16.06	15.59	15.54	15.50	15.46	15.41	15.37	15.32	15.26	15.17
12	♄	☉	☽	♂	☿	♃	♀	17.21	17.11	17.03	16.56	16.51	16.46	16.40	16.35	16.28	16.21	16.10
			Coucher du Soleil															
13	♃	♀	♄	☉	☽	♂	☿	18.29	18.16	18.06	17.59	17.52	17.46	17.39	17.33	17.25	17.16	17.03
14	♂	☿	♃	♀	♄	☉	☽	19.21	19.11	19.03	18.56	18.51	18.46	18.40	18.35	18.28	18.21	18.10
15	☉	☽	♂	☿	♃	♀	♄	20.14	20.06	19.59	19.54	19.50	19.46	19.41	19.37	19.32	19.26	19.17
16	♀	♄	☉	☽	♂	☿	♃	21.07	21.01	20.56	20.52	20.49	20.46	20.42	20.39	20.35	20.31	20.24
17	☿	♃	♀	♄	☉	☽	♂	22.00	21.56	21.53	21.50	21.48	21.46	21.44	21.41	21.39	21.36	21.31
18	☽	♂	☿	♃	♀	♄	☉	22.53	22.51	22.49	22.48	22.47	22.46	22.45	22.43	22.42	22.41	22.38
			Minuit															
19	♄	☉	☽	♂	☿	♃	♀	23.46	23.46	23.46	23.46	23.46	23.46	23.46	23.46	23.46	23.46	23.46
20	♃	♀	♄	☉	☽	♂	☿	0.38	0.41	0.42	0.43	0.45	0.46	0.47	0.48	0.49	0.51	0.53
21	♂	☿	♃	♀	♄	☉	☽	1.31	1.36	1.39	1.41	1.44	1.46	1.48	1.50	1.53	1.56	2.00
22	☉	☽	♂	☿	♃	♀	♄	2.24	2.31	2.35	2.39	2.42	2.46	2.49	2.52	2.56	3.01	3.07
23	♀	♄	☉	☽	♂	☿	♃	3.17	3.26	3.32	3.37	3.41	3.46	3.50	3.54	3.59	4.06	4.14
24	☿	♃	♀	♄	☉	☽	♂	4.10	4.21	4.28	4.35	4.40	4.46	4.51	4.56	5.03	5.11	5.21

Gouverneurs des Heures du mois de NOVEMBRE

Temps Local pour les Latitudes :

h	D	L	M	M	J	V	S	55 S / 45 S	45 S / 35 S	35 S / 25 S	25 S / 15 S	15 S / 5 S	5 S / 5 N	5 N / 15 N	15 N / 25 N	25 N / 35 N	35 N / 45 N	45 N / 55 N
				Lever du Soleil														
1	☉	☽	♂	☿	♃	♀	♄	4.09	4.39	5.00	5.16	5.31	5.45	5.58	6.13	6.30	6.51	7.20
2	♀	♄	☉	☽	♂	☿	♃	5.25	5.50	6.07	6.21	6.33	6.45	6.56	7.08	7.22	7.40	8.04
3	☿	♃	♀	♄	☉	☽	♂	6.41	7.01	7.15	7.26	7.36	7.45	7.54	8.04	8.15	8.29	8.48
4	☽	♂	☿	♃	♀	♄	☉	7.57	8.12	8.22	8.31	8.38	8.45	8.52	8.59	9.07	9.18	9.32
5	♄	☉	☽	♂	☿	♃	♀	9.13	9.23	9.30	9.35	9.40	9.45	9.49	9.54	10.00	10.07	10.17
6	♃	♀	♄	☉	☽	♂	☿	10.29	10.34	10.37	10.40	10.42	10.45	10.47	10.49	10.52	10.56	11.01
				Midi														
7	♂	☿	♃	♀	♄	☉	☽	11.45	11.45	11.45	11.45	11.45	11.45	11.45	11.45	11.45	11.45	11.45
8	☉	☽	♂	☿	♃	♀	♄	13.01	12.56	12.52	12.49	12.47	12.45	12.42	12.40	12.37	12.34	12.29
9	♀	♄	☉	☽	♂	☿	♃	14.17	14.07	14.00	13.54	13.49	13.45	13.40	13.35	13.30	13.23	13.13
10	☿	♃	♀	♄	☉	☽	♂	15.32	15.18	15.07	14.59	14.52	14.45	14.38	14.31	14.22	14.12	13.57
11	☽	♂	☿	♃	♀	♄	☉	16.48	16.29	16.15	16.04	15.54	15.45	15.36	15.26	15.15	15.01	14.41
12	♄	☉	☽	♂	☿	♃	♀	18.04	17.40	17.22	17.08	16.56	16.45	16.33	16.21	16.07	15.50	15.25
				Coucher du Soleil														
13	♃	♀	♄	☉	☽	♂	☿	19.20	18.51	18.30	18.13	17.58	17.45	17.31	17.16	17.00	16.39	16.09
14	♂	☿	♃	♀	♄	☉	☽	20.04	19.40	19.22	19.08	18.56	18.45	18.33	18.21	18.07	17.50	17.25
15	☉	☽	♂	☿	♃	♀	♄	20.48	20.29	20.15	20.04	19.54	19.45	19.36	19.26	19.15	19.01	18.41
16	♀	♄	☉	☽	♂	☿	♃	21.32	21.18	21.07	20.59	20.52	20.45	20.38	20.31	20.22	20.12	19.57
17	☿	♃	♀	♄	☉	☽	♂	22.17	22.07	22.00	21.54	21.49	21.45	21.40	21.35	21.30	21.23	21.13
18	☽	♂	☿	♃	♀	♄	☉	23.01	22.56	22.52	22.49	22.47	22.45	22.42	22.40	22.37	22.34	22.29
				Minuit														
19	♄	☉	☽	♂	☿	♃	♀	23.45	23.45	23.45	23.45	23.45	23.45	23.45	23.45	23.45	23.45	23.45
20	♃	♀	♄	☉	☽	♂	☿	0.29	0.34	0.37	0.40	0.42	0.45	0.47	0.49	0.52	0.56	1.01
21	♂	☿	♃	♀	♄	☉	☽	1.13	1.23	1.30	1.35	1.40	1.45	1.49	1.54	2.00	2.07	2.17
22	☉	☽	♂	☿	♃	♀	♄	1.57	2.12	2.22	2.31	2.38	2.45	2.52	2.59	3.07	3.18	3.32
23	♀	♄	☉	☽	♂	☿	♃	2.41	3.01	3.15	3.26	3.36	3.45	3.54	4.04	4.16	4.29	4.48
24	☿	♃	♀	♄	☉	☽	♂	3.25	3.50	4.07	4.21	4.33	4.45	4.56	5.08	5.22	5.40	6.04

Gouverneurs des Heures du mois de DECEMBRE

Temps Local pour les Latitudes :

h	D	L	M	M	J	V	S	55 S / 45 S	45 S / 35 S	35 S / 25 S	25 S / 15 S	15 S / 5 S	5 S / 5 N	5 N / 15 N	15 N / 25 N	25 N / 35 N	35 N / 45 N	45 N / 55 N
				Lever du Soleil														
1	☉	☽	♂	☿	♃	♀	♄	3.52	4.31	4.58	5.19	5.38	5.56	6.13	6.32	6.53	7.20	7.59
2	♀	♄	☉	☽	♂	☿	♃	5.13	5.45	6.08	6.25	6.41	6.56	7.10	7.26	7.44	8.06	8.39
3	☿	♃	♀	♄	☉	☽	♂	6.33	6.59	7.17	7.31	7.44	7.56	8.07	8.20	8.34	8.52	9.18
4	☽	♂	☿	♃	♀	♄	☉	7.54	8.13	8.27	8.38	8.47	8.56	9.04	9.14	9.24	9.38	9.57
5	♄	☉	☽	♂	☿	♃	♀	9.14	9.27	9.36	9.44	9.50	9.56	10.01	10.08	10.15	10.24	10.37
6	♃	♀	♄	☉	☽	♂	☿	10.35	10.41	10.46	10.50	10.53	10.56	10.58	11.02	11.05	11.10	11.16
				Midi														
7	♂	☿	♃	♀	♄	☉	☽	11.56	11.56	11.56	11.56	11.56	11.56	11.56	11.56	11.56	11.56	11.56
8	☉	☽	♂	☿	♃	♀	♄	13.16	13.10	13.05	13.02	12.58	12.56	12.53	12.50	12.46	12.42	12.35
9	♀	♄	☉	☽	♂	☿	♃	14.37	14.24	14.15	14.08	14.01	13.56	13.50	13.44	13.36	13.27	13.14
10	☿	♃	♀	♄	☉	☽	♂	15.57	15.38	15.24	15.14	15.04	14.56	14.47	14.38	14.27	14.13	13.54
11	☽	♂	☿	♃	♀	♄	☉	17.18	16.52	16.34	16.20	16.07	15.56	15.44	15.31	15.17	14.59	14.33
12	♄	☉	☽	♂	☿	♃	♀	18.39	18.06	17.44	17.26	17.10	16.56	16.41	16.25	16.08	15.45	15.13
				Coucher du Soleil														
13	♃	♀	♄	☉	☽	♂	☿	19.59	19.20	18.53	18.32	18.13	17.56	17.38	17.19	16.58	16.31	15.52
14	♂	☿	♃	♀	♄	☉	☽	20.39	20.06	19.44	19.26	19.10	18.56	18.41	18.25	18.08	17.45	17.13
15	☉	☽	♂	☿	♃	♀	♄	21.18	20.52	20.34	20.20	20.07	19.56	19.44	19.31	19.17	18.59	18.33
16	♀	♄	☉	☽	♂	☿	♃	21.57	21.38	21.24	21.14	21.04	20.56	20.47	20.38	20.27	20.13	19.54
17	☿	♃	♀	♄	☉	☽	♂	22.37	22.24	22.15	22.08	22.01	21.56	21.50	21.44	21.36	21.27	21.14
18	☽	♂	☿	♃	♀	♄	☉	23.16	23.10	23.05	23.02	22.58	22.56	22.53	22.50	22.46	22.41	22.35
				Minuit														
19	♄	☉	☽	♂	☿	♃	♀	23.56	23.56	23.56	23.56	23.56	23.56	23.56	23.56	23.56	23.56	23.56
20	♃	♀	♄	☉	☽	♂	☿	0.35	0.41	0.46	0.50	0.53	0.56	0.58	1.02	1.05	1.10	1.16
21	♂	☿	♃	♀	♄	☉	☽	1.14	1.27	1.36	1.44	1.50	1.56	2.01	2.08	2.15	2.24	2.37
22	☉	☽	♂	☿	♃	♀	♄	1.54	2.13	2.27	2.38	2.47	2.56	3.04	3.14	3.24	3.38	3.57
23	♀	♄	☉	☽	♂	☿	♃	2.33	2.59	3.17	3.31	3.44	3.56	4.07	4.20	4.34	4.52	5.18
24	☿	♃	♀	♄	☉	☽	♂	3.13	3.45	4.08	4.25	4.41	4.56	5.10	5.26	5.44	6.06	6.39

INDEX DU
VOCABULAIRE ASTROLOGIQUE

ACHEVÉ D'IMPRIMER   *Llc*   EN JANVIER 1989
SUR LES PRESSES   DE L'IMPRIMERIE
LIENHART & Cⁱᵉ A   AUBENAS D'ARDÈCHE

N° 3878. *Imprimé en France*

DÉPOT LÉGAL : Janvier 1989

Cours d'astrologie par correspondance

Aux personnes qui préfèrent étudier cette science avec les conseils d'une personne qualifiée en la matière — toujours bénévole —, nous proposons des cours par correspondance.

Ceux qui considèrent comme un privilège de contribuer à un travail humanitaire sont eux-mêmes aidés, car l'amour et la gratitude qui poussent quelqu'un à donner volontairement, lui reviennent sous la forme d'un avancement spirituel.

Les frais de cours sont couverts par des dons.

Ce livre est utilisé comme texte de base.

Notre seule condition d'admission

est que l'étudiant s'engage à utiliser les connaissances astrologiques acquises pour aider les autres selon ses capacités, *et gratuitement*. Le responsable de la section astrologique enverra, sur demande, un bulletin d'inscription à quiconque désire suivre ces cours sous la condition précisée.

Nos leçons contiennent les plus hauts principes moraux et spirituels et l'éthique la plus élevée, car, à nos yeux, l'Astrologie est un aspect de la spiritualité. Nous n'étudions jamais un thème astrologique sans nous sentir devant un esprit immortel et notre attitude est celle de la prière pour demander la Lumière afin de le guider dans la bonne voie.

Nous ne calculons ni n'interprétons jamais de thèmes astrologiques pour de l'argent et ne conseillons jamais quelqu'un dans ses affaires matérielles.

RENSEIGNEMENTS DIVERS
COURS PAR CORRESPONDANCE
sur la Philosophie des Rose-Croix, l'Astrologie et la Bible.

1) Philosophie des Rose-Croix.

a) Cours préliminaire en douze leçons (P1).

Livre de textes à consulter : « Cosmogonie des Rose-Croix », de Max Heindel.
Dans cet ouvrage sont logiquement exposés les origines, l'évolution et le développement de l'humanité.
On y trouvera les bases d'une connaissance plus approfondie du sujet.
Cette philosophie cherche à faire du Christianisme un facteur vivant dans le monde et à concilier les manifestations éternelles de la Science, de l'Art et de la Religion.

b) Cours supplémentaire en 40 leçons et une série de 44 questions (P2).

2) Astrologie.

Cours élémentaire : 27 leçons (A1) - Livre de texte : Bases Techniques et Fondements spirituels de l'Astrologie.
Cours supplémentaire : 12 leçons (A2).
Cours supérieur : 13 leçons (A3).
Ces cours font comprendre l'importance de l'astrologie en la présentant sous ses aspects spirituels, comme une science divine. La seule réserve que nous fassions, c'est que nos étudiants ne se servent pas dans un but vénal des connaissances qu'ils auront acquises.

3) Bible (B).

Cours en 28 leçons, composé d'après les écrits de Max Heindel.
Les frais de cours (sauf les livres) sont couverts par des dons.
Des centres et groupes d'études fonctionnent dans de nombreuses villes d'Europe. Pour tous renseignements, nous consulter.

Pour les cours par correspondance en français, adressez votre demande au Centre le plus proche de votre domicile

ou à   FRATERNITÉ ROSICRUCIENNE
SAINT-MICHEL-DE-BOULOGNE
07200 Aubenas - France (qui fera suivre).